江西理工大学法学国家一流专业建设点
江 西 理 工 大 学 新 文 科 建 设 项 目
联合资助出版

科技与法律的碰撞

无人驾驶汽车法律规制研究

张志坚　项　波　等◎著

知识产权出版社
全国百佳图书出版单位
—北京—

图书在版编目（CIP）数据

科技与法律的碰撞：无人驾驶汽车法律规制研究/张志坚等著. —北京：知识产权出版社，2021.12（2022.10 重印）

ISBN 978－7－5130－7894－8

Ⅰ. ①科… Ⅱ. ①张… Ⅲ. ①无人驾驶—汽车—交通运输管理—法律—研究—中国 Ⅳ. ①D922.296.4

中国版本图书馆 CIP 数据核字（2021）第 248596 号

责任编辑：邓　莹　　**责任校对：**谷　洋

封面设计：杨杨工作室・张冀　　**责任印制：**刘译文

科技与法律的碰撞：无人驾驶汽车法律规制研究

张志坚　项　波　等著

出版发行：	知识产权出版社有限责任公司	**网　　址：**	http：//www.ipph.cn
社　　址：	北京市海淀区气象路 50 号院	**邮　　编：**	100081
责编电话：	010－82000860 转 8346	**责编邮箱：**	dengying@cnipr.com
发行电话：	010－82000860 转 8101/8102	**发行传真：**	010－82000893/82005070/82000270
印　　刷：	北京建宏印刷有限公司	**经　　销：**	新华书店、各大网上书店及相关专业书店
开　　本：	720mm×1000mm　1/16	**印　　张：**	19.75
版　　次：	2021 年 12 月第 1 版	**印　　次：**	2022 年 10 月第 2 次印刷
字　　数：	310 千字	**定　　价：**	98.00 元

ISBN 978－7－5130－7894－8

序　言

如果说智慧法治包括大数据、无人驾驶和人工智能技术所带来的法律问题的回应的话，那么大数据对应的更多是现实，无人驾驶汽车是即将，而人工智能更多的是未来。对于已经照入现实的大数据带来的相关法律问题的研究，比如说对于数据与信息的法律界分和数据的性质、权属等基础性的法律问题，当前学界尚未形成统一认识，折射出具有现实性的数据法治研究的时代紧迫性。对于即将走入现实的无人驾驶汽车带来的相关法律问题的研究，需要我们具有一定的前瞻性。而对于能够自主行为的人工智能所引发的法律问题，可能更多的是需要一种战略性思考。当前的理论研究滞后于现实，会造成立法不及时、不系统、不妥当以及司法、执法上的空白和漏洞等法治建设层面问题。

正如张文显教授所指出的，当前学术体系存在保守性、封闭性和参照系的不确定性三大弊端，诸如在“新兴人权”、“未来法治”以及“科技法理”等新的概念和命题提出后，我国法学传统理论在应对复杂的实践中暴露出“贫困”与“幼稚”的问题，使我们急需突破与创新，需要新生理论和新鲜血液的注入，以此来打破我国法学理论落后于社会现实、落后于司法实务的现状。

面对人机协同、跨界融合、共创分享的智能时代，我们需要进行基础性、原创性的理论研究，让科技在法治轨道上可持续发展，即科技向善，使新兴科技能够真正做到可知、可控、可用、可靠。张志坚、项波等著的《科技与法律的碰撞：无人驾驶汽车法律规制研究》讨论了无人驾驶汽车发生交通事故时，如何判定责任，由谁来承担相关刑事、民事责任，车辆违规时，由谁来承担行政处罚，以及路权、车辆经营权等法律问题，从民事、行政和刑事三个维度回答了无人驾驶汽车的法律规制问题，提出了建设性的立法建议并设计了相关法律条文。可以说，本书内容深刻丰富，逻辑清晰、层次分明，为无人驾驶汽车即将大规模投入市场提供了未雨绸缪的理论思考，具有一定的创新性和前瞻性，既是一本系统的学术著作，也能为立法、执法和司法等智慧法治建设提供实务参考，可供相关学者、实务部门人士和学生阅读。

当然，新生理论和新生血液的注入并不是一蹴而就的，需要“摸着石头过河”。特别是针对本书讨论的对象而言，无人驾驶汽车尚处在未落地的状态，对该问题的思考与解决要想从无人驾驶汽车的实践运用开始尚不可能，但并非就否定了不可提前对其进行法律上的安排。其实，根据目前无人驾驶技术的发展路线、发展程度以及发展方法可以合理地推知其技术规则的范围、目的以及伦理要求，并可在此基础上对整个无人驾驶汽车关涉的法律问题进行一个综合性地探讨。但如前所述，本书只是对无人驾驶汽车相关法律问题作了初步探索，未来无人驾驶汽车落地之时，可能还会衍生出因人认知的有限性所预见不到的一系列新问题，需要更多的法律工作者秉持一种审慎包容的学术态度来为该行业领域的法治建设添砖加瓦。

邓　辉

江西财经大学校长、教授、博士生导师

前　言

当下，大数据、人工智能和区块链等新兴技术深刻改变了人们的生产和生活方式。万物互联和数字化，算法的自主生成以及智能合约的出现意味着无人驾驶和电子化运营的到来。

2014 年 12 月，世界上最先进的无人驾驶汽车由美国谷歌公司研发成功，该汽车无方向盘、无换挡装置、无油门踏板和刹车踏板，汽车通过软件和传感器实现自主驾驶。2021 年 3 月 23 日，《深圳经济特区智能网联汽车管理条例（征求意见稿）》发布，其第 47 条第 2 款规定：不配备驾驶人的智能网联汽车发生交通事故且智能网联汽车一方负有责任的，该车辆的控制人或者所有人应当承担相应的损害赔偿责任。

基于无人驾驶汽车在交通方面具有减少交通事故、缓解交通拥堵和提高运输效率，在经济方面具有提高社会生产力、节约交易成本、大幅减少停车场数量、节约时间成本和增强人们对共享智能汽车的需求，在社会运行效率方面具有改善移动能力、提升公共应急管理效率和优化城市布局，在生态方面具有减少温室气体的排放量、减少能耗和修复城市生态系统等不可比拟的优势，传统汽车让位于智能网联的无人驾驶汽车的趋势渐显。如果仍然抱守传统汽车不放，很可能会像当年的英国抱守马车不放一样，故步自封而不自知。

1865 年英国议会通过了一部《机动车法案》，后被人嘲笑为《红旗法案》，其中规定：每一辆在道路上行驶的机动车，必须由 3 个人驾驶，其中一个必须在车前面 50 米以外做引导，还要用红旗不断摇动为机动车开道，并且速度不能超过每小时 4 英里（6.4 公里）。该法案使英国失去了汽车工业发展的机会，整整耽搁 30 年后，才被废除。

以上事实足以表明，无人驾驶汽车的广泛应用不仅必要，而且不远。

从法律规制的角度，如何确保在无人驾驶汽车正式上路后，发生交通事故、网络信息侵权以及数据犯罪等情况时能找到处理纠纷的法律依据，需要理论和立法上的未雨绸缪，这是本书致力追求的一个目标。

或许，有人认为无人驾驶汽车的有关法律问题尚未在现实中出现，而法律是滞后的，过早的对其进行探讨并无实益，犹如杞人忧天。其实不然，因为法律并非总是落后于现实，有不少尚未出现的法律问题需要预先作出规定，才能使相关事项的合法性得以保障，进而顺利入市，走入人们的生产和生活。比如无人驾驶汽车的入市标准、上路测试的规定以及享有合法通行权后所应遵守哪些法律规定等，都需要法律制度上的预先安排，这也是法律具有一定前瞻性的具体体现。其实，国内出台的《深圳经济特区智能网联汽车管理条例（征求意见稿）》和国外出台的《欧洲机器人技术民事法律规则》等法律法规即为明证。而且，对于无人驾驶等前沿技术所带来的法律挑战，从理论层面对其进行研究不仅不早，更是理论研究要有前沿性和创新性的使命所在。

所以，面对无人驾驶汽车即将大规模应用而引发的法律挑战，本书拟从民法、行政法和刑法三个维度提出应对方案，包括不赋予无人驾驶汽车主体地位情形下的解决方案和将无人驾驶汽车拟制为民事主体（电子法人模式）的解决方案。其中，不赋予主体地位，存在难以将责任完全归于任何单一主体（研发者、管理者或数据运营平台）的困境，特别是其在法理上的正当性难以证成，无人驾驶汽车擅自而为的自主行为造成因果关系切断，引入全链条保险、新的赔偿基金也存在难以确定由某一单一主体来完全承担该保险或基金的费用，以及在无人驾驶汽车因自主行为造成损害时具体由哪家保险公司来买单等难题。同样地，采用电子法人模式也存在需强行设立以及要法定部分股东和部分份额等诸多法理难题。

本书试图从无人驾驶汽车三个构成要件（软件、硬件和数据）分归不同的三方主体所有等本源性问题出发，发现该三方主体作为共同所有权人（分别为软件所有权人、硬件所有权人和数据所有权人）理应对其自主行为共同负责，即由所有权分属推出权责应分摊，而要实现这一点，就有必要强行设立其为电子法人并法定部分股东和份额。另外，无人驾驶汽车收集、储存的数据涉及公共利益，需要国家有关部门代表国家以国企等形式成为电子法人的股东，以便更好地掌控涉及国家安全的、需要实时持续提供的、对于无人驾驶汽车正常运行所必不可少的大数据。国家有关部门或国企的介入，意味着无人驾驶汽车带有很强的公益性，而公益性会体现出强制性，比如说供水供电合同，也是因为涉及公共利益而强制缔约，这就为电子法人的强行设立提供了参考。

无论是智能科技还是法律规范，都应以有利于人类的存在和发展作为重要的价值指引。以无人驾驶汽车为代表的智能科技的发展需要良好的法律制度对其进行引导。同样地，智能科技的发展也需要考虑法律的价值理念及适用成本。智能科技的发展是大势所趋，通过对道路交通体系的设计实现无人驾驶汽车体系与传统道路交通体系的适度分离，可在科技发展的浪潮中降低法律适用的成本及难度，这对于智能科技的发展及法律的与时俱进都有积极意义。基于无人驾驶汽车在不同应用场景中所涉法律关系的不同，不宜“一刀切”地对其进行法律规制，而应在区分公用、商用和自用等不同应用场景的基础上，对其责任险、赔偿基金、运营模式、归责原则及责任承担等作出不同的制度设计。

中国的发展蒸蒸日上，在智能科技领域掌握先机和话语权不仅是科技层面的问题，而且也是法律层面的问题。我们应在充分考虑无人驾驶汽车发展趋势的基础上，提出因应立法方案和理由，进行相关具体条文设计，建立起符合我国国情并面向世界的法律制度，从而实现以无人驾驶汽车为代表的智能科技步入可持续的良性发展轨道。

目　　录

第一章　无人驾驶汽车概述

第一节　无人驾驶汽车的构成要件和特性

人工智能的概念最早提出于1956年的达特茅斯研讨会上，[1] 历经60多年，其发展可谓波澜起伏。进入21世纪，随着移动互联网的出现，大数据产业蓬勃发展，人工智能在这场技术革命中发挥着越发重要的作用。如今，人工智能被广泛地应用于金融、教育、医疗、智能控制、交通、司法等领域。一方面，从国外来看，一些保险公司及金融公司开始使用具有认知能力的人工智能系统来代替人工雇员；同时，在国际象棋、智力竞赛、围棋、医疗服务、人脸识别，疫情防控服务等领域都能见到人工智能的身影。另一方面，从国内来看，类脑计算“神经系统形态完备性”概念、全球首款可重购多模态智能芯片、全球首个针对算法模型进行安全检测的技术平台Real Safe相继出现。[2] 由此可见人工智能影响范围之广、程度之深。其中，受人工智能影响广泛的领域之一当属无人驾驶；如今，无人驾驶技术正朝着摩尔所预想的速度发展，被誉为“汽车史上最伟大的安全技术发

---

❶ 斯图尔特·罗素. 人工智能：一种现代方法［M］. 殷建平，祝恩，刘越，等译. 北京：清华大学出版社，2013：17.

❷ 王瑞芳. 北京人工智能产业领跑全国［EB/OL］.［2021－06－07］. http：//www. china. com. cn.

明”。[1] 例如，谷歌公司生产的无人驾驶汽车已经完成数百万英里的公共道路测验，其自主学习、自主决策完成驾驶的技术日趋成熟。然而，无人驾驶汽车的发展并非一帆风顺，其产生到发展至今仍面临一系列争议和难题。这其中既包括无人驾驶汽车发展自身所带来的“外部效应”，也包括因无人驾驶汽车相关法律配套制度不足，比如法律属性定位不清引发的对无人驾驶汽车的“怀疑”态度。对于无人驾驶汽车发展过程中所带来的这些疑问，应当给予法律上的回应，以规范无人驾驶汽车的发展，使其能够在法治的轨道上良性运行。此时，便有必要从基础概念入手，对无人驾驶汽车相关法律问题进行系统的理论阐述。正如雍琦先生所言：“只有当人们头脑中对所运用的概念明确、清晰时，以之为基础开展的思维活动才有可能是正确的。”[2] 唯其如此，才能使无人驾驶汽车在法治的轨道上“不超速、不越轨”。

一、无人驾驶汽车的概念

无人驾驶汽车（Driverless Car）也称全自动驾驶汽车（Fully Autonomous Car）。目前国内和国际上对无人驾驶汽车的定义并未形成统一的观点。有的学者认为，无人驾驶汽车是自主驾驶的一种，它拥有在整个道路环境中与车辆安全有关的控制功能，无须驾驶员介入车辆实施控制。[3] 清华大学汽车工程系杨殿阁教授认为，智能汽车指配有先进的传感器、控制器等设备，运用最新通信技术及互联网，将车与智能信息实现共享，在各种道路环境中具有感知、决策能力，同时实现安全、舒适驾驶，未来可以实现完全解放人类双手的一种汽车。[4] 还有学者认为，无人驾驶汽车是指在网络环境下运用计算机技术、信息技术与智能控制技术武装起来的汽车。[5] 根

---

[1] 胡迪·利普森，梅尔芭·库曼. 无人驾驶［M］. 林露茵，金阳，译. 上海：文汇出版社，2017：18.

[2] 雍琦. 法律逻辑学［M］. 北京：法律出版社，2004：23.

[3] 陈慧岩，熊光明，龚建伟，姜岩，无人驾驶汽车概论［M］. 北京：北京理工大学出版社，2014：1.

[4] 杨殿阁. 智能汽车需要突破的诸多方向［J］. 中国工业和信息化，2018（6）：20－26.

[5] 王芳，陈超，黄见曦. 无人驾驶汽车研究综述［J］. 中国水运，2016（12）：126.

据《北京市关于加快推进自动驾驶车辆道路测试有关工作的指导意见（试行）》中对于自动驾驶汽车这样定义：自动驾驶汽车是指在现有机动车的基础上，配置自动驾驶系统，实现车辆的驾驶任务，实现替代驾驶员控制车辆安全行驶目标。[1] 美国佛罗里达州 2019 年对无人驾驶车辆定义如下：配有自动驾驶系统的车辆，该系统无须人工进行操作即可运行。[2] 2020 年 2 月 24 日，国家发展改革委员会、中央网信办、科技部等 11 个部委联合发布的《智能汽车创新战略》中对智能汽车的概念予以明确，即通过搭载先进传感器等装置，运用人工智能等新技术，具有自动驾驶功能，逐步成为智能移动空间和运用终端的新一代汽车。[3] 从以上观点来看，部分学者并没有将无人驾驶汽车与自动驾驶汽车进行区分，而是经常将两者混为一谈。客观来说，无人驾驶汽车与自动驾驶汽车的确存在交叉，但两者之间绝不能等同。自动驾驶汽车的外延较广，而无人驾驶汽车是自动驾驶汽车发展的高级形态。具言之，在无人驾驶汽车发展阶段，不存在人类驾驶员，此时自动驾驶系统掌握驾驶汽车的全部“控制权”。笔者认为，虽然无人驾驶汽车属于自动驾驶汽车中的一种，但是应当严格把握两者之间的界限。事实上，本书所研究的无人驾驶汽车属于 2014 年国际汽车工程协会发布的自动驾驶分类标准中的第五等级自动驾驶汽车，即完全自动驾驶汽车。[4] 值得提请读者注意的是本书中所讨论的无人驾驶汽车绝非仅具有驾驶辅助功能的智能驾驶汽车；恰恰相反，本书所讨论的无人驾驶汽车无须设置驾驶席与方向盘，无需人类进行任何物理性操作。因此，笔者认为对于无人驾驶汽车可以作出如下界定：无人驾驶汽车是指配置无人驾驶系统，全程由无人驾驶汽车系统完成所有的驾驶操作，提供舒适安全的乘坐体验的一种人工智能汽车。因此，其属于人工智能的一种。

---

[1] 北京市交通委员会，北京市公安局公安交通管理局，北京市经济和信息化委员会. 北京市关于加快推进自动驾驶汽车道路测试有关工作的指导意见（试行）［EB/OL］.［2021－06－07］. http：//www. jiaotongjie. cn/csjt/hot/117013. html.

[2] The Florida Statutes，Title XXXIII，316. 003（2019）.

[3] 关于印发《智能汽车创新发展战略》的通知（发改产业〔2020〕202 号）［EB/OL］.［2021－06－07］. http：//www. ndrc. gov. cn/xxgk/zcfb/tz/202002/t20200224_1221077. html？ code = & state = 123.

[4] 参见美国汽车工程协会 SAE 智能驾驶分级。

二、无人驾驶汽车的发展历程

20世纪50年代，国外开始对无人驾驶汽车进行探索研究，如美国贝瑞特电子公司在1953年研制出全球第一台通过改装牵引式拖拉机而成的自主导航车，它的功能仅限于在布置好的导轨上传送货物。❶ 20世纪60年代，英国交通道路研究实验室将引导线路镶嵌在测试跑道的表面，随后在上面测试了一辆无人驾驶汽车。英国联邦政府继续在该领域投入资金，当时很多人认为这是无人驾驶汽车上路必备的基础设施条件。❷ 然而，在20世纪70年代，电子化高速公路研究开始走向没落，主要原因在于自动化高速公路所需的基础设施、控制系统等成本巨大，而且不能自动升级；加之当时核心技术的缺乏，研究所需的系统元件并未完全掌握。实际上，无人驾驶汽车的上路要求并不需要那些高昂成本的电子化高速公路、电缆等基础设施，因为其自身会运用人工智能技术将数字地图、实时路况进行分析，从而作出驾驶决策。

20世纪80年代，德国自动汽车专家恩思特·迪克曼斯发明了几辆可以通过智能汽车和传感器辨别方向的无人驾驶原型车。与此同时，意大利的阿尔贝掩·布罗基教授也发明出一辆可以在机器视觉软件指引下，按照公路标准线行驶的车。❸ 尽管，以现在的眼光来看，这些技术还较为粗糙，但与20世纪50年代无线电引导驾驶的车相比，已经取得了长足的进步，最大的进步之处体现在其实现了车辆的智能化。事实上，这一成功也标志着无人驾驶的研究方向由电子化高速公路系统转向了无人驾驶汽车。

21世纪，无人驾驶技术取得实质性发展。2005年，美国斯坦福大学成功对一辆大众途锐汽车进行配备测距仪、处理器及改装GPS导航，这对现

---

❶ 黄志坚. 智能交通与无人驾驶［M］. 北京：化学工业出版社，2018：201.

❷ 胡迪·利普森，梅尔芭·库曼. 无人驾驶［M］. 林露茵，金阳，译. 上海：文汇出版社，2017：172.

❸ 胡迪·利普森，梅尔芭·库曼. 无人驾驶［M］. 林露茵，金阳，译. 上海：文汇出版社，2017：183.

在的无人驾驶汽车仍具有重大的借鉴意义。❶ 此外，在 2007 年第二次 DARPA 挑战比赛中，要求汽车在没有清晰指令的前提下，完成陌生道路或高速环境中的安全驾驶。在当时没有地图可供参考的情形下，可见其难度之大，但由于无人驾驶汽车硬件技术的进步及在之前比赛的机器学习经验帮助下，有一半以上车队圆满完成了任务，这一赛果证明无人驾驶汽车可以在四车道的公路上实现自主驾驶。❷ 而在此次挑战赛中，特伦教授及其团队打破了汽车只能在高度结构化的有限状态空间运行这一障碍，从而使无人驾驶汽车能够处理各种环境状况，同时也证明了运用机器学习的方法，计算机视觉系统可以在变化多样的现实生活中的可运用性。

2009 年谷歌公司启动自动驾驶汽车计划并迅速加以推进，并于 2014 年正式推出了无方向盘、刹车踏板、真正意义上的无人驾驶汽车。❸ 此外，许多企业如上汽、广汽、长安、长城、吉利、比亚迪、特斯拉、优步等都加大对无人驾驶汽车的研发投入，以期能在无人驾驶汽车领域占有一席之地。与此同时，我国科研机构在无人驾驶汽车领域研究方面的表现也可圈可点。如由国防科技大学研制的无人驾驶汽车红旗 HQ3；此后，上海交通大学、北京理工大学相继推出自己研发的原型车。❹ 此外，百度等互联网公司也加紧了对无人驾驶汽车的研发工作。2019 年 11 月 6 日，30 辆百度 Apollo 无人驾驶汽车驶上沧州经济技术开发区，中国首个区级全域无人驾驶可载人测试路网正式开放。❺ 近期，由于新冠肺炎疫情暴发，许多城市为了有效控制疫情，采取封闭式管理，这一举措影响了人们的生活。然而，无人驾驶汽车却在此次疫情防控中发挥着重要的作用，如在多地使用无人驾驶机器人进行杀毒消菌工作。2021 年 6 月 8 日下午，在广州南沙区

---

❶ 黄志坚．智能交通与无人驾驶［M］．北京：化学工业出版社，2018：202．

❷ 胡迪·利普森，梅尔芭·库曼．无人驾驶［M］．林露茵，金阳，译．上海：文汇出版社，2017：191－192．

❸ 刘子榆．从无到有：谷歌无人驾驶的七年之痒［EB/OL］．［2021－06－07］．http：//m. leiphone. com.

❹ 陈慧岩，熊光明，龚建伟，姜岩．无人驾驶汽车概论［M］．北京：北京理工大学出版社，2014：218．

❺ 高博．我国首个全域自动驾驶可载人测试路在河北开放［EB/OL］．［2021－06－07］．http：//www. xinhuanet. com.

有许多无人驾驶汽车为疫情受困人员运输物资，以保障当地居民的正常生活需要。❶

三、无人驾驶汽车的构成要件

目前，学界对于无人驾驶汽车的构成要件的认识，分歧较大。一方面，由于无人驾驶汽车是新兴事物，新事物在刚刚出现和发展之际极易引发争议，尤其是当无人驾驶汽车性质不清时，关于无人驾驶汽车的构成要件的分歧也容易接踵而至。另一方面，不同学者从不同的角度分析，因而对无人驾驶汽车的构成要件可能得出不同的结论。如有学者从技术模块的角度出发，认为无人驾驶汽车由车辆端（包括上下两层）和云端（无人驾驶云平台）构成。❷ 还有学者从汽车构造的角度出发，主张无人驾驶汽车由车辆动力传动系统、车辆悬挂系统、车辆转向系统、车辆制动系统、汽车线控系统技术、CAN 总线技术构成。❸ 笔者认为，无人驾驶汽车构成要件的分析既要考虑无人驾驶汽车本身的构成特征，又要从便于解决无人驾驶汽车可能引发的法律问题出发。因此，无人驾驶汽车的构成要件应当包括硬件、软件和数据三部分。

硬件是指无人驾驶汽车中所有实体部件和设备的统称，如运算器、控制器、存储器、输入输出设备等。具言之，比如无人驾驶汽车中的发动机、底盘、车身、多媒体导航仪器、激光雷达、相机等都属于硬件。硬件是无人驾驶汽车驾驶系统的“躯体”，也是各种软件的载体。

软件是指计算机程序及其有关文档。❹ 一般而言，软件主要分为系统软件和应用软件。具言之，也就是使无人驾驶汽车得以正常运行、驾驶的各种程序，如车辆动力传动系统、人脸识别系统、车辆制动系统、车辆转向系

---

❶ 蔡敏婕. 广州的特殊抗疫力量：无人驾驶车队为封控区运送物资［EB/OL］.［2021－07－20］. https：//baijiahao. baidu. com.

❷ 其中车辆分为上下端两层。上层包括软件和算法，下层包括操作系统和硬件系统。云端包括高精地图、模型训练、模拟计算及数据存储功能模块。杜明芳. 无人驾驶汽车技术［M］. 北京：人民交通出版社，2019：14.

❸ 王建. 自动驾驶技术概论［M］. 北京：清华大学出版社，2019：31－75.

❹《计算机软件保护条例》第 2～3 条。

统、多媒体系统等。其中，无人驾驶汽车中的控制平台软件控制着电子感应制动控制系统（SBC）、电子制动力分配（EBD）、电控自动变速器（EAT）等系统，[1] 以保障各系统能够协调运行，进而保障无人驾驶汽车安全行驶。

在数字经济时代，数据指对已知或未知信息（连同元数据）的数字描述，且在技术上能够成为数字运算（处理、存储、传输）的对象，[2] 是以电子或者非电子形式对信息的记录。[3] 具言之，这里的数据主要指无人驾驶汽车在行驶过程中所获取的乘车人个人信息（如手机号码）、人脸头像、实时路况等数据信息。

在此，需要提请读者注意的是：在无人驾驶汽车正式上路之际，硬件、软件、数据的所有权分属不同的主体所有。具言之，硬件的所有权一般归属于购买汽车的人，因其负有对汽车进行日常管理和维护义务，所以称其为管理者。该管理者仅对硬件拥有所有权，对汽车运行所需的软件（智能系统）只有使用权，基于软件的特性，其所有权一般仍保留于研发者处，有如用户对计算机中的微软系统仅享有使用权一样。至于数据的所有权，则不能一概而论。一方面，在无人驾驶汽车上路之际，无人驾驶汽车数据的运营者会建立自己的数据库，其在对数据的处理和加工过程中会对部分数据形成一定的控制权，如无人驾驶汽车在行驶过程中收集的行驶数据，数据运营者对其具有支配力。与此同时，国家有关部门也会建立相应的数据监管平台，以便在发生事故后能有相应的数据记录来帮助责任的认定，同时也能有效监督数据运营者依法、合理利用数据。申言之，对于数据运营者所获得的数据进行集合处理，比如匿名化之后所形成的大数据，这种大数据就有可能被财产化，根据“额头流汗”原则，这种数据财产权应归属于对其贡献最大的数据运营者。然而，无人驾驶汽车运行所需数据有不少是涉及交通安全等公共利益的大数据，这种数据不宜由私企掌控。例如，某打车平台企业悄无声息地在国外上市后，其出行 App 突遭下架。因为该平台掌控的出行数据可以直接反映我国经济活力、人口分布等

---

[1] 杜明芳．无人驾驶汽车技术［M］．北京：人民交通出版社，2019：21.

[2] Vgl. Marc Amstutz，Dateneigentum，Funktion and Form，AcP218（2018），S. 543 – 544.

[3]《深圳经济特区数据条例》第 2 条第 1 款。

信息，其中一些数据必然涉及国家安全，其在国外上市就有可能造成这些重要数据泄露，进而可能危及国家安全。所以，进入无人驾驶时代，汽车运行所需数据因涉及个人行踪等隐私信息、公共利益和国家安全，还是交由国家有关部门直接掌控较好，或者通过设立相关国企的方式，由该国企作为数据运营者负责掌控汽车运行数据。正如冯象先生所言："为安全计，AI的尖端技术及核心平台，是不宜让任何个人或私企拿在手里的。就像核武器生化武器，在销毁之前，除了由强大稳定的国家来维护，谁担得起如此重托?"❶ 另一方面，不同的数据类型，其所有权归属存在一定差异。交通场景数据、驾驶行为数据、非辅助系统的辅助驾驶数据的所有权一般归属于数据运营者，而用户数据中涉及个人信息的数据，其所有权应归该个人所有，但如果把大量用户数据进行匿名化处理之后，用户数据集合而成的大数据财产权则应归属于数据运营者。由此可见，数据运营者对大部分数据都具有所有权，即便是对用户的个人数据，数据运营者也拥有支配力。所以，从一般意义而言，无人驾驶汽车所涉数据的所有权人应是数据运营者。事实上，从无人驾驶汽车构成要件的所有权分属于三个不同的主体，也在一定程度上反映出无人驾驶汽车并非民法上的"物"，因为它不符合民法上的"一物一权"原则。

四、无人驾驶汽车的特征

无人驾驶汽车作为一种初级人工智能，与传统车辆的不同之处在于其具有自主性、交互性和一定的唯一性。事实上，正是因为无人驾驶汽车具备这些特性，所以有学者认为其具有"近人性"。❷

自主性是指无人驾驶汽车在行驶过程中无须人类进行任何物理性操作，汽车即可自主完成驾驶。具言之，由于无人驾驶汽车可以通过内外部传感器或其他通信数据，及时输入数据信息，从而实时、连续地对汽车附件的实体

❶ 冯象. 我是阿尔法：论法和人工智能［M］. 北京：中国政法大学出版社，2018：209.

❷ 李俊峰，姚志伟. 论人工智能的法律人格：一种法哲学思考［J］. 华侨大学学报，2018(6)：81.

信息进行数字建模，无人驾驶软件可以进行深度学习，将这些对象进行分类识别，从而对外界作出适当的回应。无人驾驶汽车已经脱离了传统汽车驾驶人的控制，可以实现自主选择路线、自主驾驶、自主停车。此外，无人驾驶汽车的自主性还体现在它根据实时状况调整的行为，可能超出系统设计人员的预定，也就是说该“超出预定”行为是由无人驾驶汽车自己做出的，属于无人驾驶汽车的“擅自”。事实上，也正是因为无人驾驶汽车这种擅自行为切断了法律上的因果关系，所以其擅自行为极易产生责任认定难题。

交互性是指无人驾驶汽车可以与乘车人等人类及行驶环境进行交互。因为无人驾驶汽车的核心技术为人工智能，其具有机器深度学习的功能，因此可以与人类和周边环境进行各种形式及程度的合作与交互。如已经出现的智能行车助手、汽车语言助手都可以和车内人员进行语言和文字交流等，实现人机交互的功能。无人驾驶汽车通过摄像头、传感器等硬件设备与周围环境深度交互，以实时调整其驾驶行为，通过搭载的交流互动类软件与车上乘坐人员进行交流交互，通过长时间的互动后，通过自主生成算法而不断调整其交互行为，以适应乘坐人员或者说其“主人”的“嗜好”。而且，无人驾驶汽车的摄像头、传感器等硬件设备将会变得更为精妙，发挥着交互中所需的视觉、听觉甚或是触觉等作用，通过软件、硬件和数据三者的精妙配合，从而变得越来越向人接近。

唯一性是指每一辆无人驾驶汽车都有一定的独特秉性。这种独特秉性建立在无人驾驶汽车具有自主性和交互性的基础上。比如老年人的情感陪护机器人，它不仅有针对被陪护人个性化需求的独特表现，而且能根据记忆留痕等为被陪护人提供个性化的服务。即便是无人驾驶汽车，随着人工智能技术的向前推进，其组织形式、经营方式和监管模式等也都会发生重大转变。[1]

---

[1] 汽车数字化、互联网化、大数据应用、人工智能，将对汽车业及相关的长长的产业链产生难以想象的巨大变化和产业革命，可能完全被重构。汽车全面数字化意味着汽车可以随时连上互联网，成为一个大型计算系统，可以数字化导航、自动驾驶，每一次维修、驾驶路线、事故的录像，每一天汽车关键部件的状态，每一个驾驶习惯（如每一次的刹车和加速）都将记录在案。这样，4S 店可以根据车况信息采取远程干预措施，同时还可以提前备货，车主一到 4S 店就可以维修而不用等待。对于驾驶者来说，不想开车的时候，车辆可以自动驾驶，并且对经常开的路线可以自学习自优化，绕开拥堵点，选择最合适的线路；到城市中心，寻找车位是一件很麻烦的事情，但未来你可以到了商场门口后，让汽车自己去找停车位，等想要回程的时候，提前通知让汽车自己开过来接。红绿灯可以自动优化，甚至在很多地方可以取消红绿灯；城市停车场也可以大幅度优化。张平．大数据改变了人类的商业逻辑［N］．新华日报，2015－10－9（6）．

而无人驾驶汽车被人类量身定做等个性化开发运营将是未来的发展趋势，因为这更符合人们对美好生活追求的意愿。也就是说，无人驾驶汽车的研发制造者所设计的驾驶系统将成为越来越有个性的“驾驶人”，更符合用户（使用者）的“口味”。因为无人驾驶汽车基于能自主生成算法，可以自主为一定的“擅自”行为，该种行为表明其并不是完全受人类控制的，而是部分脱控的，这点与动物类似。同样地，在可自主为一定行为的基础上，其可以基于交互而产生不同的后天行为。例如，基于有的用户喜欢快，有的用户喜欢慢；有的用户脾气火爆，有的用户温文尔雅；有的用户喜欢听轻音乐，有的用户喜欢摇滚；使无人驾驶汽车也会因用户喜好的不同而形成不同的“脾气”，从而具有一定的独特秉性。一方面，由于无人驾驶汽车具有学习能力，因此其在一些特殊的情景下可能做出一些“擅自”行为，再加上无人驾驶汽车具有从过往经验中学习的功能，长此以往，无人驾驶汽车就可能产生一些惯性行为，形成自己独有的“脾气”。另一方面，因无人驾驶可以和人类、周围环境进行交互，在长期和人类与环境的交互影响之下，通过自主学习，也会像动物那样养成不同的后天行为，使每台汽车都呈现出一定的唯一性。事实上，通过车辆号牌登记等制度，可以使每辆车在形式上做到唯一，与公司通过登记注册而成为唯一的法人相类似。

第二节　无人驾驶汽车的本质和法律属性

一、无人驾驶汽车的本质

关于无人驾驶汽车的本质，笔者赞同客观存在说。笔者认为，人工智能既非人也非物，而是介于人和物之间的一种客观存在。[1]

首先，人工智能不是人，不是法律上的自然人。一方面，与具有生命

[1] 张志坚．论人工智能的电子法人地位［J］．现代法学，2019（5）：76.

的碳基体——民法上的自然人不同，人工智能由硅基体构成，人工智能就其生成机理来说不可能产生生命与生命权。❶ 因此，无论人工智能发展到何种阶段，都不可能成为真正意义上的人。另一方面，从人类历史发展来看，任何新事物的出现与发展都必须从根本上与人类根本利益保持一致。申言之，随着人工智能技术的进步，人工智能的理性能力不断提升，发展到某一阶段，甚至开始具有自我意识。如果将人工智能视为人，当其对人类的生存构成威胁时，我们将陷入既要保障人工智能的生存权又要保护人类自我利益的两难境地。因此，无论是从人工智能的生成机理，还是从人类历史的发展来看，人工智能都不属于“人”。

其次，人工智能也非物。一方面，人工智能不符合民法上关于物之定义，一般的人工智能是由系统软件与硬件设备构成，其系统是发挥功能作用的核心，而民法上的物一般是指能为人力所能支配的有体物及电、热、风能等无形之“自然力”，同时需在法律上具有排他性、可支配性，方可作为民法上的物。❷ 具言之，无人驾驶汽车等人工智能由硬件、软件、数据构成，而数据和软件均是无形的，并非民法上的有体物或自然力，无法纳入物之范畴。因此，人工智能并不属于民法上的物，人工智能具有自主性、交互性、唯一性，其不符合物之工具性特征，因而被视为动物。❸ 而在 1990 年《德国民法典》第 90a 条中就规定动物不是物，根据特别法予以保护。只要没有别的其他规定，有关物之规定适用于动物。换言之，动物虽不是物，但立法者认为因其具有近物性，而准用物之规定。因此，这也从侧面说明人工智能也非物。另一方面，如前文所述，人工智能的所有权分属于硬件购买者、软件研发者、数据运营平台或国家监管平台所有，这并不符合物权法上的“一物一权原则”，从这个角度来说，人工智能也并非物。此外，人工智能的软件系统可以像人类大脑一样运行，它可以不断优化升级，在某些方面具有超出人类的理性思维、决策、行为能力，故

---

❶ 赵万一. 机器人的法律主体地位辨析——兼谈对机器人进行法律规制的基本要求［J］. 贵州民族大学学报，2018（3）：147.

❷ 梁慧星. 民法总论［M］. 北京：法律出版社，2017：152－155.

❸ Luciano Floridi，J. W. Sanders. On the Morality of Artificial Agents［J］. Minds & Machines，2004（3）：349－379.

人工智能绝非人力所能完全支配的物或产品。

最后，人工智能是一种类似于动物的客观存在。一方面，传统民法理论主张，社会中所有的事物，要么属于物，要么属于人，除此之外别无其他物质表现形式。[1] 然而，事实上，现实生活中已经有既非人、也非物的存在形态，如体外胚胎。具言之，因为体外胚胎具有发育成人的可能性，而物是不可能成为人的，故其不属于民法上的物；与此同时，体外胚胎尚未发育为独立的人，因此也不属于民法上的人。此外，有学者主张，体外胚胎是生命之种子，它不是物，也不是人，与人有关，与物无关，理应得到比物更高的道德尊重。[2] 另一方面，从人工智能本身来看，人工智能不仅行为自主，而且具有深度学习与理性思维能力，相较于动物而言，它更具有“近人性”,[3] 是一种比动物更高级的存在形式,[4] 而且人工智能确实具有自然人格中的某些要素，具有与人类似的智慧，成为独立的社会角色,[5]这与人的社会属性不谋而合。当然，由于人工智能并不具有人身性，其参与经济生活主要限于财产方面，而且其并不能成为真正意义上的人；而体外胚胎具有极强的人身性，有可能发育成为独立的人，因此，体外胚胎的“近人性”要强于人工智能。因此，人工智能是一种介于动物与体外胚胎之间的客观存在。[6] 事实上，尽管现代私法的基础构筑在罗马法人物两分的状态下，主体性也是在物我两分的状态下建立的。[7] 然而，不可否认的是，主客体之间不可逾越的鸿沟正在发生动摇。[8] 尤其是在智能芯片、3D 打印技术、人工智能等新兴技术高速发展的今天，如果依旧坚守传统民法上人物二分理论，难谓明智之举，更遑论与时俱进。

---

[1][5] 杨立新．人工类人格：智能机器人的民法定位——兼论智能机器人致人损害的民事责任［J］．求是学刊，2018（4）：91.

[2] 刘士国．中国胚胎诉讼第一案评析及立法建议［J］．当代法学，2016（2）：4－10.

[3] 李俊峰，姚志伟．论人工智能的法律人格：一种法哲学思考［J］．华侨大学学报，2018（6）：81.

[4] 杨立新．人工类人格：智能机器人的民法定位——兼论智能机器人致人损害的民事责任［J］．求是学刊，2018（4）：92.

[6] 张志坚．论人工智能的电子法人地位［J］．现代法学，2019（5）：77.

[7] Visa Kurki. Animals, Slaves and Corporations: Analyzing Legal Thinghood［J］. German Law Journal, 2017（5）：1069－1088.

[8] 梁慧星．从近代民法到现代民法［J］．中外法学，1997（2）：19－30.

所以，作为人工智能的无人驾驶汽车，其本质是一种独立的、近人的客观存在。

第一，无人驾驶汽车是一种独立的客观存在。无人驾驶汽车在行驶的过程中，无须人类进行物理操作，其软件、硬件、数据三个部分分工合作、互相配合以保障无人驾驶汽车能够独立地运行。换言之，无人驾驶汽车的三个构成要件的所有权人将数据、软件、硬件的使用权让渡出来，构成一辆独立的无人驾驶汽车。一方面，由于无人驾驶汽车在其行驶过程中无须人类的介入，即可自主独立的实施驾驶，因此其应当为独立的自主驾驶行为承担责任；另一方面，正是因为无人驾驶汽车具有独立性，所以其和处于被支配地位的客体不同，具有成为“主体”的潜质。

第二，无人驾驶汽车是一种“近人”的客观存在。无人驾驶汽车的近人性和动物相类似，都表现为具有自主性、交互性、唯一性。一是无人驾驶汽车作为一种人工智能，其在行驶过程中能够自主地选择行驶路线、速度，实现全过程的自主驾驶，甚至可能做出一些擅自行为；二是随着人工智能技术的进步，无人驾驶汽车将具有越来越强的理性能力，所以其能够与人类、环境进行理性的交互；三是无人驾驶汽车因长期与人类、周围环境进行交互，从而养成其鲜明的个性。这三性集中表现为一点：无人驾驶汽车具有近人性。申言之，无人驾驶汽车的近人性使其具有成为法律上“主体”的可能性。

二、无人驾驶汽车的法律属性

目前学界关于无人驾驶汽车的法律属性的观点主要包括：动物说、特殊物说、产品说、特有产说和工具说。

1. *动　物　说*

有学者认为无人驾驶汽车既有研发制造人的设计时预设的“先天”自主行为，又有与使用者、周围环境进行交互之“后天”行为，其应视为动物。[1]

---

[1] Luciano Floridi, J. W. Sanders. On the Morality of Artificial Agents [J]. Minds & Machines, 2004 (3): 349 - 379.

由于无人驾驶汽车具有自主性，其行为并非完全由人类所决定，在运行中，人类只需确定起点与终点，具体行驶过程中的路线、速度则由无人驾驶汽车自己根据算法并做出决策。因此有学者认为，这种自主性与动物类似，动物也是无意识地对环境做出反应，而且最终受到人类的影响与控制。然而，随着人工智能技术的不断进步，无人驾驶汽车所做出的行为具有理性，这点是动物所不具备的，所以德国民法典认为动物虽然不是物，但准用物的相关规定。[1] 此外，有学者主张，人工智能和动物一样并不具有规范性认知能力，不具有“应然”的意识，而且人工智能在运作的过程中，就特定行为算法，仅会参照“行为 A→事实上的许可，行为 B→事实上的惩罚”的机制进行。[2] 笔者认为，动物说的观点有待商榷。一方面，从一定程度上来看，动物和人工智能都具有自主性、唯一性、交互性，但动物的自主性、交互性、唯一性源于其生物性，而人工智能则源自它的理性能力。具言之，动物的自主性、唯一性、交互性都是与生俱来的，即其生来就能自主地与周围环境进行交互，从而成为独一无二的生命体。而人工智能并不具有自然意义上的生命，它属于一种人造的存在，由于其具有深度学习能力，因此在某些领域，人工智能的理性能力远超人类，而且其能根据不同的情形，自主地做出理性的决策，与人类、环境理性（不同于动物的“生物性”互动）地进行互动，最终通过后天的“培养”而形成鲜明的个性。另一方面，从动物的社会属性来看，动物在社会中处于被支配地位，其价值主要体现在其“生物性”上。如猪主要是用来吃的，马主要是用来骑的，蟾蜍主要是用来做药的，而像大部分鱼类一样，许多动物都是用来供人类食用的。换言之，人类会根据动物的不同生物特征，做出不同的用途安排，而且很多动物都可以作为食物被人类所消耗。这也在一定程度上折射出动物主要以其生物价值，而被人类所支配的方式参与社会生活。然而，人工智能具有较强的理性能力，它们可以代替人类完成写作、下棋、开车、投资和理财等活动，其价值不在于其生物属性，而在于

---

[1] 《德国民法典》第 90a 条规定：“动物不是物。动物根据特别法予以保护。只要没有别的其他规定，有关物的规定适用于动物。”

[2] 冯杰. 人工智能法律主体地位的法理反思 [J]. 东方法学，2019 (4)：43－54.

其能具备理性能力，能够在一些领域替代人类进行生产活动，创造更多社会价值。此外，由于人工智能具备自我学习能力，所以其决策并不完全受控于人类，可以根据新的算法自主独立的做出决策。由此可见，动物说并不符合人工智能的自然属性和社会属性。

2. 特殊物说

持该观点的学者认为，由于人工智能并不具有和人类一样的“理性”，现阶段只有人才能进行理性的思考，因此不应赋予其与自然人类似的法律主体资格。但因人工智能具有特殊性，又不宜将其视为一般的物，故基于人工智能的特殊性，可将其视作特殊物来看待。[1] 特殊物说虽然看到了人工智能的特殊之处，将其视为一种特殊的物，但是其并没有明确人工智能的法律属性，其结论是模糊的，并不能很好地解决与人工智能有关的法律问题。此外，我国法律并无直接关于特殊物的法律规定，只有关于人格物的规定，涉及特殊物的保护和规则时，则仍需回到对一般物的法律规定上。由此可见，特殊物说并不能很好地指导司法实践。

3. 产　品　说

学界主流观点认为，对于无人驾驶汽车侵权纠纷，应当适用产品责任追责。[2] 此外，从国际上来看，联合国教科文组织及欧洲议会表决通过的《机器人民事法律规则》主张人工智能设备应当适用产品责任。[3] 这种观点将无人驾驶汽车视为一种产品，但这种观点依然受制于传统民法上对于“物”之定性。然而，无人驾驶汽车由于其所有权分属于三方主体所有，不符合民法上物之定义当无疑义，因此，产品说并不符合无人驾驶汽车的发展现状。此外，将无人驾驶汽车仅仅视为人类辅助工具的一种产品，也与自动驾驶系统所具有的“理性”不符。

---

[1] 刘洪华．人工智能法律主体资格的否定及其法律规则构想［J］．北方法学，2019（4）：56-66.

[2] 冯洁语．人工智能技术与责任法的变迁——以自动驾驶技术为考察［J］．比较法研究，2018（2）；郑志峰．自动驾驶汽车的交通事故侵权责任［J］．法学，2018（4）；冯珏．自动驾驶汽车致损的民事侵权责任［J］．中国法学，2018（6）；杨立新．民事责任在人工智能发展风险管控中的作用［J］．法学杂志，2019（2）.

[3] 贾章范，张建文．智能医疗机器人侵权的归责进路与制度构建［J］．长春理工大学学报，2018（4）：40-46.

4. “特有产”说

所谓特有产，根据《布莱克法律词典》的解释，是指罗马法中家父交给其子或奴隶依据他们自己的意思从事交易的特定财产。[1] 特有产是一种新的责任形式，如数字特有产，可以处理新一代的无人驾驶汽车引发的法律挑战。[2] 该说认为家子或奴隶基于特有产，可以独立从事一定范围内的民事活动，成为民事主体。人们之所以将特有产设置为一种法律制度，仅是因为“家父”对“家子”负担的债务以特有产总额为限承担责任。[3] 事实上，这也是有限公司的雏形，但法人汇聚了多方主体的意志，而特有产制度中只有“家父”这一单向主体。申言之，无人驾驶汽车涉及多方主体的利益，因此，特有产说无法解决无人驾驶汽车侵权责任与利益归属等问题，毕竟这些问题牵涉多方主体。

5. 工　具　说

持工具说的学者认为，人工智能本质上还受制于算法，[4] 不具有自己的目的，[5] 依旧是一种工具，只是比其他工具先进而已。[6] 此外，还有学者认为，为了使人工智能有效成为服务社会的工具，应赋予人工智能“工具性人格”。[7] 笔者认为工具说的观点同样值得商榷。首先，人工智能在执行一些复杂的认知任务时，在自主决策的情形，其不仅仅是工具；[8] 相反，其具有一定的自我意识，同时权利意识将从人工智能体内产生。[9] 换言之，工具说主张人工智能仅是实现人类利益最大化的“器具”与现实中人工智

---

[1] Bryan A. Garner（Editor in chief）. Black's law Dictionary［M］. west Group：seventh Edition，1999：1152.

[2] 乌戈·帕加罗. 谁为机器人的行为负责？［M］. 张卉林，王黎黎，译. 上海：上海人民出版社，2018：118.

[3] 彼德罗·彭梵得. 罗马法教科书［M］. 黄风，译. 北京：中国政法大学出版社，1992：130.

[4] 王利明. 人工智能时代对民法学的新挑战［J］. 东方法学，2018（3）：5.

[5] 吴汉东. 人工智能时代的制度安排以法律规制［J］. 法律科学，2017（5）：131.

[6] 郝铁川. 不可幻想和高估人工智能对法治的影响［N］. 法治日报思想部落，2018-01-03.

[7] 许中缘. 论智能机器人的工具性人格［J］. 法学评论，2018（5）：156.

[8] Elvia Adriano，Quintana Arcelia. Natural Persons，Juridical Persons and Legal Personhood［J］. Mexican Law Review，2015（8）：101-118.

[9] Hilary Putnam. Robots：Machines or Artificial Created Life？［J］. The Journal of Philosophy，1964（21）：668-691.

能并不完全受控于人类的事实不符；相对而言，工具一般是完全受控于人类的，故人工智能并非一种工具。其次，由于人工智能具有深度学习能力，不同于过去使用者和工具之间的单向服务关系，也使人工智能单纯作为工具的身份发生变化。[1] 进一步而言，在人工智能和人类进行交互的过程中，人工智能可以对人类的喜好、行为甚至情感展开分析，从而形成特定的算法，最终对人类施加影响。由此可见，此时人工智能并非完全处于“被支配”的状态，而是可能“反客为主”，直接或间接地影响人类的行为。

因此，笔者认为人工智能的法律属性应是财产。一方面，人工智能是一种类似于动物的客观存在，两者都可以自主为一定行为，具备一定的学习能力（如模仿人类的情感、动作），而非完全被动地受制于环境。尽管动物有时也会被人类当作工具使用，但动物在民法中主要还是被视为一种财产，并非人类可以随意驱使的工具。而且在我国民法上，财产不仅包括物，还包括行为（债）、权利，为物之上位概念。因此，人工智能虽不是物，但可以被纳入财产的范畴。[2] 另一方面，人工智能的近人性与财产的近人性相匹配。如动物作为一种财产，其并不完全被人类所支配，如国家禁止滥捕、滥杀野生动物，以保障其生存利益。这在一定程度上折射出动物这种财产并非完全被动地满足于人类的利益，相反其具有一定的生存目的性；而且动物并非完全被动地适应环境，其具有一定的自主性，可以与环境进行交互，直接或者间接地对周围环境施加影响，这一点和无人驾驶汽车相似，而无人驾驶汽车具有的自主性、交互性也表现为近人性。因此，将无人驾驶汽车的法律属性认定为财产符合其近人性特征。

第三节　无人驾驶汽车的价值和意义

近年来，随着人工智能的迅猛发展，为人类提供生活服务和安全保障

---

[1] 陈景辉．人工智能的法律挑战：应该从哪里开始［J］．比较法研究，2018（5）：144.

[2] 张志坚．论人工智能的电子法人地位［J］．现代法学，2019（5）：78.

的机器人正逐渐进入大众消费领域。而无人驾驶汽车作为人工智能时代的一种必然产物，其汇集了自动控制、识别技术、视觉计算等众多前沿技术，未来交通的可持续发展进程必将包含无人驾驶汽车的普及与应用。无人驾驶汽车的现实意义在于，直接为人类社会带来交通、经济、社会以及生态方面的价值。

一、交通价值和意义

（一）减少交通事故

据相关统计数据显示，我国交通事故发生数量逐年递增，2017 年交通事故发生数量为 20.3 万起，2018 年为 24.4 万起，2019 年为 24.7 万起。其中，机动车交通事故发生数量占交通事故发生总数的绝大部分，分别为 2017 年发生 18.2 万起，2018 年发生 21.6 万起，2019 年发生 21.5 万起，[1] 由此可以看出我国交通事故发生的数量较大。交通事故发生的原因多种多样，例如，在极端天气中驾驶机动车，极大地影响驾驶员的视力，安全驾驶得不到保障；公交车司机突发疾病和暴躁乘客怒抢方向盘等原因，都会严重危害社会公众的安全。而一个安全可靠的无人驾驶汽车必定会内置高级的人工智能，不仅可以支持汽车的基础功能和高级功能，还可以对接收到的数据实时反馈，[2] 通过实时收集到的丰富的交通环境数据，再利用智能算法有效减少交通事故，从而保障人们的出行安全。

也正是因为无人驾驶改变了传统的驾驶模式，驾驶人员将不再需要时刻紧张地关注路况，通过智能感知车距、智能决策和控制执行技术等功能就可以大量减少因人为操作失误（如因酗酒、吸毒、打盹或未看清红绿灯等情况）而造成的交通事故，从而保障交通安全，维护社会的稳定与安宁以及增加人们的幸福感和使用感。

---

[1] 国家统计局. 交通事故年度数据［EB/OL］.［2021 - 06 - 31］. https：//data. s tats. gov. cn/easyquery. htm? cn = C01&zb = A0S0D01& sj = 2019.

[2] 胡迪·利普森，梅尔芭·库曼. 无人驾驶［M］. 林露茵，金阳，译. 上海：文汇出版社，2017.

在智慧交通场景下，无人驾驶汽车可以比人更快更准确地进行持续效用计算，以确保碰撞风险的降低与可控。在由无人驾驶汽车组成的多智能体交通网络中，碰撞算法可最大限度地打破信息偏差，运用大数据来建构决策模型。[1] 因此，从碰撞算法的角度来说，无人驾驶汽车相较于人工驾驶汽车更加安全，还能让公路交通系统变得更加有条理、有秩序。

（二）有效缓解交通拥堵

我国一二线城市的堵车现象较为严重，2021 年第一季度，全国百城通勤高峰交通拥堵排名前三位的分别为北京、重庆和贵阳，其拥堵指数同比 2020 年第一季度分别上升 21.75%、17.92% 和 25.60%。全国百城通勤时耗排名前三位的为北京、上海和天津，分别为 48.1 分钟、44.1 分钟和 43 分钟。[2] 由此可以看出我国的交通拥堵情况呈现越来越严重的趋势。

通过无人驾驶汽车的适用，利用其超精准地图、车辆间交互系统的设备运作，对周边环境进行感知，计算出合适的驾驶速度，自动调速。同时，无人驾驶汽车会自动、及时地获取道路交通的相关信息与拥堵情况，合理分析每一段路况，播报不同路线之间的交通状况，高效地选择最优行驶路线，这样可以有效避免因道路施工、交通事故造成的交通堵塞。故此，无人驾驶汽车的运行可以有效缓解交通拥堵情况，从而在提高汽车行驶速度的同时，也提高了道路的使用效率，一举两得。

（三）提高运输效率

在传统物流方式中，一辆物流车通常需要 2～3 名司机，以轮班制的方式保障正常的运输作业，而企业使用无人车来实现无人运输的物流模式，突破了“人力”和“时间”的必要限制。因为无人车通过其最擅长的高频次、点对点到的精准运输服务，在进入稳定的常态化运营阶段后，可以使企业节省很大的人力成本。

---

[1] 李飞. 无人驾驶碰撞算法的伦理立场与法律治理［J］. 法制与社会发展，2019，25（5）：167－187.

[2] 2021 年第 1 季度中国城市交通报告［EB/OL］.［2021－06－17］. https：//jiaotong.baidu.com/c ms/re ports/traffic /2021 Q1/index.html.

此外，在现实生活中，货车运输司机因疲劳驾驶而引发的交通事故时常发生，故无人物流车相较于人工物流车更能精准、安全地运输货物，还能全天候运作，运力也会大大提升。应用于智慧物流服务的无人驾驶还可以优化智慧物流服务的用户体验，使顾客24小时都能享受到智慧物流的服务。无人驾驶还可实现多车协同运作，使无人物流运输更加智能化，实现物流运输效率最大化。例如，京东无人配送车在配送员输入订单号后，会自动选择合适的箱子放入快递车并运送到指定位置，通知用户取件，大大解决了物流配送最后一公里的配送难题。

二、经济价值和意义

（一）提高社会生产力

科技是第一生产力，无人驾驶技术是人类文明发展中的一项新技术，必然带动社会生产力的提高。无人驾驶与人工驾驶相比，具有很大的优势，运用在社会生产中，极大地提高了生产效率。无人驾驶技术能更优化地解决困难，人脑和人工智能相比，在现有技术下，人脑的分析和储存具有绝对的优势，但是运行的速度却不及人工智能，遇到生产困难时，通过智能技术分析和比对，人工智能能寻找到更优的解决方案，例如，在运输的效率上，无人驾驶智能系统可以综合分析路况的实时动态，冷静处理突发的道路交通事故，得出最快速度的运输路径。

（二）节约交易成本

在区块链上进行交易会突破传统合同范式，提升交易效率。在区块链上建立的有关乘车服务的合同为一种智能合约，这种智能合约拥有自我执行和自我验证的特征，还能够大幅降低合约执行和裁决所产生的人力、物力和时间成本。

将无人驾驶的理性算法与系统工程的计算能力有机结合，使企业厂区的无人物流具备更多的解决方案，可以具备适应多种行业、面对各种复杂工况与恶劣天气的技术特点，支持快速、灵活及超大范围的柔性部署，能覆盖多个厂区、多条生产线，并可支持上千台车辆设备同时运营。在这样的生产模式运作下，企业的生产成本会大大降低，因为无需投入额外的资本与时间进行厂区基建改造，仅需投入无人物流车辆即可快速实现物流运输路线的扩展与调整，并实现与现有物流和运输环境的无缝衔接，从而极大地降低企业的交易成本。

另外，厂区无人物流的规模化应用将为实现“无人工厂”带来真正建设性的作用，是推动制造业转型升级的关键。目前，上汽、通用、五菱单个客户厂区无人物流项目已投入运营，这不仅为实现汽车制造产业的智能化、数字化、无人化的整体转型升级打下坚实基础，也为实现产业转型升级提供了有力的借鉴。

（三）减少停车场数量

无人驾驶汽车的普及对停车场的影响会非常大。其一，相比于传统的汽车，无人驾驶汽车取消了驾驶座、方向盘等机械器件，无人驾驶汽车体积变小，占地面积也相对减少；其二，无人驾驶汽车可以通过对数据的收集，找到附近空余的停车位，车位共享程度大，提高了停车场的利用率，所需停车场数量减少。[1] 这意味着司机不必再到处寻找停车位，因为在被送到目的地后，无人驾驶汽车会自己寻找最理想的停车位。即使是自己购买的无人驾驶汽车，也同样无须为寻找停车位发愁。因此，大量的停车场将会被改造为具有其他用途的场所，如居住空间或娱乐场所等。

（四）节约时间成本

在中国，司机寻找停车位过程中普遍需要花费大量时间，且很多缺乏经验或是技术不够娴熟的司机对于车辆的使用与停放仍存在操作障碍，故无人驾驶汽车的推广可以有效地改善此类问题。通过让更多司机成为乘客，使人们从车辆烦琐的操作过程中解放出来，从而使通勤时间的分配更加合理，直接减少了车主的时间成本。

---

[1] 徐祥运，赵燕楠. 无人驾驶汽车技术的社会影响及其应对策略［J］. 学术交流，2021（3）：134－148，192.

此外，无人驾驶汽车改变了传统的驾驶模式，驾驶人员将无须时刻将注意力集中于路况，人工智能可以协助驾驶员节省时间与精力，用于处理公务、休息或者娱乐。无人驾驶汽车还可以节约驾驶员的时间。驾车外出时，要有一名司机专心开车，不能分心做其他事情，尤其是单独驾车外出，司机在路上只能驾车。无人驾驶技术突出地体现出了“无人”二字，不需要人工操作就可以使汽车正常行驶，使经常外出办公人员无须在驾驶汽车上浪费时间，这个时间也可以用于进行办公，汽车真正意义上成为移动的办公室。

（五）增加共享智能汽车的需求

消费者对于无人驾驶汽车在给他们产生利己利益时，从使用利益、享乐利益、情感利益等方面出发，都对无人驾驶汽车的购买意愿产生正向影响。随着5G技术的不断成熟，汽车所配备的自动驾驶技术越发智能化、人性化，相当一部分人对于使用更高级别的自动驾驶技术产生兴趣而产生购买意愿，同时人们也不会因为自己享受不到驾驶的乐趣与自由感而不购买无人驾驶汽车。[1] 简言之，无人驾驶汽车的普及将会极大改变消费者的“旅行习惯”，诱使他们放弃购买私家车，转而使用无人驾驶汽车。

三、社会价值和意义

（一）改善移动能力

从技术更新的角度来说，当无人驾驶汽车技术趋近成熟时，人类驾驶员的作用将微乎其微。通过智能化系统设置，自动运行直至行驶到达目的地。这也使无人驾驶汽车会大大改善我们的移动能力，因为这种出行模式不仅能帮助残疾人、无驾照人士以及没有汽车的人可以拥有独自外出旅行的机会与便利，还无须依靠他人做驾驶员，满足了老年人、盲人、残障人士、

[1] 金奚慧，干宏程，关金平，尹裴，车丽萍．无人驾驶汽车购买意愿研究［J］．科技管理研究，2021，41（8）：186－192.

孕妇、儿童等特殊人员的出行需求，为他们的日常出行提供了另一种可能。正是因为无人驾驶汽车的出现，使他们仅需要手动输入指令，或者直接通过语音输入目的地，便可以实现安全便捷的无人驾驶运输活动。

（二）提升公共应急管理效率

在突发事件发生的情况下，例如新冠肺炎疫情的暴发、地震等不可抗力事件出现时，无人驾驶汽车可以在收到指令后迅速地前往一线，第一时间援助灾区或需要帮助的地方，从而高效地帮助灾区人民获取救助的时间，大大地提升了公共部门的应急管理效率。

2020 年 2 月 10 日，江西省第一台环卫防疫消毒机器人——无人驾驶消毒车抵达鄱阳县，交付城管部门用于社区和城中村消毒消杀工作。该消毒车为电力驱动，续航时间 8 小时，满载 1.2 吨消毒水，且灌满只需几分钟，可对各社区及城中村进行全方位、无死角消毒作业，有效降低了作业人员的感染风险。

据京东物流武汉青山分区负责人介绍，无人配送车可以同时配送 24 件货物，每次送货时间设定为 20～30 分钟，货物提取完毕后快递车会自动返程，而未妥投的订单将继续放入无人配送车里投送或者联系客户约定取快递时间。

与京东物流无人配送车类似，广东也出现了无人配送的身影。在新冠肺炎疫情期间，深圳一清科技公司响应政府的号召，两三个月内在山东、苏州以及深圳为政府以及各类服务机构提供了超过数千次的配送任务，避免了人和人的接触。[1] 该公司研发的无人驾驶物流车“夸父”承担了后勤仓库与病房、病房与垃圾站、超市与小区等地点之间的物资物料运输任务。据了解，“夸父”满载一车可以装载 75 个小箱子，每箱能装 20 斤货物，也就是说，单趟可以配送 1500 斤的蔬菜瓜果。

而曾经为疫情核心地区的武汉，无人车的价值更加凸显。为了减轻医务人员来回奔走的工作量，降低接触感染风险，火神山、雷神山两所医院

---

[1] 王鲁佳. 面向智慧物流的低速无人驾驶系统研发与产业化［EB/OL］.［2021－06－30］. https：//www. sohu. com/a/414640666_455835.

还引入了低速自动驾驶小车与机器人，用来承担部分病员运送与物品配送的工作，包括运送病人，传送化验单、药品以及病人餐饮等。[1]

（三）优化城市布局

未来当新型无人驾驶汽车实现全面运营时，无人驾驶汽车自行规划并实时调整路线，在提高出行效率的同时，也减少了对汽油的消耗，不仅绝大部分加油场地可转化为公共空间，沿途还将大量减少对指挥灯、指挥台及安全岛等占用大量空间的基础设施的需求。与传统汽车相比，无人驾驶汽车还能通过控制运行速度，使两车之间车距更近，相对增加了道路的容纳量，提高了道路空间的使用率。未来无人驾驶的全面实现，能够使道路通行能力提升 3 ~5 倍，将给未来社会带来新景象。[2] 除此之外，当无人驾驶汽车全面普及时，其便捷安全性又得到进一步的保障，许多人将为了减轻生活成本压力、提高生活舒适度而将移居郊区，这也会对城市布局产生一定程度的影响。

四、生态价值和意义

（一）减少温室气体排量

无人驾驶汽车与普通自动驾驶汽车的性能相比，在自动行驶、加速、变速等多项性能方面都进行了优化，有助于进一步提高无人驾驶汽车的安全性和燃油的利用率，从而提高运行效率、减少能耗，并且极大地减少了汽车尾气的排放，能有效降低污染，改善环境。

（二）修复城市生态系统

有学者提出了“道路柔化计划”——基于无人驾驶汽车可精准驾驶这

[1] 战“疫”需求急呼无人驾驶车冲上前线［EB/OL］.［2021 - 06 - 30］. https：//baijiahao.baidu. com/s? id = 165847 298088577281&wfr = spider&for = pc.

[2] 彭宏勤，张国伍. 未来城市交通及其对未来城市发展影响——“交通 7 +1 论坛”第五十六次会议［J］. 交通运输系统工程与信息，2020，20（1）：2 -5.

一前提，在现有的3.5m标准车道中，若汽车双轮的着地空间宽度仅需0.5m，那么每条车道所释放出来的3m空间将为修复城市生态系统的连续性提供全新可能。在理想境况下，约80%的现有车道空间均有条件转换为不同层级的植被空间，由此形成的交通路网可构建起覆盖城市每个角落的巨型绿色基础设施网络，同时连接起碎片化的城市绿地，为不同物种创造出连续的栖息地。[1]

综上所述，无人驾驶汽车在交通、经济、社会和生态方面具有极大的价值，对社会具有重大的意义。首先，对未来交通的价值主要为减少交通事故，保障出行安全，降低交通拥堵和提高运输效率，具有良好的应用前景。其次，无人驾驶汽车的适用还会带来无限的经济价值，例如，提高社会生产力、节约交易成本、大幅减少停车场的数量、节约时间成本和增强人们对共享智能汽车的需求等。再次，无人驾驶汽车的运行还能使社会运行效率价值大幅提升，不仅对人们的移动能力进行改善，还能提升公共应急管理效率，促进城市布局的不断升级与优化，构建一个可持续发展的“交通大国”。最后，无人驾驶汽车不仅有助于减少温室气体的排放量，还能提高运行效率、减少能耗，以及因自身的精准运行而有利于修复城市生态系统。

第四节　无人驾驶汽车的风险与收益

当下，我们已经步入数据时代，[2] 人类的生活变得数字化、可视化、留痕化，人的行为也变得可计算、可预测。未来，随着饥荒、瘟疫和战争的发生概率不断减小，我们已经达到前所未有的繁荣、健康与和谐；成功孕育着野心，长生不死、幸福快乐以及化身为神将取代饥荒、瘟疫和战争

---

[1] 罗亚丹．从交通基础设施到绿色基础设施——无人驾驶城市中的柔性未来道路［J］．景观设计学，2019，7（2）：92－99．

[2] 人工智能引发的“数据——算法竞争”已被视为国家竞争的重要形式。封帅，周亦奇．人工智能时代国家战略行为的模式变迁——走向数据与算法的竞争［J］．国际展望，2018（4）：43－50．

而成为人类的中心议题。❶ 对于人工智能发展所带来的法律问题，我们既要立足当下，也要放眼未来。贯穿其中的重要思想或原则，就是应基于人工智能的不同类型或发展阶段，有针对性地“辨证施治”，同时，应当给新兴的智能产业发展以一定的“试错空间”，这更有助于该产业的健康发展。❷ 人工智能作为一种由数据、硬件和软件组成的独立的近人的客观存在，不再是传统意义上的简单工具，它的构成要件（数据、硬件和软件）分归数据运营平台、硬件所有权人和软件所有权人所有，需要该三个所有权人持续不断地通力配合，人工智能才有可能保持有效运转，而且三者缺一不可。因为人工智能“先天行为”的提升离不开研发制造者后续对软件的进一步更新、优化和升级，人工智能“后天行为”的培养离不开使用者对它进行持续不断的“教育”和“训练”，而人工智能的正常运行则离不开掌控着大数据的数据运营平台对它进行“数据喂养”。❸ 这种配合越是精妙，人工智能才越有可能表现出像人那样进行思考、决策和行为。

基于人工智能具有以上非同寻常之处，从而给现有民事法律制度带来了冲击和挑战。最为典型的是，以无人驾驶汽车为代表的初级人工智能因发生交通事故等侵权行为而造成责任分配的难题，以人工智能创作物为代表的中级人工智能带来了创作物是否属于作品及其权利归属于谁的难题，以人工智能成为董事的高级人工智能带来了对公司法传统代理成本理论的撼动，❹ 以及应否赋予人工智能主体资格以解决上述难题。

以无人驾驶汽车为例，从法律经济学角度看，责任分配其实就是将无人驾驶汽车所产生的风险分配给谁的问题，权利归属其实就是将无人驾驶

---

❶ 在减少了饥荒、瘟疫和战争之后，人类希望克服年老甚至战胜死亡；在拯救和脱离各种不幸之后，人类希望能够幸福快乐；在提升人性超越挣扎求生的动物性之后，人类希望把自己升级为神，让智人化身为智神。尤瓦尔·赫拉利. 未来简史［M］. 林俊宏，译. 北京：中信出版集团，2017：17－18.

❷ 张守文. 人工智能产业发展的经济法规制［J］. 政治与法律，2019（1）：10.

❸ 在人工智能研究领域中，一个毫无疑问的共识就是“数据喂养着人工智能”。李晟. 略论人工智能语境下的法律转型［J］. 法学评论，2018（1）：102.

❹ 因人工智能与自然人董事的本质差别，公司法面临着诸多挑战，围绕传统代理成本理论而搭建的公司法规则框架可能需要重构，其他规范自然人董事的规则也须相应调整，公司也可能因此而受到公权渗透；面对人工智能技术的日新月异，公司法应未雨绸缪。林少伟. 人工智能对公司法的影响：挑战与应对［J］. 华东政法大学学报，2018（3）：61.

汽车所获的收益分配给谁的问题，代理成本理论的核心就是成本收益分析问题。所以，对于学界最近热议的无人驾驶汽车侵权责任承担等问题，归结到一点，其实就是有无赋予人工智能主体地位的现实必要，以妥善解决人工智能发展而带来的风险收益分配问题，进而实现社会分配公平正义的价值目标。❶

风险分配就是指由谁来承担风险的问题，以及由谁对风险所导致的损害后果负责的问题，在法律经济学的视野下，纯粹的风险分配（法律义务的分配）和损害的分配（法律责任的分配）这二者是重合的，风险分配就等同于损失分担。❷ 无人驾驶汽车产业的飞速发展，会给社会带来诸多不确定的风险。风险暗示着遭受损失的可能性，也意味着获取利益的机会。❸所谓风险者，即某种损失发生之不确定也。❹ 现代科技的发展促使人类社会进入风险社会。风险的概念直接与反思现代化有关，风险可以被界定为系统地处理现代化自身引致的危险和不安全感的方式。❺ 按照不同的标准，可将风险分为私人风险、公共风险、❻ 技术风险、发展风险以及剩余风险等。无人驾驶汽车的“近人性”使其不完全受控于人类的意志。比如说，人类只需按开关键，无人驾驶汽车就可以独立自主地完成所有的驾驶任务。这种自主性表明无人驾驶汽车可以部分脱离人的控制，通过自行生成

---

❶ 由于社会分配的对象既包括“看得见摸得着”的财富，也包括“看不见摸不着”的风险，因此，社会分配正义价值目标的实现亦应相应地包含财富分配正义和风险分配正义的双重路径。李树．分配正义的双重路径及其法律调整［J］．西南政法大学学报，2012（5）：50.

❷ 法经济学者对于风险分配的论述，多是从方法论的角度来看待风险分配，即将风险分配视为一种认识侵权责任的方法，或者视为一种损失分担或者成本分散的方法。这种认识一直延续在法经济学对于侵权法的讨论之中，因而可以将这种风险分配称为方法论意义上的风险分配。由此，风险分配概念具有两层含义：在方法论层面，风险分配与成本分散一样指向责任该由谁承担的问题；在实体层面，风险本身是一种伤害的风险，是一种不利益和负担，风险分配就意味着将这种不利益和负担分配给谁的问题。尹德贵．风险分配的法理论纲［D］．苏州：苏州大学，2016：56－59.

❸ 尹德贵．风险分配的法理论纲［D］．苏州：苏州大学，2016：21.

❹ 袁宗蔚．保险学［M］．北京：首都经贸大学出版社，2000：2.

❺ 乌尔里希·贝克．风险社会［M］．何博文，译．南京：译林出版社，2004：19.

❻ 私人风险是由个人引起的，因而可以由私人控制，且其影响范围较窄，例如一个驾驶行为所蕴含的发生撞车的风险；公共风险也是人为引起的，但是其具体的生产主体则非个人，而是由政府或者企业等具有更强能力的主体导致的，然而其生产者却不一定能够控制这种风险，而且其影响范围较广，例如核电站发生核泄漏的风险。尹德贵．风险分配的法理论纲［D］．苏州：苏州大学，2016：61.

新的算法而自主决策和行为，依据该算法下达具体的指令，在该指令下的具体行动步骤不再也无须受人类的人工干预。也就是说，无人驾驶汽车会因自主性带来行为偏离，❶ 即它会有自行“创设”、自主“应对”的“擅自”行为，这种行为脱离了人类的控制，其行为后果是软件所有权人所无法预测的，但也是软件所有权人意欲而为的。因为无人驾驶汽车自主性程度越高，给人类生活所带来的便利程度也就越高，所以为了让无人驾驶汽车实现更好的发展，国家会允许并鼓励无人驾驶汽车具有这种自主性，而这种自主性必定会给社会带来一定的风险，这种风险是科技发展所无法避免的兼有私人风险和公共风险性质的技术风险、❷ 发展风险或剩余风险。❸

剩余风险是在符合国家有关部门制定的安全标准之下的，为标准所允许的风险，也被称为“残余风险”。❹ 无人驾驶汽车作为一种近人的独立的客观存在，在与外界互动交往中必然会带来不确定的风险。作为理性化的产物，风险本身应当被视为现代社会发展的正常现象。❺ 无人驾驶汽车因“擅自”行为导致他人损害时，它的软件所有权人可能会以其符合国家制定的安全标准为由主张合规抗辩。例如符合排放标准的有毒物质，当出现累积效应或共同导致化学反应时，可能会有给人们造成巨大伤害的风险，但法律却允许这种符合标准的有毒物质排放到人们生活的环境中，❻ 尽管

---

❶ 即基于自主选择或依据自己的意愿来行为。比如动物，它可凭借特定的动物本能或由其他动物的不稳定行为而引起行为偏离。Andrea Bertolini. Robots as products. the case for a realistic analysis of robotic applications and liability rules：215.

❷ 随着现代科学技术的发展，人类的活动能力得到大幅度地提升，同时也招致了或者暗藏着诸多新型风险，这些新型风险大致上可以称为技术风险，技术风险可以看成私人风险与公共风险的混合物。尹德贵．风险分配的法理论纲［D］．苏州：苏州大学，2016：119.

❸ 人的理性能力是有限的，难以对技术形成全面的认识，而由技术成果转化而来的产品便囿于技术上的盲点而可能存在不为人知的风险。这些潜藏着风险的产品流入市场之后，历经一定的时期，就会造成人身或财产损害。通过对损害的追根溯源式的原因分析，产品中潜藏的风险才为人所知，此种风险便是“事后才知的风险”。产品责任领域的发展风险（development risk），便是典型的事后才知的风险。尹德贵．风险分配的法理论纲［D］．苏州：苏州大学，2016：159.

❹ 所谓的残余风险，就是通过政府规制之后仍将存在的风险。傅蔚冈．合规行为的效力——一个超越实证法的分析［J］．浙江学刊，2010（4）：140.

❺ 劳东燕．风险分配与刑法归责：因果关系理论的反思［J］．政法论坛，2010（6）：96.

❻ 尹德贵．风险分配的法理论纲［D］．苏州：苏州大学，2016：57.

它们有毒，然而却是合法的。❶ 不过，合规抗辩在实践中经常会被驳回。比如，美国《侵权法重述（第三版）》第4条b款认为，在侵权案件的审判中，行为合规的事实必须适当考虑，但据此抗辩是不可能的。❷

另外，无人驾驶汽车具有交互性，它会与周围环境以及它的硬件所有权人进行交互，而这会影响它的“后天行为”。也就是说，无人驾驶汽车交付给硬件所有权人之后，是不断发展的，它的系统会不断地优化升级，它的决策和行为也会通过交互而不断地更改。基于软件所有权人所设计的无人驾驶汽车种类繁多，其没有时间精力与每个无人驾驶汽车进行交互，所以负责与之交互并对其进行“教育”和“培训”的主要是购买它的硬件所有权人。所以，如果说软件所有权人基于赋予无人驾驶汽车高度的自主性而应对其“先天”而为的“擅自”行为所带来的风险承担一定责任，那么硬件所有权人基于他与无人驾驶汽车交互而应对其“后天”而为的“擅自”行为所产生的风险也负有一定的责任，两者都是不可或缺的责任方。

此外，国家为了鼓励无人驾驶汽车产业的发展，允许它高度的自主，也大力发展它与环境和人类的交互能力，使其越来越能像人一样完成各项任务，从而更好地服务于人类，而这种允许本身就带有一种公共风险的性质，将无人驾驶汽车因高度自主和交互而为的行为的风险分散到人们的日常生活中，所以国家对无人驾驶汽车“擅自”行为所带来的风险也负有一定的责任。❸ 何况，像无人驾驶汽车这种初级人工智能的数据一般是由国家有关部门掌控，例如道路交通状况、红绿灯设置点、超速抓拍点、周围环境、车辆的车主信息等海量的数据组成的是大数据。而涉及国家的公共

---

❶ Carl F. Cranor, Legally Poisoned. How the Law Puts Us at Risk from Toxicants [M]. Cambridge: Harvard University Press, 2011: 5.

❷ 限制合规抗辩的理由还有：第一，合规标准通常是可允许风险流通的“下限”，仅仅是最低限度的要求，如果连合规标准都没有达到则是下线都没达到，但下线不是抗辩的事由，其还存在风险的范畴，必须承担相应的民事责任，并不能当然地免除合规致害责任；第二，标准不是风险社会下客观的事物，而是带有强烈的主观色彩的产物，这种人为的标准依赖于认识水平、博弈及多方面原因，其选择必然带有局限性，导致标准并不包含绝对安全的指标。宋华琳. 论行政规则对司法的规范效应——以技术标准为中心的初步观察 [J]. 中国法学，2006 (6): 128.

❸ 政府也有可能参与直接的分配关系，这种情况发生在剩余风险造成损害后果的情形之时。尹德贵. 风险分配的法理论纲 [D]. 苏州：苏州大学，2016: 133.

利益和个人隐私等的大数据的提供、更新、传输等也都由国家有关部门或至少是以国企形式出现的数据运营平台掌控。国家有关部门是否及时、有效地提供数据，往往会对无人驾驶汽车的行为和决策产生影响。所以，国家有关部门对无人驾驶汽车“擅自”行为产生的风险也是不可或缺的责任方。由此，无人驾驶汽车“擅自”行为产生的风险的作用力至少会与软件所有权人、硬件所有权人和数据运营平台这三个主体有关，且三者缺一不可，只是它们对风险所起的作用力大小有别而已。

与之相对应，无人驾驶汽车所带来的收益也至少会与软件所有权人、硬件所有权人和数据运营平台这三个主体有关，且三者缺一不可，只是它们对收益所起的贡献度高低有别而已。收益（财富）的分配应以生产资料的归属为基础，贯彻按贡献和价值进行分配的原则。[1] 按生产资料的归属进行分配，其实主要是指收益分配给谁应与生产资料归谁所有挂钩。换句话说，就是“谁所有、谁受益”。贡献和价值是收益分配的要素，即在财富（收益）的生成过程中，应按作出贡献的高低和产生价值的大小作为分配依据。比如无人驾驶汽车的硬件所有权人，其购买该无人驾驶汽车的投资可以看成一种价值要素。因为资本本身可以产生价值，所以可以参与产生价值的分配。[2] 另外，硬件所有权人对无人驾驶汽车进行“培训”和“教育”则可以看成一种贡献要素，通过这种“训练”可以使无人驾驶汽车表现得更加优秀，有可能产生预期之外的利润，从而获得更多收益。不过，所有权作为分配的“轴心”，按要素分配的基础和前提是解决所有权的归属问题，因为分配要素收益其实也是所有权在经济上的实现形式。[3]

无人驾驶汽车作为一种人工智能，主要由数据、软件和硬件组成。我们所探讨的初级、中级和高级人工智能的数据均是大数据，这种大数据关

---

[1] 李树. 分配正义的双重路径及其法律调整［J］. 西南政法大学学报，2012（5）：52－53.

[2] 孙亦军. 以要素价值为基础的价值体系重构研究［J］. 中央财经大学学报，2008（12）：66－67.

[3] 李丛笑. 国有资本收益分配体制改革——在公平与发展之间权衡［J］. 北京行政学院学报，2010（1）：52－55.

乎个人隐私、[1] 公共利益以及国家安全。作为初级人工智能的无人驾驶汽车，其数据用益物权或控制权在数据运营平台处，而在中级和高级人工智能的运用中，这些数据更多的是由国家有关部门直接掌控。比如，个人隐私中的行踪定位等信息，只有交给国家权力部门掌握，人们才能放心。而且，大数据有如水流，无所不在，并且可以被循环利用，我国法律明确规定水流只能归国家所有。不过，人们可以对它进行利用和使用，比如通过提炼而制造出一瓶“农夫山泉”矿泉水，与之相类似，人们也可以通过加工而制造出有价值的“小数据”。

在初级人工智能阶段，无人驾驶汽车的大数据信息保留在数据运营平台处，数据运营平台会对无人驾驶汽车在测试与试行阶段所收集到的数据进行整合与归纳，从而让无人驾驶汽车更好地服务于人类。在中级和高级人工智能阶段，大数据就像我国的大江大河类水流一样，不能归属于任何私主体，其所有权只能归属于国家，并由国家指定有关部门对其进行专门管理。而软件所有权人、硬件所有权人等其他主体对大数据仅享有一定范围内的使用权。

一般而言，软件的研发者为软件所有权人，软件系统一般只有一个，且可无损地被多人重复利用，所以研发者一般都会保留其开发的软件系统的所有权，而只向用户（硬件所有权人）让渡出软件使用权。管理者虽然购买了无人驾驶汽车，但其实只对硬件享有所有权，对于无人驾驶汽车运行所需的大数据以及下达指令的系统（相当于人的大脑）一般只享有使用权。因此，数据、软件和硬件作为无人驾驶汽车运行所必备的三大构成要件的所有权分别对应地归属于数据运用平台、软件所有权人和硬件所有权人这三方主体。

由此，无人驾驶汽车运行所获得的收益无论是按“谁所有、谁受益”

---

[1] 以无人驾驶汽车为例，比如一名大学教授，只是上班和下班约 1 个小时的时间需要用车，其他时间基本用不到。如果有个智能共乘系统，就可让车在早上和下午定制的时间来接送，其他时间将车用于其他目的，而不用在停车场白白等候。这样一来，只要有 5000 万辆共享的无人驾驶汽车，就能取代 10 亿辆私家车，而且所需的道路、桥梁、隧道和停车空间都会大大减少，城市堵车问题也可得到很好的解决。但如果要达到这样的目的，他就得放弃隐私，允许算法永远知道其身在何处、想去何方。尤瓦尔·赫拉利. 未来简史［M］. 林俊宏，译. 北京：中信出版集团，2017：348.

的理念还是按“要素”分配的理念，都应分归数据运用平台、软件所有权人和硬件所有权人三方所有。否则，实践中就会产生难以解决的问题。因为，如果数据运营平台与收益无关，那它就不会尽责提供翔实可靠的数据，而数据对于无人驾驶汽车，有如食物之于人类，缺乏实时、准确和有效的数据，将导致无人驾驶汽车难以有效运行。若将软件所有权人排除在收益分享者之外，那他们就没有动力履行系统更新升级等后续义务，无人驾驶汽车作为一种近人的客观存在，需要不断地学习，它的大脑（软件）也要不断地升级，若软件所有权人失去履行这些后续义务的动力，那无人驾驶汽车的后续发展也将难以为继。若将硬件所有权人排除在收益分享者之外，他们就没有动力去履行维护和保养无人驾驶汽车硬件的义务，更没有动力去履行“教育”和“培训”无人驾驶汽车，提升无人驾驶汽车大脑智慧（软件）的义务，那无人驾驶汽车变得越来越像人就难以实现。说到底，无人驾驶汽车的有效运行需要数据、软件和硬件的通力协调配合，只有三者在无人驾驶汽车运行过程中通力合作，才能保证无人驾驶汽车的正常运行并产出最大效益。也只有三者不断地进行配合协作，才有可能使无人驾驶汽车实现从初级阶段向中级和高级阶段的“进化”。所以，三者都是无人驾驶汽车收益分配中不可或缺的主体，而使三者能按其所起的贡献度比例进行分配才有可能使资源配置效率达到最优。

综上，无人驾驶汽车所产生的收益（权利）至少须由数据运营平台、软件所有权人和硬件所有权人分享，其因“擅自”行为带来的风险（责任）也应由三者分担。也就是说，无人驾驶汽车的风险收益应遵循“权责分摊”的分配准则，这才是无人驾驶汽车风险收益分配问题的最优解。

本章小结

随着人工智能在多层次、多领域的运用，与人工智能有关的法律纠纷屡见不鲜。尤其是伴随着无人驾驶汽车的发展，我们有理由期待无人驾驶汽车在不久的将来，会在更大范围内得到普及，为了更好地规范无人驾驶汽车的发展，有必要对无人驾驶汽车的有关法律问题进行研究。一方面，对于无人驾驶汽车构成要件的分析既要考虑无人驾驶汽车自身的构成特征，又要从便于解决无人驾驶汽车可能引发的法律问题出发。因此，无人驾驶汽车的构成要件应当包括硬件、软件、数据三部分。另一方面，对于无人驾驶汽车的本质和法律属性的认定，既需要考虑无人驾驶汽车自身的特殊性，又要从现有法律规范出发，实现无人驾驶汽车特性和便于解决其引发的法律问题之间的平衡。具言之，由于无人驾驶汽车具有自主性、交互性、唯一性，因此无人驾驶汽车的本质是一种客观存在，即一种独立的客观存在、一种近人的客观存在。而无人驾驶汽车的近人性与财产的近人性相似，将无人驾驶汽车的法律属性认定为财产符合其近人性特征。此外，将财产特定化、拟人化或将财产作为民事主体，立法上早有先例。如果将无人驾驶汽车的本质认定为财产，将使无人驾驶汽车具备成为法律上的主体的潜质，进而为其承担法律责任奠定理论前提。

此外，无人驾驶汽车在交通、经济、社会和生态方面具有极大的价值，对社会具有重大的意义。不仅能有效减少交通事故，保障出行安全，降低交通拥堵和提高运输效率，也具有良好的应用前景，带来无限的经济价值，例如提高社会生产力、节约交易成本、大幅减少停车场的数量、节约时间成本和增强人们对共享智能汽车的需求等。无人驾驶汽车的运行还能使社会运行效率价值大幅提升，有利于改善人们的移动能力，提升公共应急管理效率，促进城市布局的不断升级与优化，构建一个可持续发展的“交通大国”。机遇与挑战并存，无人驾驶汽车的运用虽然带来了交通领域的重大发展，但也对现有法律制度产生了巨大的冲击。这意味着，在以无人驾驶汽车为代表的人工智能引领科技创新的时代，未来布局必须从既有法律层面发现问题，进而解决问题，推动社会发展。

第二章　无人驾驶汽车法律地位辨析

2016 年，我国发生首起自动驾驶汽车交通事故，法院第一次将审判对象由人变成机器。❶ 但该案的自动驾驶汽车仍需驾驶员适时接管，并非无人驾驶汽车。❷ 也就是说，无人驾驶汽车的操作系统替代人类，成为“驾驶员”。虽然无人驾驶汽车目前尚处于测试阶段，但其“不知疲倦”、不会“醉驾”“怒驾”等优势将使交通事故概率大为降低，❸ 也使人类可以从紧张而又危险的驾驶工作中解脱出来，这是汽车行业发展的必然趋势。

然而，一些问题也不可避免地存在。其一，购买无人驾驶汽车的人对汽车注意义务限于管理和维护方面，而无驾驶行为，当其发生交通事故时，由谁承担责任，是购买人还是无人驾驶汽车操作系统的研发者？抑或汽车设备制造商、销售商、导航地图公司等主体。其二，无人驾驶汽车上路行驶，遵守道路交通规则的主体是谁？投保主体又是谁？其三，无人驾驶汽车不但致害，当其商用时，比如用于运营出租车业务、共享汽车业务等，所产生的收益又应归谁？用于公益服务时，比如无人驾驶公共汽车，其

❶ 2016 年 1 月 20 日，京港澳高速河北邯郸段发生一起严重的追尾事故，一辆白色特斯拉轿车在左侧第一车道行驶时，撞上了一辆正在前方实施作业的道路清扫车，碰撞前没有任何刹车痕迹，而“自动驾驶”是否开启成为该案的庭审焦点。中国第一起“无人驾驶”车祸致死案［EB/OL］.［2019 -04 -18］. http：//www. sohu. com/a/301402562_100280601.

❷ 2015 年德国联邦交通与数字基础设施部编纂的《自动与互联网驾驶战略》将自动驾驶区分为五个阶段：（单独型）驾驶支援系统、系统的组合（部分自动驾驶）、系统的高度化（高度自动驾驶）、完全自动驾驶和无驾驶人自动驾驶。Vgl. Bundesregierung. Strategie automatisiertes and vernetztes Fahren，2015：S. 5.

❸ 有调查显示，95% 的交通事故与人类驾驶者的驾驶失误有关，2. 5% 的交通事故归因于糟糕的路况和天气，2. 5% 的交通事故归因于技术故障，特别是在移动通信普及的今天，人类驾驶者的驾驶失误造成交通事故的比重越来越大。Sven A. Beiker. Legal Aspects of Autonomous Driving，52 Santa Clara L. Rev. 1145，2012：1149.

获得的收益和产生的责任又如何分配？所有这些问题集中到一点，关键在于具有高度自主性和学习能力的无人驾驶汽车能否被作为主体对待，赋予其民事主体资格，以解决其替代人类驾驶员所带来的以上种种法律难题。

第一节　无人驾驶汽车法律地位观点介评

对于无人驾驶汽车的法律地位，学界众说纷纭。无人驾驶汽车法律地位的明晰有利于进一步明确无人驾驶汽车法应采取何种框架。目前学界对此观点主要可以概括为“主体肯定说”、“主体否定说”及“中间说”。

一、主体肯定说

肯定说主张无人驾驶汽车既可以像法人和非法人组织那样被拟制为主体，又可以成为像自然人那样的主体，具有独立的法律地位。其中具有代表性的观点主要有“非法人组织说”、“电子人说”和“机器人—代理人说”。

（一）“非法人组织说”

有学者认为人工智能体在责任承担上不能像法人一样完全以自己的财产承担有限责任，它可能更类似于《民法典·总则编》第 2 条规定的非法人组织。[1] 无人驾驶汽车作为人工智能体发展中的典型代表之一，可以将其纳入此种观点思考。在成员方面，无人驾驶汽车如拟制为非法人组织，其非法人组织成员可以由软件所有权人、硬件所有权人及数据所有权人三者组成，同时可以将无人驾驶汽车的权利、义务和责任限定在财产方面。但此时无人驾驶汽车不具有完全独立的财产和经费，其背后的责任主体需

[1] 彭诚信，陈吉栋．论人工智能体法律人格的考量要素［J］．当代法学，2019，33（2）：52 –62.

要承担无限责任。综合考量，笔者认为将无人驾驶汽车拟制为非法人组织并不合理。无限责任虽然可以在一定程度上抑制无人驾驶汽车可能带来的风险，但造成的后果可能是“因噎废食”。一方面其风险可以通过其他方式予以解决，另一方面此种责任承担方式与鼓励无人驾驶汽车产业发展的政策背道而驰，可能会在客观上抑制无人驾驶技术的发展迭代。同时，此种责任承担方式本质上并不公平，在实际操作中，可能会造成国家对其危害结果无限兜底的窘境，有违公平原则。

（二）“电子人说”

2016 年 2 月，美国高速公路交通安全管理局表示，谷歌自动驾驶系统可以被视为“司机”;[1] 2016 年 5 月，欧盟议会法律事务委员会提交了一项动议，建议至少考虑将最先进的自动化机器人定位为“电子人”（Electronic Persons），赋予它们“特定的权利与义务”。[2]“电子人说”认为此类人工智能可以在一定范围内拥有独立的意思表示。此种赋予其独立“电子人格”[3] 的观点可以极大地提高现实及法律运作的效率。但笔者认为，将无人驾驶汽车拟制为“电子人”并不妥当。因为无人驾驶汽车不具有人的生物质，无人身性人格，[4] 其权利义务范围仅限于财产方面。同时，将无人驾驶汽车视为“电子人”无法实现权责分摊功能，其并不能有效解决无人驾驶汽车所带来的风险收益分配难题。故将其往自然人“电子人”方向拟制明显行不通，但往法人——“电子法人”方向拟制则有可能。

---

[1] Kyle Field. Google Self – Driving Cars Now Considered Drivers by NHTSA ［J］. CleanTechnica, 2016 (2): 16.

[2] Michael Nunez. Robots in Europe Could Become “Electronic Persons” ［J］. Gizmodo, 2016 (6): 21.

[3] 法律可以通过赋予一定的权利和义务而确立智能机器人以“电子人格”的法律地位，让智能机器人在一定范围内有自主权是合理的。Susanne Beck. The problem of ascribing legal responsibility in the case of robotics ［J］. AI & Soc, 2016 (31): 473 – 481.

[4] 基于人工智能特点而具有的独立行为能力与人具有一定的相似性。基于这种现实关怀，从人格抽象序列角度可以看出，机器人的未来人格诉求不在人身性人格领域，而在财产性人格领域，因为机器人毫无伦理意义可言，即使存在所谓的智能也仅停留在“人工”或“工具层面”上，没有个人意义上的自由、情感和自我感知的理性的存在。赵万一. 机器人的法律主体地位辨析——兼谈对机器人进行法律规制的基本要求 ［J］. 贵州民族大学学报（哲学社会科学版），2018 (3): 155 – 161.

（三）“机器人—代理人说”

作为世界上最早的关于智能机器人法律地位的法律草案之一，[1] 俄罗斯民法学者在《格里申法案》中提出了“机器人—代理人”的立法规则构设。[2] “机器人—代理人说”本质是将此类人工智能定义为一种财产，作为代理人以其所有权人或占有人的名义行为，其行为形成的民事关系类推适用法人的规定。[3] 从一些学者的观点可以看出，“机器人—代理人”系一种独立于自然人、法人及非法人组织之外的新型主体，并不处于既有主体类型之中。[4] 如应用此种学说，则无人驾驶汽车需要构建一种新型的独立法律主体，但此种定位无疑会给无人驾驶汽车法乃至整个法律体系的重构带来高昂的制度成本，同时还会带来一系列与其他主体之间有序共处与矛盾冲突的实践问题。对于此种定位，仍然值得商榷。

二、主体否定说

否定说认为不能也不必要赋予无人驾驶汽车独立的法律主体资格，无人驾驶汽车始终仅为“客体”。根据其具体论据的不同，其中的代表性观

---

[1] 张建文. 格里申法案的贡献与局限——俄罗斯首部机器人法草案述评［J］. 华东政法大学学报，2018，21（2）：32－41.

[2] 王春梅.《格里申法案》机器人二元定性的启示与反思［J］. 江汉论坛，2020（9）：127－131.

[3] 对“机器人—代理人”参与的包括合同关系在内的民事关系，类推适用关于法人的民事立法（第127.2条第1款～2款）。“机器人—代理人”可以其所有权人或占有人的名义，并在其所有权人或占有人公开声明及“机器人—代理人”信息系统中记载的权限范围内以代理人的身份进行活动（第127.5条）。张建文. 格里申法案的贡献与局限——俄罗斯首部机器人法草案述评［J］. 华东政法大学学报，2018，21（2）：32－41.

[4] 《格里申法案》尽管规定了机器人的权利能力和行为能力，但是机器人的民事主体地位到底是属于特殊的民事主体，还是属于法人，抑或独立的新的类型的主体，在该法案中并没有明确。张建文. 格里申法案的贡献与局限——俄罗斯首部机器人法草案述评［J］. 华东政法大学学报，2018，21（2）：32－41. 从法案对“机器人—代理人”规范在主体部分编章设置与位置安排来看，没有将其置于任何一个既有主体类型之中，而是以专章的形式安插在俄罗斯联邦、俄罗斯联邦各主体、地方自治市组织之后，由此形成了与前述各主体并列的一种关系结构，故将“机器人—代理人”推断为独立的第四主体更具有合理性。王春梅．《格里申法案》机器人私法定性的启示与反思［C］. 中国法学会法理学研究会．“第三届‘人工智慧与未来法治’学术研讨会”论文集，2019.

点有“动物说”“工具说”。

（一）“动物说”

无人驾驶汽车作为人类发明的产物，与自然产物动物相似，具有事实性认知能力。[1] 同时，无人驾驶汽车虽然具有深度学习的能力，但其缺乏对于法律及道德的规范性规则的认识，而无法理解其中的抽象意义。对于规范性认知能力的缺乏，和法律上自然人与动物的差别所在一致。从这种角度上，无人驾驶汽车可以类比动物在法律中的地位。无人驾驶汽车无法认识到行为应当性，因而与动物一样，不能成为法律主体。虽然动物是否能够成为法律主体也存在一定争议，但学界主流还是反对动物法律人格化，认为动物不可能是人类道德和法律的主体。[2] 但所谓的规范性认知能力乃至自由意志真的能够成为否认此类客体成为法律主体的理由吗？那么丧失认知能力的人为什么还能具有法律主体资格？现代社会对“意识”的认识又真的恰如我们想象吗？有研究证明，一个决策可以在它进入意识前被编码在前额叶和顶叶皮层中。[3] 人类的大脑活动可能并非我们想的那样由自己做主。笔者认为，“动物说”背后阻碍无人驾驶汽车成为法律主体的根本原因是人类中心主义的立法理念。

（二）“工具说”

持有该观点的学者认为，人工智能是受人类控制的工具，其本身不具有法律人格。[4] 虽然有科学家认为，非生物智能在21世纪中叶便将远超过今天所有人的智慧。[5] 但在特定领域，比如法律领域的应用，其仅在特定维度可协助人类做好法律工作，但无法从根本上扭转人类的主导地位，依然受控于人类。即使在行为上，人工智能似乎能通过其算法自主决策完成

---

[1] 冯洁．人工智能体法律主体地位的法理反思［J］．东方法学，2019（4）：43－54.

[2] 杨立新，朱呈义．动物法律人格之否定——兼论动物之法律“物格”［J］．法学研究，2004（5）：86－102.

[3] Chun Siong Soon．Unconscious determinants of free decisions in the human brain［J］．Nature Neuroscience，2008（11）：543－545.

[4] 许中缘．论智能机器人的工具性人格［J］．法学评论，2018，36（5）：153－164.

[5] 杜严勇．论机器人的权利［J］．哲学动态，2015（8）：83－89.

特定行为，但其算法程序本质上也是由人类设计的，其算法行为也是在人类可控范围内的结果，需要在人类特定指令下完成，并没有改变其本身仍是受人类控制的状态。也就是说，人工智能只是人类制造出的机器，并不属于人类。❶ 而机器人是受到包括自然人、法人或其他组织的民事主体控制的，它本身并不能够独立地进行民事行为，当然也就无法取得独立法律地位。❷ 因此，虽然赋予机器人以“人”的名义，但是其本身仅是一种工具而非人，也不具有人格。既如此，人工智能的本质是一种工具，那就应该作为法律关系中的客体而存在。❸ 无人驾驶汽车电子法人享有财产权利，以保险制度作为义务承担依据，这种法律人格的本质是其作为服务社会的工具。❹

三、中　间　说

（一）特殊主体说

有学者主张，可以将人工智能看成一种特殊的民事主体，因为其不仅可以独立的做出意思表示，还可以作为智慧的工具。❺ 人工智能的发展已经取得了很大的进步，已经不再是模仿人类的行为或是按照固定的代码从事单一、特定的简单行为了。人工智能远远超过其他科技成果的重要特点在于其深度学习和独立思考的能力，人工智能能够根据现有的行为不断地进行学习，独立判断，从而使行为最优、结果最优。深度学习和独立判断

---

❶ 杨立新．人工类人格：智能机器人的民法地位——兼论智能机器人致人损害的民事责任［J］．求是学刊，2018，45（4）：84－96．

❷ 吴汉东．人工智能时代的制度安排与法律规制［J］．法律科学（西北政法大学学报），2017，35（5）：128－136．

❸ 刘洪华．人工智能法律主体资格的否定及其法律规制构想［J］．北方法学，2019，13（4）：56－66．

❹ 许中缘．论智能机器人的工具性人格［J］．法学评论，2018，36（5）：153－164．

❺ John Lightbourne，Algorithms&Fiduciaries：Existing and Proposed Regulatory Approaches to Artificially Intelligent Financial Planners，67 Duke L. J. 651，674（2017）．

的能力使人工智能具有了专属于人的特征，因此有必要在法律上赋予其一定的法律人格，以便更好地规制其行为，同时为未来人工智能的健康有序发展提供一定的制度保障，避免将来产生很大的矛盾与冲突。

也有学者认为，可以借鉴古罗马的特有产制度，将人工智能视为一种数字特有产，使人们可以主张自己的责任限于该人工智能本身的价值（加上最终的强制保险），以此能通过使用人工智能从事商业、交易或合同业务，并能向其交易相对方（不论是人类还是其他人工智能）保证义务将会被履行，从而能够成功处理新一代的无人驾驶汽车所带来的法律挑战。[1]还有学者认为，若肯定智能机器人的法律人格，则应当将智能机器人视为新型民事主体。[2]

（二）条件主体说

条件主体说认为，可以在一定的条件下赋予智能机器人一定的法律人格。有学者主张我们要在实定法解释论的基础之上研究机器人的法律人格。研究其法律人格时，要将传统的思考问题的角度予以重新排位，首先要站在法律政策的立场上，而非传统逻辑的立场上。从逻辑必然的角度出发，机器人显然不具备法律主体应具有的全部特征，但是科技的不断发展使机器人已经普遍运用于各行各业，逻辑的必然性使法律在面对现实时变得慌乱无比。因此，有必要将具备客体属性的人工智能在特定条件下承认其主体资格，[3]这种主体资格不是真正意义上的主体，而是法律拟制的一种主体，其目的都是解决人工智能不断发展所带来的问题。还有学者认为，承认人工智能的主体资格的困难性体现在“符号主义”和“联结主

---

[1] 乌戈·帕加罗．谁为机器人的行为负责？［M］．张卉林，王黎黎，译．上海：上海人民出版社，2018：110－118．

[2] 石冠彬．论智能机器人创作物的著作权保护——以智能机器人的主体资格为视角［J］．东方法学，2018（3）：140－148．

[3] 陈吉栋．论机器人的法律人格——基于法释义学的讨论［J］．上海大学学报（社会科学版），2018，35（3）：78－89．

义”语境下，[1]但是在非公理化推理系统（NARS）下，[2]人工智能被承认具有一定的人的认知属性，基于此，在满足特定条件的情况下，通过法律技术手段能够在一定程度上赋予其法律主体资格。[3]由此可以看出，条件主体说认为人工智能成为主体需满足一定条件、特定情形并且只能赋予一定程度的主体资格。

（三）有限人格说

有限人格说主张，人工智能享有法律人格，但是其享有的法律人格是受限制的，主要表现为行为的有限性和责任的有限性。首先，人工智能可以独立实施一个行为，其有权享有相应的法律权利并应承担相应的法律后果。其次，人工智能的本质是工具，尽管其具有一定的独立行为能力，但是其行为取决于人类为其编写的程序，其无法改变自身服务于人类社会的工具本质。最后，人工智能在民事责任的承担上具有很大的局限性，人工智能并不能单独地承担民事责任，其行为所造成的损害结果的责任承担主体应是其设计者、开发者、制造者或使用者，这应当是一种特殊的侵权责任承担主体。而人工智能在行为和承担责任方面的有限性决定了其法律人格的有限性。[4]还有学者主张智能机器人的法律人格是人类智慧的延伸，其本质仍然是服务于人类社会的一种工具，其作为法律主体在行为能力、责任能力和权利义务方面都是有限的，因此，其法律人格只能是一种工具性的法律人格。[5]

---

[1] 符号主义（Symbolism）是一种基于逻辑推理的智能模拟方法，其主要思想就是应用逻辑推理法则，从公理出发推演整个理论体系。联结主义是一种演绎逻辑，强调人类大量的视觉听觉信号的感知处理都是下意识的，是基于大脑皮层神经网络的学习方法把认知看成网络的整体活动，组成网络的基本单元随着外部信息和其他单元的活动发生动态变化。顾险峰．人工智能中的联结主义和符号主义［J］．科技导报，2016，34（7）：20－25.

[2] 非公理化推理系统（Non－Axiomatic Reasoning System）指在资源和信息不充分的情况下，主体也会依据有限的资源作出决断。Pei Wang. Advanced in Artificial General Intelligence：Concepts，Architectures and Algorithms. IOS press Preface V（2006）.

[3] 沈建铭．论人工智能实体的法律主体资格［D］．武汉：华中师范大学，2017.

[4] 袁曾．人工智能有限法律人格审视［J］．东方法学，2017（5）：50－57.

[5] 许中缘．论智能机器人的工具性人格［J］．法学评论，2018，36（5）：153－164.

（四）法律行为说

李爱君教授认为，在以主体、客体和行为为基本结构的民法中，人工智能既不是主体，也不是客体，而是一种法律行为，理由主要在于：人工智能只是一种技能，是一种算法而非人类认知神经科学，从而无法与人的“智能”相提并论；它没有自我意识、没有资源、没有对自身行为控制的能力，从而不符合自然科学主体性的构成要素；而且参照人而创造一个新的“人”，并不是人工智能所要表达的科学价值目标，人工智能的价值在于行为的智能性，是为了使它承担的智能任务类型分别形成不同的“行为”功能；人工智能是基于人的研究行为不断深化而产生的，是人类的大脑行为创造的一种精确复杂的技术行为，因此人工智能的本质是一项技术行为，是人类行为的延伸，不具有法律主体的本质特征。更确切地说，人工智能是它的研发者、制造者和使用者等主体的法律行为。[1]

四、观点评析

无人驾驶汽车是独立于人、物之外的，一种比动物更“近人”的人工智能。一般认为，自主性和深度学习是人工智能的两个核心特征。随着人工智能的发展，其自主性和学习能力会越来越强，甚至有可能进化出自我意识。一旦人工智能获得自我意识，便进入强人工智能阶段了。虽然人工智能最终能否获得自我意识未有定论，但法律在人工智能领域应该要有超前性，为未来社会的发展提前预留空间。反观当前对人工智能民事法律地位的讨论，要么过于保守，固守传统的人、物与主体、客体相对应理论，以及人工智能的民法属性是物、本质是工具等固有的观念；要么过于超前，在强人工智能甚至是超人工智能阶段进行臆想，殊不知，人工智能阶段的法律至少是要在人类与人工智能的共同参与下制定，而超人工智能阶段，人类是否继续存在都是问题。因此，我们应该秉持一种务实的态度，将讨论的范围限定在人工智能从弱到强的过渡期（具体又分为初级、中级

---

[1] 李爱君. 人工智能法律行为论［J］. 政法论坛，2019，37（3）：176－183.

和高级三个阶段）内来探寻否认或确认其民事主体资格的根本理由。无人驾驶汽车系弱人工智能到强人工智能的过渡阶段的产物，属于初级人工智能，可纳入上述人工智能法律人格讨论范围。

关于人工智能人格否定说，主要代表有意志理论和人类类比理论。[1]意志论的法律主体构建围绕人为主的“意志自由”，认为权利具有人类价值追求属性，人工智能终究是机器，由于无法感知痛苦、快乐等情绪体验，在刑罚方式承担上缺乏主体意义，因此不应赋予其法律主体地位；[2]还有从大陆法系获得法律人格的两个必要条件出发——“社会存在”和“法律确认”，主张人工智能的独立意志实为“算法意志”，即是程序计算的结果，与法人决策来源于人的团体意志截然不同[3]。而人类类比论则以法律主体的认定以生物人的结构或特征为参照，认为机器难以达成具有“类人性”“与人类相似”的心理共识，法律主体概念从道德共识的历史阶段发展也无法承认机器人的法律人格。[4]虽然时代发展至今，但早期学者的理论仍然具有奠基与借鉴意义。国外有关法律人格渊源可追溯至罗马法时期，代表学者有洛克与康德，二人对人的理性进行深层解读。洛克谈及人格作为法律名词只属于智慧主体，这个主体具有情绪感知能力，须受到法律支配；人格拥有意识，可以追及过去，扩及未来，能进行反思反省，是具有思想、理性的一种东西。[5]康德认为人类能提升到其他一切生活在地球上的幸存者之上，在于人有自我意识，同时在可能遇到所有变化时意识具有统一性，即同一个人格。[6]可见，诠释人格的本质在于自我意识和理性，是人区别于动物的关键。这种解释人格的理念也深深影响着后来人，乃至后来在认定法律人格仍离不开人类特有的理性与感知。如理性主义学派以实体是否具有人类的理性作为赋予法律人格的标准，其中对理性

---

[1] 马莉．人工智能体的法律主体资格研究——以无人驾驶汽车为例［D］．广州：华南理工大学，2020：30－33.

[2] 刘丽．人工智能是否应具有法律主体地位［J］．人民论坛，2020，Z2：60－61.

[3] 朱艺浩．人工智能法律人格论批判及理性应对［J］．法学杂志，2020（3）：132－140.

[4] 孙占利．智能机器人法律人格问题论析［J］．东方法学，2018（3）：10－17.

[5] 洛克．人类理解论（上册）［M］．关文印，译．北京：商务印书馆，2009：334－338.

[6] 康德．实用人类学［M］．邓晓芒，译．重庆：重庆出版社，1987：1.

的解读有认知能力说❶、道德水平说❷与意识表示能力说❸；人文主义学派以实体是否具有人性的具体特质来区分法律上“人”与“非人”，其中对人性特质的解读有生命神圣说❹、生命脆弱说❺与感知痛苦能力说❻。人工智能实质上是人造物，先天不具备人的理性意识，不能衍生出人的繁杂情感，更谈不上是传统意义上的生命体。以上不论以何种学说为准，似乎都无法赋予人工智能主体地位。

而且，在无人驾驶的车祸事故领域中，人工智能只能在财产权上承担相应赔偿，而财产的最终追偿一定是回归于自然人本身。诸如死刑、无期等刑罚方式对人工智能不具有现实可能，因为机器人不可能在承担上述刑罚时会流露出人类的痛苦与悔改。因人工智能承担责任的限制性，赋予其法律人格地位缺乏实践意义。在无人驾驶汽车事故不归责于任何一方，纯粹是人工智能的自主行为所致的情形下，将“法人”“代理人”等制度引入人工智能法律主体地位，把人工智能背后无过错的自然人揪出来追究刑事责任，未免刑罚不当，从公序良俗的角度来说不利于社会的和谐稳定。人工智能追责难题在于刑罚的正确适用，以上情形下监禁刑罚已失去了教改意义，而就受害者的人身伤害赔偿须落到实处。但财产权的实现并不必然需要人工智能的法律主体为前提，至关重要的是将责任公正有理地分配于参与人工智能的各方，包括研发者、数据运营平台者、车辆管理者，等等。

然而，从理论角度，笔者认为能否赋予人工智能法律主体地位，关键

❶ Sheryl Hamilton. Impersonification: Troubling the Personin Law and Culture [M]. University of Toronto Press, 2000: 16.

❷ Immanual Kant. Grounding for Metaphysics of MoralsJames W Ellington (trans) [M]. Hackett Publishing Company, 1981: 3.

❸ Ronald Dworkin. Unenumerated Rights: Whetherand How Roe Should be Overruled [J]. The University of Chicago Law Review, 1992 (59): 381.

❹ Ronald Dworkin. Unenumerated Rights: Whetherand How Roe Should be Overruled [J]. The University of Chicago Law Review, 1992 (59): 381, 414.

❺ Charles Darwin. On the Origin of Species by Means of Natural Selection or the Preservation of Favored Racesin the Struggle for Life [M]. John Murray, 1985: 50.

❻ Jeremy Bentham. An Introduction to the Principles of Moralsand Legislation [M]. Athlone Press, 1970: 282-283.

看其是否具有理性能力，或者说人工智能与法律主体要素的契合度。在本体要素方面，不同历史时期皆有将无生命体作为法律主体的例证。比如古罗马时期的寺庙、中世纪的宗教建筑就被视为权利主体。2014 年，新西兰国家公园 Te Urewera 已经获准为法人。2017 年 3 月，新西兰旺格努伊河被新西兰国会赋予法律人格。人工智能作为无生命体，也是有可能被纳入法律主体范畴的。在能力要素方面，婴儿、精神病人理性不足，但仍是法律主体。人工智能具有自主性和一定的理性能力，在某些方面的能力（比如记忆、计算和反应速度等方面）甚至要远超于人类，这满足法律主体能力要素上的要求。在道德要素方面，人工智能被创造之初，就被编入伦理代码，其行为会比人类更符合伦理要求，所以人工智能也是能够被纳入道德责任主体范畴的。也就是说，在本体、能力和道德要素方面，人工智能是可以被现有法律主体制度所容纳的。[1]

从现实需要的角度，赋予人工智能法律主体地位具有现实必要性。上述河流、公园没有行为能力、意思表示和责任能力，但因现实需要而被赋予法律主体地位。2016 年 2 月，美国高速公路交通安全管理局表示，谷歌自动驾驶系统可以被视为“司机”。[2] 2016 年 5 月 31 日，欧洲议会法律事务委员会发布《关于机器人民事法律规则立法建议致欧盟委员会的报告草案》。该草案于 2017 年 1 月 12 日由该委员会表决通过并成为决议（resolution）。2017 年 2 月 16 日，欧洲议会通过了该决议。该决议第 59 段建议：从长期着眼为机器人创立特定的法律地位，以至于至少明确最精密的自主机器人拥有“电子人”地位，能够承担其引发的损害的责任，并可能把“电子人格”适用于那些机器人自主决定或其他独立于第三方交互的案件。[3] 2017 年 10 月 25 日，在“未来投资计划”大会上，沙特政府授予

[1] 郭少飞．“电子人”法律主体论［J］．东方法学，2018（3）：45.

[2] Kyle. Google Self－Driving Cars Now Considered Drivers by NHTSA［J］．CleanTechnica，2016（2）：16.

[3] European Parliament. Report with Recommendations to the Commission on Civil Rules on Robotics，A8－0005/2017：18. 中文版参见朱体正，等译．欧洲议会机器人民法规则［M］．梁慧星．民商法论丛，北京：社会科学文献出版社，2019：69.

“女性”机器人索菲亚公民身份。❶ 以上这些做法足以表明，随着人工智能技术的快速发展，赋予人工智能一定的法律地位，使其以主体身份参与民事交往，将是今后解决其致害责任承担和获益归属等现实难题的一种趋势和可行方案。

第二节　无人驾驶汽车成为民事主体的理由

基于无人驾驶汽车既有由研发者预设的“先天”自主行为，又有与车辆管理人、环境等进行交互的“后天”行为，有学者主张应将其视为动物。❷ 无人驾驶汽车的行为并非完全由人类决定，人类只需确定起点和终点，具体的行驶速度、路线规划以及是否超车等其他行为，可以由自己判断并即时作出决定。这种自主性类似于动物，动物也是自己无意识地作出各种行为和反应，而且最终受到人类的影响和控制。然而，无人驾驶汽车所作出的行为一般是“理性”的，这点是动物所不具有的，所以德国民法认为动物虽不是物，但准用物的规定。❸ 正是基于动物的“近物性”，缺乏人之理性，故不可能成为民事主体。❹ 相反，无人驾驶汽车具有“近人性”，❺ 在遵守交通规则、不超速、不怒驾等方面的理性远超于人类。而

---

❶ 李薇．索菲亚成为首位被授予公民身份的机器人［EB/OL］．［2020－09－26］．https：//www.sohu.com/a/237964776_313745．

❷ 因机器人具有交互性、自主性和适应性，机器人不是产品或物品，而应被视为动物。See Floridi L，Sanders J W. On the Morality of Artificial Agents. Minds & Machines，349－379（Mar. 2004）．

❸ 《德国民法典》第90a条规定：“动物不是物。动物根据特别法予以保护。只要没有别的其他规定，有关物的规定适用于动物。”

❹ 假如动物作主体，则其与人之间的人际关系难以达成，其因缺少人格保护法上的道德实践能力和法律责任能力，而成为人类单向施惠的对象。而且，除了生命、自由和健康等生物意义上的利益外，动物并无伦理意义上的肖像、名誉、隐私和名誉等利益的社会诉求。因此，《德国民法典》第90a条的规定其实是基于一种动物优待的思路。梅夏英．民事主体的抽象度问题及其对私法体系的影响［J］．经贸法律评论，2019（1）．

❺ 人工智能的发展态势是趋向于“与人相同”的，为了让人工智能能“做人的工作”，人类必然会不断将本来仅为人类所具有的能力赋予人工智能，并让人工智能表现得越来越像人，人工智能的这种特性可以称为“近人性”。李俊丰，姚志伟．论人工智能的法律人格：一种法哲学思考［J］．华侨大学学报：哲学社会科学版，2018（6）：81．

且，动物致害的利害关系人一般是对它进行管理的饲养人，而无人驾驶汽车致害既与决定其先天行为的研发者有关，又与影响其后天行为的购买人有关，还与导航地图公司以及对路况、行驶环境进行监管的国家单位等主体有关。因此，将无人驾驶汽车视为动物，同样不能解决其致害的责任承担和收益的归属等问题。其实，对于无人驾驶汽车自主行为的后果，产品责任、动物责任等均无法应对，根本原因在于其“擅自”行为切断了法律上的因果关系，但与多方主体存在利益关系，所产生的权利、义务和责任需要分摊，而要实现这一点，唯有赋予无人驾驶汽车以民事主体资格。

一、无人驾驶汽车自主行为切断法律上的因果关系

当无人驾驶汽车因使用人操作失误或其他主体过错发生侵权时，可适用过错责任追究过错人的责任。当无人驾驶汽车设备存在缺陷或瑕疵，可适用产品责任追责。然而，无人驾驶汽车侵权大多却是因驾驶系统自主行为造成，是其在部分脱离人类控制后“擅自”行为所造成的，而这种“擅自”行为是研发者所意欲的，[1] 也是经过国家有关部门认证并许可的。因为正是无人驾驶汽车的这种自主性才使其能够替代人类而成为“司机”，自主性意味着给人们带来更多的便利和福利，同时也带来一定的风险，只不过这种风险在可控范围。也就是说，无人驾驶汽车的自主性是造成交通事故的主要原因，但其概率较低。而且，自动驾驶系统成为“司机”后，发生交通事故总体上的概率是大为下降的，这也是无人驾驶汽车日后得以普遍推广的重要因素。

但是，因无人驾驶汽车自主行为致害或获益不可避免，其也因此行为而与相对人建立起法律上的因果关系，而人类主体与相对人之间法律上的因果关系就此被切断了。使用人可以该“擅自”行为是由无人驾驶汽车自己作出为由否认其与相对方之间存在法律上的因果关系。同样，研发者也

---

[1] 学习型人工智能的设计者无法预见它被派入世界后如何行动，但另一方面，此一不可预见的行为是人工智能设计者意欲的，即使某一特定的行为并非如此。Jack M. Balkin. The Path of Robotics Law [J]. 6 Calif. L. Rev. Circuit 45, 2015: 52.

可以技术中立原则为由主张切断因果关系。因此，对于无人驾驶汽车“擅自”行为所造成的后果，无法认定任何其他人类主体与相对方存在法律上的直接因果关系，无人驾驶汽车自己才是唯一与相对方建立法律上因果关系的“人”。这正是无人驾驶汽车侵权责任承担难题无法解决的原因所在，因为“行为”是无人驾驶汽车“擅自”造成的，而它又不是民事主体，无法科以其责任，从而需追究与损害后果有关的人类主体承担责任，但人类主体在此却无法律上的因果关系，而且要求开放制造人、购买人等一方主体单独就此完全负责亦不合理，由此形成一个悖论。[1] 要破解这个悖论，只有赋予无人驾驶汽车民事主体资格，才能彻底解决其致害责任承担和所获利益归属等难题。

二、无人驾驶汽车自主行为风险全部社会化并不合理

一方面，正是由于找不到合适的任何单方人类主体对无人驾驶汽车自主行为后果完全担责，为此，有学者提出通过强制保险将风险全部社会化，或设立赔偿基金而完全交由国家买单。[2] 虽然无人驾驶汽车会给社会带来一定的危险，但其危险性相较于传统汽车而言，肯定更低，否则就不会向社会推广普及。既然传统汽车所带来的危险并未全部社会化，购买保险只是分散风险的方式之一，那么危险性更低的无人驾驶汽车就更没有理由将风险完全转移给国家和社会，只有那些高度危险的，比如核能，才有可能由国家设立赔偿基金等方式完全分散其风险。而且，即便是购买保险，由谁承担该笔保费呢？完全交由研发制造它的人承担也不合理，因为研发者影响的是“先天”行为，其“后天”行为主要是受购买人的影响。

---

[1] 无论是消费者的合理期待标准或“事物自道其缘”法理在产品责任中的应用，还是从监管层面确立自动驾驶汽车的安全和性能标准，都只能在一定程度上缓和受害人依产品责任获得充分救济的困境，却不能从根本上解决这一问题。冯珏．自动驾驶汽车致损的民事侵权责任［J］．中国法学，2018（6）．

[2] 因为未来机器的风险不一定与产品缺陷有直接关系，反而与智能自主性有关，在法律技术上寻找产品缺陷和追踪过错发生之时空点都不太容易，更可能的选择是将人工智能的风险社会化，通过强制保险或设立赔偿基金制度更利于问题的解决。梅夏英．民事主体的抽象度问题及其对私法体系的影响［J］．经贸法律评论，2019（1）．

另一方面，无人驾驶汽车不但会致害，也能获取利益。当它致害时，风险全部转移给社会，那当它获益了呢？特别是那些商用无人驾驶汽车，利益往往是被商家收取，而非社会。因此，根据报偿理论，即“谁享受利益谁承担风险”，应由与无人驾驶汽车有一定利害关系的人担责和获益，而不应将风险全部转移给与其关联度并不高的“社会”。比如，购买人享受了无人驾驶汽车所带来的方便快捷，自然就要承担其所带来的相应风险，研发者为了获取丰厚利润而研发更加自主的无人驾驶汽车，也自应就此承担相应风险。诚然，国家和社会对无人驾驶汽车也有一定的利益关系，因为从整体上讲，无人驾驶技术的推广会促进国家进步，给社会带来更多福利。但是，国家和社会没有义务将风险完全自担，无人驾驶汽车致害风险社会化不能作为唯一的选择。因为对于无人驾驶汽车带来的便利和好处，国家并不是最大受益人，最大受益人其实是研发者。

由此，拟通过将风险全部社会化，从而在不需赋予无人驾驶汽车民事主体资格而解决其侵权责任问题在法理上是说不通的。何况，无人驾驶汽车侵权只是问题之一，还有，投保主体是谁以及获利归谁等问题，全部社会化理念更行不通。所以应根据报偿理论的法理，在赋予无人驾驶汽车民事主体资格的基础上，由其吸收各利害相关主体的权利、义务和责任，使该多方利害相关人的权责分摊，并由无人驾驶汽车作主体转承该权责。

三、无人驾驶汽车自主行为与多方主体存在利益关系

无人驾驶汽车致害或获益与多方主体相关，[1] 至少包括研发者、购买人和国家管理人三方，三者缺一不可。

无人驾驶汽车自主行为分为“先天”和“后天”，其“先天”行为的

[1] 2017年6月，德国自动驾驶道德委员会提出了自动驾驶汽车交通事故的潜在责任方，包括十四类潜在责任主体，它们分别是：驾驶员、车辆管理方、汽车制造商、零部件供应商、汽车修理厂、道路基础设施管理部门、通信网络运营商、汽车制造商、IT服务提供商、交管部门、安全部门等、一级供应商、电子地图公司等、行业组织与机构等。Ethics Commission Automated and Connected Driving. Report. BMVI. 2017.06［EB/OL］.［2018－02－28］. https：//www. sohu. com/a/169741920_465591.

最密切联系人是研发者，而“后天”行为的最密切联系人是购买人（一般也是使用人）。所以研发者和购买人因分别负责无人驾驶汽车的先天和后天行为而不可或缺，而且两者也不会重合。因为无人驾驶汽车数量巨大，研发者不大可能对每台车负责“教育”“训练”其后天行为，而应分散到各购买人手中，受不同购买人的影响而使每台车有了不同的“脾性”，“有的喜欢快，有的喜欢慢，有的温文尔雅”。这也是国家要对购买人的资格条件进行适当限定的原因，并建立诚信记录档案等，以防无人驾驶汽车落入犯罪分子手中。由此，无人驾驶汽车与适格购买人交互影响后，使每台车都有了唯一性，而研发者是很难有能力与每台车都进行交互的。当然，无人驾驶汽车的唯一性完全可以通过传统汽车的编号登记等方式实现。

另外，国家管理人也是无人驾驶汽车所不可或缺的利益相关方。其一，前述由国家设立赔偿基金以分担风险，足以表明国家在无人驾驶汽车所生权责链中是不可或缺的。既然人们希冀国家管理人兜底无人驾驶汽车致害的责任，那它产生收益了，国家管理人也理应分一杯羹。其二，无人驾驶汽车是一种相当“智性”的人工存在，需要国家有关部门实时地监管，国家有关部门的付出不是完全免费的，让其收益与监管成效挂钩，按照成本收益理论，其更有动力将其监管好，也能使其带来更大收益，减少更多损失。其三，国家监管的缺位，其他多方私主体之间很容易达成垄断、合谋以及实施恶意损害他人利益的行为，故国家监管是不可或缺的。其四，无人驾驶汽车与国家公共利益的关联度高，国家有关部门从维护交通安全、社会稳定、无人驾驶汽车产业健康发展等公共利益角度注入意志必不可少。特别是无人驾驶公共汽车领域，更是国家公共利益的体现。

四、无人驾驶汽车自主行为所生权利、义务和责任理应分摊

对于无人驾驶汽车自主行为致害或获益，任何一方主体均与之无法律上的因果关系，但均与之有利益关系，特别是研发者、购买人和国家管理人，与之关联度最高。由此，在难以苛求由任一单独主体完全承受无人驾驶汽车所生权责的现实下，理应由各方根据其相关度按比例分摊，而要实现这一点，唯有赋予无人驾驶汽车以民事主体资格，使其可以以自己名义

对外自主行为并最终由该多方主体转承其所生权利、义务和责任。

无人驾驶汽车自主行为所生权责理应分摊的理论依据有两点，一是共同分担理论，即“交通事故肇事方与保险联合会损害共担说”。它是借鉴“船东互保协会”成功运作的经验，根据受益人共摊风险的原则，在包括投资者、开发者、生产者、车辆管理人等多方受益人中构建保赔协会，当出现登记在保赔协会名下的侵权时，受害者可以要求保赔协会承担相应的责任。如此，可以简化事故（尤其是大规模侵权中）受害人赔偿程序，保障受害人利益。二是“利益均衡说”。无人驾驶汽车是现代文明的产物，其所生权利、义务和责任是多方主体参与、作用的结果。尤其在人车交通事故中，被撞行人处于明显的弱者地位，事故虽与研发者等并无法律上的因果关系，但从利益平衡角度，理应由其承担相应责任。如此，可以减轻受害人的举证责任，使其获得充分救济。

第三节　无人驾驶汽车的电子法人定位

无人驾驶汽车的本质是财产，而将财产作为民事主体早有先例，比如遗产就被视为权利义务主体。[1] 财产的特定化，在遗产的限定继承和将遗产本身作为一个财团法人方面，就有所体现。[2] 事实上，罗马法早就将国库、寺院视为权利主体了。[3] 发展到现在的慈善组织、基金会，都是由财产构成的一种财团法人。所以，法人并非仅是社团法人类的“人的意志的

[1] 被继承人死后，继承人尚未确定时的遗产，本身就可以享受权利和承担义务，例如遗产是房屋时，即使未有新的所有人，房屋仍然可以收取房租或支付房屋修缮费用。因此，遗产在待继承期间的法律地位就是财产构成的团体。江平．法人制度论［M］．北京：中国政法大学出版社，1994：9.

[2] 冯珏．自动驾驶汽车致损的民事侵权责任［J］．中国法学，2018（6）：114.

[3] 江平．法人制度论［M］．北京：中国政法大学出版社，1994：3，9.

集合体”，也可以是“财产自身的集合体”。[1] 既然法律可以赋予不能说话、没有意识的国家、公司、婴儿、无行为能力的人、自治城市和大学等法律资格，可以设定它们的保护人或代理人，为什么法律不能赋予自然物体以法律资格。[2] 其实，法律上早有将船舶拟人化的实践，[3] 并认为船舶是准法人。[4] 因此，在现有法人制度体系下，增设一种特别法人——电子法人，是可行的，也不会对现有民事主体制度造成冲击和损害，因为我国已有“特别法人”的规定。例如，农村集体经济组织法人就是基于其特殊性而被归类为特别法人。因为它不仅是一种经济上的主体，还具有一定的政治性。[5] 同样，电子法人也因其自身可为一定意思表示等特殊性而应归类为“特别法人”。电子法人与财团法人、社团法人都拥有独立的责任财产，三者的责任能力相同，但因意思能力不同，与之对应的运行方式也就不同。

首先，社团法人、财团法人对外的意思表示均由自然人代为，而无人驾驶汽车可以在特定领域自为。不过，在该特定领域之外的意思表示，则需由其法定代表人代为。问题是，由谁担任其法定代表人比较合适？由于无人驾驶汽车超越人类智能局限于驾驶这个单一领域，而且交互性不强，故为一种初级人工智能。笔者认为，人工智能按其智能化程度可细分为初级、中级和高级三个阶段。只有两个以上领域超越人类智能，且同时实现像人一样自如行走和自我管理财富这两点，才能真正实现与人类的交流互动，使人工智能的交互性占主导地位，从而进入中级阶段。当人工智能在

---

[1] 对于法人本质的探讨，除“拟制说”与“实在说”外，学界还有一种中性的表述，该表述视法人为一种财产权归属载体，也有的学者称之法人“特别财产说”。迪特尔·梅迪库斯. 德国民法总论［M］. 邵建东，译. 北京：法律出版社，2000：823.

[2] 江山. 法律革命：从传统到超现代——兼谈环境资源法的法理问题［J］. 比较法研究，2000（1）.

[3] 在特定情况下，船长及船员的行为被法律拟制为“船舶”行为，由船舶造成的侵权债务、违约债务以及其他海事债务可由船舶本体偿还，与责任人的其他财产无关。Matthew P. Harrington Rethinking in Rem［J］. The Supreme Courts new（and misguided）approach to civil forfeiture yale Law & Policy Review，1994（12）：281 - 354.

[4] 准法人是指船舶属于法律上人的范畴，但不完全构成法人的资格，具有限制性法人的特征。一方面，船舶具有人的法律地位；另一方面，船舶的权利能力和行为能力要受到法定限制。只有在法律规定的范围内和船舶所有人授权时，船舶才具有法人的权利和行为能力。饶中享. 建立船舶主体法律制度研究［J］. 中国海商法年刊（第5卷），1994：187.

[5] 陈甦. 民法总则评注（上册）［M］. 北京：法律出版社，2017：701.

大多数领域（接近通用领域）均远超人类智能时，人工智能就可以像人类一样参与各种社会活动，则进入高级阶段。所以，无人驾驶汽车作为初级人工智能，其交互性不强，主要还是受“先天”行为影响，故应由研发者担任其法定代表人比较合适。

其次，无人驾驶汽车背后的人的意志是一种混合意志，既不同于财团法人之设立人的单独意志，也不同于社团法人之社员的共同意志。无人驾驶汽车的拟制路径是电子法人，电子法人是法人的一种。而法人是一个团体，任何一个团体必须包含两个要素：人和财产。[1] 即便是财团法人，其背后也有人的意志。财团法人无成员可言，但离不开处分和管理这些财产的人的意志和行为。[2] 因此，无人驾驶汽车背后也是人的意志，而且至少包括研发者、购买人以及国家有关部门。一般而言，路面监测、平台等由国家有关部门掌控，国家有关部门主要是从公共利益的角度，比如安全和秩序方面注入自己的意志，而研发者的意志是获取收益，购买人可能是为了享受更好的服务。另外，无人驾驶汽车自己可以生成算法，根据该算法对外作出的行为完全有可能独立于以上多方主体的意志。因此，无人驾驶汽车的背后是一种混合了多方主体之有目的性的意志和无人驾驶汽车自身无目的性的意思，这种意思仍体现为一种人类意志的延伸。虽然无人驾驶汽车可独立对外为意思表示，但其自主作出的行为实际上是受到这些混合意志间接左右的。

由上可见，无人驾驶汽车作为电子法人，与社团法人和财团法人在意思能力方面存在差异，如表 2－1 所示。

表 2－1　不同类型法人的意思能力

法人类型意思能力	法人对外的意思表示	法人背后的人的意志
社团法人	法定代表人代为	社员的共同意志
财团法人	指定管理人代为	设立人的单独意志
电子法人	无人驾驶汽车自为＋法定代表人代为	多方主体的混合意志

[1] 江平．法人制度论［M］．北京：中国政法大学出版社，1994：7.

[2] 江平．法人制度论［M］．北京：中国政法大学出版社，1994：9.

再次，电子法人是一种特别法人，具有自身独特的法律属性。电子法人的本质是财产性法人，是以人工智能自身作为载体而对外为民事交往。电子法人之“电子”，表明其具有电子人格。所谓电子人格就是一种受限型的人格，一是限于为财产性人格，而无人身性人格；二是限于其所擅长的可独立为意思表示的特定领域。电子法人之“法人”，一是表明其本质是财产，是像法人一样可以被处分的非支配性的主体；二是表明电子法人最终享受权利和承担责任的仍是其背后的人类主体。一方面，电子人格使电子法人可在一定范围内独立为意思表示，使其以自己名义自主参与民事交往的行为直接具有法律效力，比如机器人交易员到超市购买主人设定的限额在500元以内的商品，该交易行为直接有效，无须经过其主人事后追认等程序，从而实现简化交易的目的。也就是说，在订立合同等人工智能所擅长的诸多领域，赋予人工智能部分独立型的电子人格，让其行为自主并有效，可以降低交易成本，给人们的生活带来极大的便利，达到简化交易的目的。另一方面，电子法人的最终归宿是法人，又意味着其具有部分依赖型人格。人工智能为民事交往所生的权利、义务和责任最终还是由其背后的人类主体承受，让这些与人工智能自主行为密切相关的多方人类主体共享共担权责，正是法人所固有的权责分摊功能的实质体现。说到底，赋予电子法人部分依赖型人格，或者说将其划入法人范畴，其实就是为了要让人来承受权责并实现权责分摊的目的。若最终是要人工智能自己来承受权利、义务和责任，并无意义。因为对人工智能进行惩罚，其并不会因此而感到痛苦，也不会因此而提升相应的注意义务，所以权责的最后承受者应落实到人上。但这与电子法人的独立地位并不冲突，它就像传统的法人一样，对外是以自己的名义独立为民事交往，但权责的承受是通过由人出资成为法人股东等方式来实现。由此，电子法人通过这种部分独立、部分依赖型人格的结合，既可以实现其在擅长领域独立为意思表示，从而简化交易的目的；又可以实现其最终权责由背后的人来承受，进而达到权责分摊的目的。

最后，无人驾驶汽车作为电子法人，有其独特的运行方式。无人驾驶汽车既会致害，也能获取收益。所以，电子法人并非财团法人，其兼具营利和公益目的。对内应按营利性社团法人的模式运作。研发者、购买人以及国家有关部门等主体以股东名义出资，以出资为限承担责任，并按出资比例分配收益。而且，法律应规定无人驾驶汽车法定代表人的出资比例要占绝对优势，比如超过50%的股份，以使其更好地履行最大限度维护电子法人利益的职责，为无人驾驶汽车谋求最大利益。至于其他股东的股份占比，可以协议确定。国家有关部门（比如交管部门）、购买人、研发者应该是法定的股东，参与分红并分担责任，并履行监督、管理以及出资等职责。对外的运作模式比较复杂，需根据无人驾驶汽车自身情况的不同而作出不同规定，但至少应明确以下两点：一是对无人驾驶汽车自己可为意思表示的领域范围进行公示并登记；二是要实时向社会公开其责任财产的具体数额。由此，无人驾驶汽车以电子法人身份对外发生财产关系时，既可能是它自己为意思表示，也可能是由它的法定代表人代为意思表示。另外，电子法人具有一定的公益性质，对外并非完全以营利为目的。

第四节 无人驾驶汽车作为电子法人的运行特征

德国哲学家康德曾说，人是目的，而不是工具。这对无人驾驶汽车的定性有着极为重要的意义，因为无人驾驶汽车自概念落地到技术发展较为成熟以来，社会对无人驾驶汽车的定位始终没有脱离工具抑或手段的内涵，这就必然导致无人驾驶汽车的地位无法定性为“电子人”，因为“电子人”的本质还是人，该观点的实质还是赋予了其生物性，这变相突破了“人是目的”的公认性哲理，因此是不合理的。法律规则来源于生活经验，立法建议不可脱离生活实际，否则就是空谈，因此从社会本位角度来看，无人驾驶汽车应始终坚持在工具属性的地位上。但无人驾驶汽车因其自主性及智能性，又表现出近人性的特点，深度学习技术可能致使其自行作出某些程序之外的行为，完全将其定义为产品，而忽略其自主性，又显得过于僵硬。在民法中，法人是拟制人格，具有工具属性，这为无人驾驶汽车的定性提供了出路，无人驾驶汽车的自主行为虽不是人类意志的直接体现，但其思维方式及思考方法仍是表现出类人性的特点，且在特定领域可达到甚至超出一般人的理性思维水平，因此将无人驾驶汽车拟制为电子法人，可较好地兼顾无人驾驶汽车近人性的一面与法人的一面，较为妥当。

一、近 人 性

虽将无人驾驶汽车拟制为“电子人”具有不合理之处，但电子法人仍表现出“电子人”的一面，即近人性。具体表现为无人驾驶汽车拟制为电子法人可在特定领域自为意思表示，该意思表示的后果由背后的股东承担。特定领域特指与无人驾驶汽车安全顺畅运行相关的领域，例如行驶过程中遇到交通管制，或无人驾驶汽车作为出租车与乘客进行的智能交易等行为领域都可进行一定的意思表示；股东即为无人驾驶汽车的硬件所有权人、软件所有权人、数据所有权人等。

作为初级人工智能的无人驾驶汽车，在特定领域虽拥有一般人的理性思维，但无法面面俱到，在非特定领域，无人驾驶汽车的智能性尚无法企及，类似于民法中的限制民事行为能力人，只能为与其民事能力范围之内的民事行为，这是承认无人驾驶汽车作为电子法人的前提。因此，认可无人驾驶汽车具有近人性的同时，应当将其行为能力限缩在其擅长的特定领域，这既是对无人驾驶汽车有一定自主性的肯定，又是对其能力有所欠缺的正确评价。既然认为无人驾驶汽车为限制民事行为能力人，则如同《民法典》中为限制民事行为能力人设置监护人一样，也应在将其拟制为电子法人的同时，为其设置相应的监护人，具体为意定监护还是法定监护，笔者认为应将两者兼具，为无人驾驶汽车设立共同监护人，互相分工合作。

具言之，首先，监护人应从股东中进行选择，一方面，股东自身与无人驾驶汽车利益相连，与他人相比有更强的主动性，能很好地履行监护人的职责；另一方面，无人驾驶汽车具有交互性，股东对具体的单个无人驾驶汽车的偏好有更好的认知，更易实施贴合无人驾驶独具个性特点的监护行为。其次，无人驾驶汽车运行需要数据，特别是实时的道路通行数据，细看我国对道路通行数据的管理，是非常严格的，作为股东之一的数据所有权人必然离不开国家管理者的范围，而国家管理者作为监护人对无人驾驶汽车非自主行为的替代，以意定监护的方式参与并不合适，在法律上强制性较弱，容易成为一纸空文，所以国家管理者以法定监护的方式作为监护人较为可行。但国家管理者作为法定监护人，监护所关涉的领域也不宜太广，应与国家安全、公共利益的领域挂钩，如上述的道路通行数据领域，在应该由无人驾驶汽车意定的领域，不应做太多的干涉，否则不利于无人驾驶汽车的前进与发展。因此，除了在涉及国家安全、公共利益的无人驾驶汽车无法自主行为的领域由法定监护人替代以外，其他无人驾驶汽车无法自主行为的领域应由意定监护人来处理，该意定监护人由除国家管理者之外的股东担任。分设意定监护人替代其他领域的民事行为，原因在于国家管理者作为公权力无法事无巨细，强加于它将会负担沉重，这是其一。其他非公共利益、国家安全领域的民事行为，更加主张的是行为的自由度，这与民法的原则相一致，将其交由国家管理者，难免会走向机械，归于其他股东会促进替代行为的有效实施，这是其二。国家安全、公共利益的领域的监护人与其他领域的监护人之间无法相互替代，否则要么自由度过大，要么自由度过小，均不利于无人驾驶汽车的健康发展，因此在必须设立国家管理者为法定监护人的前提下，增设意定监护人为其他领域的民事行为的必要性就陡然成立，这是其三。

综上所述，无人驾驶汽车可在特定领域意思自治，表现出近人性的运营特征，这是由无人驾驶汽车的交互性、自主性、智能性所决定的。但无人驾驶汽车不具有完全民事行为能力，需要设定监护人来替代完成非自治领域的行为，这也是无人驾驶汽车的现实需要。

二、法人属性

无人驾驶汽车的工具本质，致使无人驾驶汽车拟制电子法人时的最终落脚点无法朝向自然人，只能是法人，以法人模式承受其产生的风险和收益。无人驾驶汽车的运行模式为：每辆无人驾驶汽车都为一个电子法人主体，每个主体背后的软件所有权人、硬件所有权人、数据所有权人或者说国家管理者作为股东共担无人驾驶汽车的风险和收益，且由股东承担无人驾驶汽车的监护职责，负责替代实施无人驾驶汽车无法自主行为领域的行为；同时，无人驾驶汽车作为电子法人对外活动时，需设立一个法定代表人，该法定代表人也由股东来担任，这与传统的法人架构是一致的，该法定代表人起的作用是在无人驾驶汽车运行过程中产生收益和风险时，作为一个确定的谈判主体及责任对象对外进行活动，使得纠纷发生时方便寻找责任主体，快速解决纠纷，使得无人驾驶汽车的运行及时回到正轨。

从这样的运行模式可以看到，电子法人作为民事主体实质上偏向于法人，与法人有更多的共通性，但也有其不同。电子法人不拥有成员，其产生收益与风险的承载者是无人驾驶汽车本身，由无人驾驶汽车承担成员的劳动，因此电子法人并不是无人驾驶汽车本身，是抽象的组织体，无人驾驶汽车是抽象组织体的具体化，这与法人的拟制人格及法人具体的运行由成员来完成是相一致的，只不过电子法人的成员由财产本身所替代了。之所以电子法人具体承载者能替代成员的劳动，与传统法人不同，就是因为电子法人的具体承载者是初级人工智能产品，其是具有自主性的、智能性的、交互性的人工智能，其在创始之初即是为了解放人类，替代人类劳动，因此，电子法人具有法人属性的同时，还具有无成员的特殊性。

无人驾驶汽车成立电子法人，该法人并非一般的法人，是兼具公益与营利性质，兼具社团与财团的法人，应纳入特别法人之列。如前所述，无人驾驶汽车拟制为电子法人时是行为能力不完全的法人组织体，这就决定了无人驾驶汽车中的股东及监护人的构成，从而决定无人驾驶汽车在法人上的特征既表现出营利性，又表现出公益性，既是社团又是财团，这当然与无人驾驶汽车本身的定位息息相关。

总的来说，无人驾驶汽车拟制为电子法人作为民事主体时，虽具有近人性的特点，但更具有法人属性的一面，法人属性更接近于电子法人的本质属性。但又与传统法人有所不同，其不拥有成员，行为能力也不完全，致使电子法人兼具多重性质，应当作特别法人来看待。

本章小结

由于无人驾驶汽车致害或获益至少关涉三方主体，由任何单独一方完全承担或独享均不合理，而应由其分摊。又由于无人驾驶汽车的擅自行为是技术进步的结果，科以任何一方无限责任亦无依据。当然，责任有限并不表示受害人会因此不能获得充分救济，更不表示责任人可以借此逃避责任。因为设立电子法人时，相关责任人应按其利益相关度进行相应比例的出资，出资数额应超过估算的足额赔付范围。另外，国家还应设立赔偿基金，电子法人也应以自己的名义购买保险以分散风险。所以，将无人驾驶汽车拟制为电子法人，归根结底，其实是为了实现法人之责任有限和权责分摊的功能。同时，因为电子法人与无人驾驶汽车是抽象与具体的关系，电子法人的概念可涵盖所有初级人工智能，是抽象于所有具体初级人工智能的集合，而无人驾驶汽车只是其中的一种。因此，电子法人是抽象的，而无人驾驶汽车是具体的。无人驾驶汽车作为具体的电子法人在运行过程中也有其自身的特殊性，即必须将每辆无人驾驶汽车作为一个单独的电子法人来看待，这将有利于责任的分摊和责任的实现。原因在于每辆无人驾驶汽车因其交互性、自主性特点而具有独特的自我意思能力，该意思能力又与背后的硬件所有权人息息相关，若将单个企业的所有无人驾驶汽车整合起来看作一个电子法人，不仅会掩盖不同的无人驾驶汽车具有不同个性这一特点，还将导致责任承担的混乱，因此将单个无人驾驶汽车拟制为电子法人较为合理。

第三章　无人驾驶汽车保险与赔偿基金法律制度建构

近年来，许多传统车企和百度等互联网巨头纷纷加入无人驾驶汽车的研发与制造，随着人工智能与区块链技术的深度推进，无人驾驶汽车落地日益临近。无人驾驶汽车广泛应用后，不可避免会发生风险事故，风险事故意味着损失的发生，有损失，则必有救济。保险作为一种救济制度，无人驾驶汽车投保人可以通过缴纳保费，规避未来风险，在发生损失时可以及时获得经济补偿。早在2016年，英国保险公司ADRianFlux推出“无人驾驶”保险业务，业务承保的范围主要是关于系统问题。2017年6月，长安汽车推出国内首款无人驾驶保险“放心泊”，该保险针对的是自动驾驶汽车在泊车时由于智能系统故障问题而产生的事故，由平安保险承担该责任事故所产生的损失。[1] 在2020年下半年，上汽保险公司为5G智能重卡设计一套保险方案，这是我国自动驾驶汽车商用车领域的首批保险产品。[2] 无人驾驶汽车即将广泛应用于我们的生活场景，其给人类带来便利的同时，也会给社会带来一定的风险。这种风险与传统汽车的风险有所不同，无人驾驶汽车虽把人为驾驶原因而产生的风险排除在外，但会因其自主行为而产生新的风险。如何分配这种风险，成为无人驾驶汽车入市前亟待解决的问题之一。相比传统汽车而言，无人驾驶汽车的风险负担主体发生了变化，传统的车险和赔偿基金救济模式并不能完全适用于无人驾驶汽车。因此，应在传统汽车保险的基础上，建构起无人驾驶汽车保险制度框架，

---

[1] 张毅．放心泊——中国第一份面向消费者的自动驾驶保险诞生［EB/OL］．［2021－06－21］．https：//ishare. ifeng. com/c/s/7nZbrdBfwjd.

[2] 无人驾驶汽车也可以买保险了［EB/OL］．［2021－07－21］．https：//www. sohu. com/a/456056429_376050.

扩大投保范围，有效分散风险。同时，考虑到保险在一定程度上无法全面救济受害人，有必要通过赔偿基金来对受害人进行二次救济，比如创设公用和商用赔偿基金来实现风险分摊。而且，对于无人驾驶自主行为所导致的不可归责于任一单一主体的风险，还需借鉴船东互保协会模式，将无人驾驶汽车拟制为“电子法人”[1]，由其作为法人型主体承担有关保险和赔偿基金的缴交义务。

第一节　无人驾驶汽车财产保险

无人驾驶汽车同样也会面临因产品缺陷、瑕疵或者外界因素导致毁损灭失的风险。根据我国《民法典》第 1203 条“生产者严格责任”,[2] 无论生产者是否有过错，都要承担产品缺陷致人损害的赔偿责任，生产者基于成本分担的需要，通过预期投保各种财产保险，使风险成本外化。[3]“生产者”作广义上理解，不仅包括无人驾驶汽车的硬件生产商，还包括无人驾驶汽车软件研发商以及数据运营商。基于硬件、软件、数据的所有权分属不同的主体所有，并且无人驾驶汽车的法律属性属于财产，无人驾驶汽车财产保险设计可以根据汽车硬件、软件和数据的特性分别设计不同的财产保险，丰富无人驾驶汽车财产险种。

一、无人驾驶汽车硬件财产险

硬件是无人驾驶汽车的“躯体”，也是各种软件的载体，如运算器、控制器等。当无人驾驶汽车硬件的缺陷和瑕疵致使他人损害时，硬件生产

---

[1] 张志坚．论人工智能的电子法人地位［J］．现代法学，2019，41（5）：75－88．

[2] 《民法典》第 1203 条：因产品存在缺陷造成损害的，被侵权人可以向产品的生产者请求赔偿，也可以向产品的销售者请求赔偿。

[3] 崔俊杰．论自动驾驶事故责任救济中的政府机制［J］．江苏大学学报（社会科学版），2020，22（5）：96－106．

者需要承担赔偿责任。基于成本分担原理，硬件生产者可以通过投保相应的无人驾驶汽车硬件财产保险，达到风险外化的目的。该硬件财产保险属于商业保险，由无人驾驶汽车硬件生产者自愿投保。当硬件瑕疵或缺陷致使发生保险事故时，由保险人承担经济赔偿责任和给付保险金义务。无人驾驶汽车在道路行驶的过程中可能会发生意外剐蹭或者碰撞，也可能因为自然灾害包括地震、海啸、水灾等而发生保险事故，并且有些风险是无法预见和避免的。如果无人驾驶汽车的硬件毁损是由日常消耗或者自然灾害所导致的，那么直接由无人驾驶汽车硬件所有权人承担该风险或者为此进行投保。如果硬件所有权人故意破坏无人驾驶汽车，保险人则可免责。为促使无人驾驶汽车的硬件所有权人或管理人尽可能履行审查、维护、养护无人驾驶汽车的义务，在免责范围中，硬件所有权人须承担硬件所遭受的损失。

二、无人驾驶汽车软件财产险

软件是无人驾驶汽车得以正常运行、驾驶的各种程序，如车辆动力传动系统、车辆制动系统等，是保障无人驾驶汽车安全行驶的核心。当无人驾驶汽车的软件出现故障时，如网络系统出现延迟、决策失误等，很有可能造成无人驾驶汽车完全的损毁。吴东汉教授认为，无人驾驶交通领域的准入资格不再是驾驶员的驾驶技术而是无人驾驶汽车的智能化水平。[1] 可见软件系统在无人驾驶汽车运行中起着至关重要的作用。然而，软件所带来的风险也是不可小觑的，为了转嫁软件所带来的风险，软件所有权人可为其投保，从而在无人驾驶汽车因软件遭受损失时，软件所有权人可通过保险机制进行损失分摊。

三、无人驾驶汽车数据财产险

数据是无人驾驶汽车在行驶过程中所获取的去标识化乘车人个人信息、行程里程等。设备数据无人驾驶汽车数据运营商可能会面临因数据泄

[1] 吴汉东．人工智能时代的制度安排与法律规制［J］．社会科学文摘，2017（12）：76－78.

露、出错、延迟等问题而承担赔偿责任。数据运营者有义务提供精确数据以及对用户信息进行保密，因为无人驾驶汽车一旦发生数据泄露就会对企业和消费者造成巨大损失。基于风险分散，实现成本最小化原则，数据所有权人可以无人驾驶汽车运行数据作为保险标的，向保险公司投保。当无人驾驶汽车因数据造成交通事故时，由保险公司对交通事故造成的损失进行赔偿。

第二节　无人驾驶汽车责任保险

责任保险是指被保险人在使用被保险机动车的过程中，发生交通事故，致使第三者遭受人身伤亡或者财产直接损毁，依法应当由被保险人承担的损害赔偿责任，保险人根据合同的约定进行赔偿。我国传统机动车责任保险主要是以机动车交通事故责任强制险（以下简称“交强险”）为主导，第三者责任保险为补充的机动车责任保险制度。交强险和第三者责任险能够确保在机动车发生保险事故后，受害人能够及时得到赔偿，保障受害人的利益，从而保障人民生命安全和社会稳定。然而，无人驾驶自主驾驶系统模式替代了原来的人类驾驶员模式。这种模式的改变，促使风险主体的改变，从而导致传统机动车事故中驾驶员主观过错归责原则无法适用于无人驾驶汽车事故归责原则。为了更好地促进无人驾驶汽车的发展，要改变传统的责任保险制度，构建适合无人驾驶汽车发展的保险制度。无人驾驶汽车责任保险的构建可以从具有强制性质的交强险和商业性质的第三者责任险这两个方面来进行创新。

一、无人驾驶汽车交强险

（一）扩大交强险投保主体

无人驾驶汽车交强险可以延续现有投保模式，即购买者或者使用者作为无人驾驶汽车交强险的主体，在发生交通事故后，先由承保交强险的保险公司进行赔偿，然后再采用严格归责的方式，找到责任主体，进行赔偿。然而传统的交强险模式存在不足，由于无人驾驶汽车涉及的责任主体比较多，有时候在多种关联因素的作用下发生事故时，很难找到承担责任的主体。有学者认为，为了能够及时高效救助受害人，可以构建由制造商或所有权人负担强制保险的机制。[1] 也有学者认为，从短期来看，可以在不改变现有法律制度的前提下，重塑无人驾驶汽车的保险机制，将无人驾驶汽车纳入现有的机动车交通事故保险责任中。[2] 笔者认为，传统机动车交强险的购买主体是机动车辆的所有者和管理者，但无人驾驶汽车集合了多个主体并涉及多个主体的利益，所以在无人驾驶汽车强制险构建上采用“谁获益，谁承担投保责任”的思路。既要确立无人驾驶发展成果和收益，同时也要分摊无人驾驶汽车发展的风险，实现“共享—分摊”损害救济。[3] 这样设置体现了风险分配的公平性，扩大危险承担共同体，将风险社会化分散，能够有效救济受害者。[4] 因此有必要将无人驾驶汽车硬件所有权人、软件所有权人以及数据所有权人相关利益主体一并纳入交强险的投保主体当中。

（二）提高交强险赔偿限额

根据《民法典》第1213条的规定，机动车发生交通事故后，首先由保险公司赔偿，不足部分由侵权人承担。传统的机动车交强险主要包括死亡伤残赔偿、医疗费用赔偿、财产损失赔偿以及被保险人无责时也需要承担10%赔偿。被保险机动车在道路交通事故中有责任的赔偿限额为：死亡

---

[1] 陈磊．自动驾驶汽车交通事故侵权责任问题研究［J］．中国科技论坛，2019（12）：146－155．

[2] 尤婷，刘健．自动驾驶汽车的交通事故侵权责任研究［J］．湘潭大学学报（哲学社会科学版），2021，45（2）：32－36．

[3] “共享—分摊”损害救济：因为个体（生产者）承担风险的能力非常有限，让个体（生产者）来承受风险往往过于严苛，故而将风险分散开来由社会承受。胡元聪．人工智能产品发展风险抗辩后的损害救济分摊机制研究［J］．政法论丛，2020（3）：121－130．

[4] 周文康，胡金文，张丹．自动驾驶汽车侵权责任的主体识别及担责形式［J］．经济问题，2021（2）：37－44．

伤残赔偿限额 11 万元；医疗费用赔偿限额 1 万元，财产损失赔偿限额 2000 元。被保险机动车在道路交通事故中无责任的赔偿限额为：死亡伤残赔偿限额 1.1 万元；医疗费用赔偿限额 1000 元；财产损失赔偿限额 100 元。由此可知，当传统机动车发生交通事故致使第三人损害，但并没有致使第三人死亡或伤残时，保险公司需要赔付最高医疗费用只有 1 万元。然而对于一些受伤严重的人来说，1 万元医疗费往往是不够的。由于人的生命无法用金钱衡量，无人驾驶汽车的交强险的赔偿方式采用的是限额赔偿，所以交强险赔偿限额应大幅提高，才能保障受害者得到充分救济。无人驾驶汽车交强险的赔偿限额可随着无人驾驶技术的发展进程而调整。由于无人驾驶汽车刚运营时，存在很多不可控因素，潜在风险不能完全被量化，存在的危险系数较大，所以无人驾驶汽车此时的交强险赔偿限额要相对较高。但随着无人驾驶技术的成熟，交强险的赔偿限额可相应减少。

（三）拓宽交强险承保范围

在无人驾驶汽车时代，交通事故的发生率将会降低。甚至有学者认为，汽车责任保险将会成为主流，由于无人驾驶汽车完全是由智能技术掌控，在理想技术条件下，不存在对第三人产生民事赔偿责任，无人驾驶汽车自身车辆的损失，只能由非无人驾驶汽车第三人造成。[1] 当然这只是在理想技术条件下，不存在无人驾驶汽车对第三人的侵权。在一定程度上，虽然无人驾驶技术会减少对第三人侵权事件，但车内也可能存在危险隐患，从而也可能会导致车内人员被侵权。然而传统汽车保险并没有将车内人员因交通事故发生导致的损害纳入交强险的承保范围。根据 2018 年英国通过的《自动与电动汽车法案》（“AEV 法案”）规定，交强险承保范围不仅包括第三者人身损害和财产损害，车内人员所受人身损害应纳入赔付范围之内。[2] 因此，无人驾驶汽车交强险承保范围可扩大到车内人员人身损害和财产损失。

---

[1] 李博方. 全球财险业将面临颠覆性革命［J］. 中国保险，2018（3）：34－38.

[2] Automated and Electric Vehicles Act 2018.

二、无人驾驶汽车第三者责任保险

（一）无人驾驶汽车第三者责任保险投保方式

无人驾驶汽车第三者责任保险属于商业保险，采用自愿投保原则，即无人驾驶汽车的相关主体可购买也可不购买相关的责任保险。因此可鼓励无人驾驶汽车硬件所有权人、软件所有权人和数据所有权人等相关主体根据自己的风险偏好自愿地购买无人驾驶汽车第三者责任保险产品。

（二）无人驾驶汽车第三者责任保险的种类

无人驾驶汽车自主行为对商业第三者责任保险提出了新的要求。无人驾驶汽车的安全行驶并非只是依靠内部系统的运行，还需要外界系统如卫星导航系统等紧密配合，因此保险公司既要开发无人驾驶汽车自身的保险，也要研发无人驾驶汽车外部相关的第三者责任保险，丰富第三者责任保险的种类。[1] 丰富第三者责任保险的种类，有利于提高保险公司的竞争能力。同时第三者责任保险也可以从无人驾驶汽车的运行场景来开发新的保险品种，即保险公司可以根据无人驾驶汽车在自用、公用和商用场景的应用，来研发无人驾驶汽车第三者责任保险。

（三）无人驾驶汽车第三者责任保险风险管理成本

无人驾驶汽车第三者责任保险属于一种风险管理成本，即无人驾驶汽车相关主体将资金投入保险中，用于处理无人驾驶汽车发生交通事故导致损失的资源成本，假如没有发生风险事故，这些资金本可以投入其他的用途中。如果无人驾驶汽车主体认为，该风险的损失程度会大于或等于收益结果，则需要考虑是否将风险转嫁给保险公司。因为第三者责任保险是商业保险，所以无人驾驶汽车相关主体为了更好有效管理风险，实现成本最

[1] 马晓臣．自动驾驶汽车交通事故侵权责任分配的困境及其缓和——以三层保险结构的架构为例［J］．交通节能与环保，2019，15（6）：66－72．

小化，才会投保于第三者责任保险。因此保险公司在承保无人驾驶汽车第三者责任保险的过程中，需要通过风险管理的方式，将无人驾驶汽车相关主体需要负担的机会成本和风险管理成本最小化，从而能够有效地帮助无人驾驶汽车相关主体实现利益最大化。

第三节　无人驾驶汽车保险定价和理赔

一、合理定价，提高竞争力

无人驾驶汽车保险定价和理赔是车险重要的组成部分。定价是否合理将直接影响保险公司的竞争力。无人驾驶汽车保险费用可以从无人驾驶汽车的车型类别、使用年限、配置性能、软件性能等多方面考虑。无人驾驶汽车的车型分为自用、商用和公用。对于不同的车型，所使用的用途也不尽相同，不同的用途，对车的消耗和维修也就不相同。因此对于无人驾驶汽车在不同场景下的应用，保险费用也不一样。同时，无论是什么产品，都有一定的适用年限，无人驾驶汽车也不例外。一般来说，汽车使用的年限越长，折旧率就越高，就越容易发生交通事故，所以在厘定无人驾驶汽车保险保费的时候，把车辆的使用年限作为一个参考因素，非常有必要。无人驾驶汽车在行驶的过程中，也会对零部件有一定的损耗，其行驶的里程越多，损耗也越多，发生交通事故的概率就越高。把行驶里程考虑进去，有利于让使用无人驾驶汽车频率较少的人少交一些保费。

二、充分利用数据，精准定价

无人驾驶汽车保险的定价需要大量的数据，衡量多方面的因素。首先，人工智能的出现有利于无人驾驶汽车行驶数据的收集，提高了保费厘定的精准性。其次，无人驾驶汽车剔除了人为驾驶的因素，所以在保险定价的过程中可以不用分析车主的驾驶习惯。最后，无人驾驶汽车基础数据的收集比较简便，保险人能够通过统计分析收集到的数据，对无人驾驶汽车风险进行归类，计算出发生事故的概率、损失范围等，决定保险产品的价格。数据的精准维度越高，风险厘定也将更加多维且精确。❶ 保险公司可以利用人工智能技术进一步开发利用大数据，从而降低公司运营成本，实现对保险的合理定价。❷ 无人驾驶汽车智能系统、网络系统的维护和更新，对于保费制定至关重要。无人驾驶汽车的数据为保险公司的理赔提供了可靠的判断依据。无人驾驶汽车在行驶的过程中能够及时对道路情况和环境进行数据分析和预测，实现数据信息共享，为客户制定个性化服务，满足客户的保险需求。无人驾驶汽车除了数据运营者具有数据管理的权限，国家也应建立无人驾驶汽车数据库，对数据运营者进行监管，所以在发生网络数据交通事故时，保险公司可以向国家数据管理中心申请查明造成事故的原因，从而确定事故发生的责任承担，再来进行理赔。无人驾驶汽车数据对于保险公司来说非常重要。只有充分利用好数据，保险公司才能抢占无人驾驶汽车市场，才能准确量化风险，实现精准定价。

三、采用差异化方案，创新保险理赔方式

在无人驾驶汽车保费厘定的过程中，应采用差异化方案，根据不同的车辆使用和行驶状况，进行差异化保险创新，减少“高保费低赔付”的现象。对于无人驾驶汽车财产保险应采用足额保险方式。足额保险是指当发生保险事故时，保险公司应当按照保险价值全部赔偿。如果保险标的在发生保险事故后存在残值，保险人享有物上代位权，残值也可以归被保险人所有，保险人应扣除这部分的价值后再计算保险金额，按照实际损失给付保险金数额。足额保险是财产保险的一项重要原则，无人驾驶汽车的车损险采用足额保险。投保人在为保险标的投保时，必须以保险标的的实际价

❶ 蔡大顺. 论大数据时代保险法上信息义务履行方式的改进——由标准化转向个性化［J］. 湖北社会科学，2019（6）：129－136.

❷ 赵大伟，杜谦. 人工智能背景下的保险行业研究［J］. 金融理论与实践，2020（12）：91－100.

值进行投保，否则将视为不足额保险。对于没有投保的部分，保险人不会进行理赔。无人驾驶汽车财产利益涉及多个主体，如果采用不足额保险，在发生保险事故并且无法查明导致事故原因的情况下，保险公司没有理赔的部分应该由谁来承担呢？因此，为了防止因无人驾驶汽车自主行为所导致的损失，应采用足额投保的方式。然而对于无人驾驶汽车责任保险的理赔应采用限额赔付方式，因为人的生命健康是无法用钱财去衡量的，并且保险人不享有代位权，这有利于避免道德风险。为了使无人驾驶责任保险人更好地进行理赔，避免可以将一些新兴技术如大数据、人工智能、区块链等具体运用到保险上，建立人伤管理平台，培养人伤医疗专家、保险理赔专家等，解决“现场查勘”“医疗跟踪”“医疗审核”“医疗服务”四大应用模块。[1] 为了实现被侵权人的救济目的，可以将无人驾驶汽车拟制为电子法人，对于无人驾驶汽车财产保险，保险公司在理赔后，可以向电子法人求偿，但关于无人驾驶汽车责任保险费用，则由电子法人来缴纳保费。

第四节　无人驾驶汽车赔偿基金

在未来，无人驾驶汽车将会在交通领域中得到广泛运用，如公共交通领域、共享领域等。保险作为无人驾驶汽车风险分散重要机制，也应随着无人驾驶汽车技术的变革服务社会。无人驾驶汽车运营存在公用、商用和自用三个场景，这里主要探讨无人驾驶汽车赔偿基金在公用和商用场景下的运用。无人驾驶汽车无论是在公用场景还是在商用场景中运行，都有可能发生交通事故。如果事故造成较大规模的损害，运营商们就需要承担巨额赔款，这不利于无人驾驶汽车在公共领域和商用领域中的发展。因此，笔者认为，在发生大规模侵权事故时，倾尽所有私力救济，受害者的利益可能仍然无法得到全面保障。因此，在公用场景下，国家可以承担最后的

[1] 陈辉．基于金融科技构建车险人伤管理平台［N］．中国保险报，2019－10－08（006）．

兜底责任，成立公用赔偿基金；在商用场景中，借鉴船东互保协会运营模式，由承担同类风险的主体共同建立资金池，成立新的赔偿基金。

一、公用无人驾驶汽车赔偿基金

（一）公用赔偿基金加入主体

在公共领域，无人驾驶汽车运营具有一定的公益性，但保险公司以盈利为目的，因此需要国家作为公益性质的主体对无人驾驶汽车发展保驾护航。公用的无人驾驶汽车赔偿基金的主体是由国家和私人主体共同组成。当无人驾驶汽车在公共领域发生大规模侵权事件时，先由保险公司在承保范围内进行赔付，再由无人驾驶汽车运营商根据法律规定和合同约定对受害人承担交通事故责任，进行赔偿。但由于运营商的赔付能力有限，在发生大规模损害事件时，运营商无法全面赔付损失，可由公用赔偿基金赔偿。

（二）公用赔偿基金资金来源

目前国家赔偿经费主要来自财政预算，但有些政府可能存在财政困难、预算不足的情况。[1] 因此，无人驾驶汽车国家专项赔偿基金出资主体可以扩大到私人主体，即无人驾驶汽车的运营商、硬件所有权人、软件所有权人和数据所有权人等相关主体。国家专项赔偿基金的资金来源主要由国家和私人主体共同出资。但为解决基金出资问题，还可借鉴道路交通事故社会救助基金的资金来源，作为该赔偿基金资金的补充，即从无人驾驶汽车强制保险的保险公司在收取的保费中按照一定比例（如2% ~3%）来抽取资金；对没有缴纳无人驾驶汽车的强制保险进行罚款；对无人驾驶汽车发生交通事故的罚款或其他的罚款；社会上的捐赠，等等。

---

[1] 王麟. 论国家赔偿经费的设立、管理与支付［J］. 法律科学·西北政法学院学报，2006（5）：130－133.

（三）公用赔偿基金管理模式

英国曾提出一个方案，要求自动驾驶汽车的所有者缴纳一部分费用，该费用由政府进行管理，发生致第三者损害时，将从无人驾驶汽车所有者缴纳的这部分费用中，给受害者进行补偿。[1] 因为公用的赔偿基金具有公益性质，如果采用商业化的运作，存在的风险较大，很难保障受害人得到充分的救助。因此，无人驾驶汽车公共领域赔偿基金的资金运行可交给政府部门，作为一项独立的财政预算，无人驾驶汽车事故的责任主体或者是受害人可以向该部门申请该基金。

（四）公用赔偿基金救济范围

对于无人驾驶汽车造成的损害，在一些情况下不能得到足额赔偿时，国家赔偿基金应给予补偿。这些情况不仅是当无人驾驶汽车损害赔偿的数额巨大时，超过了无人驾驶汽车责任保险限额以及无人驾驶汽车责任承担主体的赔偿能力的情形，还包括一些保险公司不予承保的范围和免责事由。公用赔偿基金救助的范围不仅包括第三者人身损害，而且包括车内人员的人身损害，还对于一些交强险和商业责任保险免责事项，在事故发生后，该基金也会提前垫付，在垫付之后，可向责任人追偿。

二、商用领域无人驾驶汽车赔偿基金

（一）商用赔偿基金主体

当无人驾驶汽车商用化时，如无人驾驶共享汽车、无人驾驶网约车等，涉及的主体除无人驾驶汽车的硬件所有权人、软件所有权人和数据所有权人外，还有无人驾驶汽车运营商、各类商用平台以及合同外第三人等多个主体，并且每个主体面临的风险都不相同。当商用无人驾驶汽车发生

---

[1] Channon M. How will self - driving cars af - fect your insurance? [EB /OL]. [2021 - 07 - 21]. https: //phys. org/news/2016 - 08 - self - driving - cars - affect. Html.

道路交通事故时，运营商们通过财产保险和责任保险以及商业保险都不能全面赔付被害人的损失，可以借鉴船东互保协会制度模式来分摊运营风险和补偿损失，成立商用无人驾驶汽车赔偿基金。

（二）商用赔偿基金资金来源

商用无人驾驶汽车赔偿基金是在平等自愿、民主管理的基础上，由无人驾驶汽车的运营商共同出资，建立资金池，以会员的形式加入该基金会。这些会员既是风险承担者，也是风险受益者。相比较股份责任公司，商用领域的互保赔偿基金更具优势。因为在互保协会中，不存在保险人与被保险人之间的利益冲突，并且在合法经营范围内，可以自主创造新的险种。[1] 同时，商用赔偿基金具有一定的保障性和投资性功能。商用领域赔偿基金在救济受害人之后，还有剩余的资金可进行投资和分红。

（三）商用赔偿基金运营模式

商用领域赔偿基金由专门的商业主体运行，会费可采用预交方式。年末清缴时，如果赔偿金额大于预交费用，运营商则需要按比例补交剩余费用。当赔偿金额小于预交费用，剩余的资金可作为下一年度的会费或者进行投资，投资收益可以用来分红。同时为了缓冲一些运营商在约定时间内无法补交剩余会费的风险，赔偿基金协会可在年前预交的会费中按一定比例提取一定的资本预备金。商用无人驾驶汽车赔偿基金是在借鉴船东互保模式的基础上建立的，具体运营模式是指运营商通过赔偿基金转移无人驾驶汽车同质风险，从而实现自身效益最大化。

第五节　电子法人保险和赔偿基金

无人驾驶汽车在发生事故时，有时候很难适用法律上的直接因果关

---

[1] 郭金龙，朱晶晶．“相互保”缘何迅速走红？［N］．中国经营报，2018－11－5（3）．

系。比如无人驾驶汽车因自主行为造成损害后果，相关主体可以该事故责任是无人驾驶汽车的“擅自”行为造成的，与自己没有直接的因果关系而拒绝承担责任。责任的承担往往要落实到具体的主体中，如果找不到承担相关责任的主体，保险公司可以主张不赔偿。然而，无人驾驶汽车“擅自”行为造成的损害后果由谁来承担呢？根据传统归责理论，当发生交通事故致人损害时，应由汽车驾驶员承担赔偿责任。但是无人驾驶汽车在行驶过程中存在人为干预的可能性较小，基本上是自主运行。虽然在不同的场景下，存在不同的无人驾驶汽车使用者如乘客、运营商，但是这些使用者实际上并没有车辆控制权，更多的是无人驾驶汽车在自主运行。这就使得发生交通事故时，很难确定承担侵权责任的主体。因此，对于无人驾驶汽车“擅自”行为所造成的后果，不能确定具有相关法律因果关系的责任主体时，就需设计、推行一种新的保险和赔偿基金制度即电子法人保险和赔偿基金制度来应对无人驾驶汽车自主行为带来的风险。

一、电子法人的由来

电子法人主要是基于风险共担和收益共享原则而创设的。它由无人驾驶汽车相关主体即硬件所有权人、软件所有权人和数据所有权人共同出资成立，由法定代表人对外运作，其性质类似于船东互保协会。船东互保协会是从海上货物保险发展而来的，船东们秉承着平等、互助的原则以“会员”的身份加入协会，然后缴纳会费，但这些会员又区别股东，不享有资本收益，缴纳的会费是保证分摊相关的保险索赔。[1] 船东互保协会的性质属于“互益性组织”，[2] 由处于同一类性质风险的人组成的协会，在发生风险事故时，协会会依照保险合同进行赔付，此时船东既是投保人，也是被

[1] 初北平，史强．海洋重大风险应对中的保赔保险立法审视：国际统一与本土差异［J］．山东大学学报（哲学社会科学版），2021（3）：142－151．

[2] 互益性法人独具特点的法人类型，互益性法人的成员仅限于有着共同利益需求、身份地位或兴趣爱好的特殊人群。会员在参与法人事务时，相互之间是完全平等的互益性法人组织的设立，是以提供群体利益为目的，其成员一般独享其利益，成员之外的人无权主张享有该利益。陈晓军．论互益性法人［J］．比较法研究，2008（3）：42－51．

保险人。船东互保协会能够很好地实现多个相关利益主体的责任分摊，而无人驾驶汽车在责任分摊上也涉及多个主体，因此可借鉴船东互保协会保险模式，将无人驾驶汽车拟制为电子法人。但在本质上，虽然电子法人保险制度和船东互保协会都是基于风险共担和收益共享原则而成立的，但是存在一定区别。船东互保协会是将同类性质的风险作为保险标的，而电子法人是集合了相关利益主体而成立的组织，主要是为了应对因无人驾驶汽车自主行为所带来的风险。电子法人的出现，能够带来关于无人驾驶汽车保险和赔偿基金制度新的构想，它能够很好地解决无人驾驶汽车擅自行为所带来的问题。因此，在基于电子法人成立的基础上，构建新的无人驾驶汽车保险和赔偿基金制度。

二、电子法人保险制度

电子法人保险制度是由电子法人作为投保人，当无人驾驶汽车发生事故时，无论电子法人是否有过错（除了故意行为或重大过失造成的保险事故），保险公司都要承担赔偿责任。当然，在不同的场景下，电子法人购买保险的方式也存在一定的差异。

（一）自用电子法人保险

在自用场景中，无人驾驶汽车主要是为个人使用而制定的，使用者一般不存在主观过错，因为无人驾驶汽车可以通过自主行为来控制车辆的运行。然而，因为某些不可控的风险因素，在自用场景下，无人驾驶汽车也会发生侵权事故，此时应由电子法人承担赔偿责任。在自用场景下，电子法人承担责任的方式就类似于传统汽车驾驶员，而在投保过程中，也将电子法人视为驾驶员。电子法人投保无人驾驶汽车商业保险采取自愿原则，而对于无人驾驶汽车交强险采取强制性的投保方式。在商业保险中，无人驾驶汽车电子法人的法定代表人可根据自身的需求自愿投保于商业车险。比如，电子法人可自愿购买无人驾驶汽车财产保险任何险种，但是没有购买的车险，则由电子法人承担赔偿责任。为了更好地转移风险，电子法人可以直接投保综合类保险，如把硬件、软件和数据所面临的风险视为一个保险标的。在强制车险中，无人驾驶汽车的硬件所有权人、软件所有权人和数据所有权人不需要按比例投保，相比于无人驾驶汽车传统的投保方式，电子法人保险制度可以简化投保和索赔程序。在投保程序上，电子法人可以投组合险，即不同的险种进行组合如“车辆损失险＋交强险＋第三者责任保险”。这样保险公司能够更加灵活创新无人驾驶汽车保险险种，无人驾驶汽车的相关主体也不用单独投保，从而简化投保程序。在索赔程序上，受害者可直接向无人驾驶汽车电子法人投保的保险公司要求赔偿。

（二）公用电子法人保险

在公用场景中，无人驾驶汽车在运行过程中，所涉及的主体较为广泛，包括乘客、运营商、电子法人主体以及第三人。在公共领域中，不同的主体面临的危险也不尽相同。对于乘客来说，在乘坐无人驾驶公共交通工具时，可以购买具有分里程或者分时意外人身保险，或者运营商帮助乘客购买意外人身保险，将保费算入票价中。而对于运营商来说，负有维修、养护无人驾驶汽车的义务。当发生无人驾驶汽车对第三者侵权责任时，是由运营商还是电子法人进行赔偿呢？处于公共领域运行的无人驾驶汽车发生的损失赔偿责任是否应该全部转嫁给运营商呢？公用领域的侵权责任理应由电子法人承担，原因在于电子法人作为无人驾驶汽车运行的核心要点，相当于一个驾驶员，而运营商更像一个“雇用者”，雇用电子法人充当一名司机。当无人驾驶汽车致第三人损害时，第三人可以要求运营商直接承担责任，亦可以要求电子法人承担责任。但这是第三人请求私立救济的途径，二者都需对外承担责任，只是，当运营商承担责任后，可以向电子法人追偿，最后责任的承担者还是电子法人。综合考虑，对于公用领域的责任保险应由电子法人负责购买。然而，公共领域的无人驾驶汽车最大的特点是具有公益性并且具有公共产品的性质，是一种公共福利的体现。政府作为公共产品的主要提供者，在某种程度上亦要大力支持无人驾驶汽车在公共领域的发展。因此，对于责任保险，理应由电子法人和政府按一定的资金比例缴纳交强险，商业第三人责任保险则由电子法人自愿投保。

（三）商用电子法人保险

在商用场景下，无人驾驶汽车可能作为共享汽车、网约车以及运输货物的交通工具。当无人驾驶汽车运用在共享模式或网约车模式时，涉及的主体有乘客、运营商、电子法人以及第三人。然而，在商用领域的无人驾驶汽车与公用领域的无人驾驶汽车运行目的是不一样的。商用无人驾驶汽车主要是由运营商向市场投放，进行盈利。因此，商用无人驾驶汽车只由电子法人缴纳责任保险。当无人驾驶汽车运用在货物运输时，涉及的主体有运营商、电子法人和第三人。货物运输过程主要存在货物毁损灭失的风险，那么电子法人是否应该承担货物保管责任呢？无人驾驶汽车在运输货物的过程中，货物可能因为自身包装、品质等问题而发生毁损，也可能因为运输方式不当而发生毁损。但由于运输方式不当造成货物毁损灭失的风险是可以被人们容忍和接受的，因此货物保险直接由买家和卖家自行协商购买。

三、电子法人赔偿基金

当无人驾驶汽车发生大规模损害事件时，保险公司不能全面赔付损失，无人驾驶汽车电子法人赔偿基金可作为补充救济的手段。尤其是无人驾驶汽车因“擅自行为”发生大规模侵权，无法把责任归结于任何一方时，无人驾驶汽车电子法人保险赔偿后，仍然不能全面救济受害者时，电子法人赔偿基金就显得尤为重要。

（一）自用电子法人赔偿基金

自用电子法人赔偿基金是由自用领域下使用者与电子法人按比例共同出资组建的，它是完全用于救济自用领域的无人驾驶汽车所造成的侵权损害。在自用场景下，无人驾驶汽车主要用于私人领域，相当于现在的私家车。使用者购买或者出租无人驾驶汽车，都有维修义务。虽然在保险救济方面是由电子法人购买交强险，那是因为电子法人完全是作为一个驾驶员的身份，对第三人侵权，几乎是由无人驾驶汽车的自主行为造成的，但是由于自用电子法人赔偿基金具有道义救助上的性质，使用者出于道义，也应与电子法人共同出资成立自用电子法人赔偿基金。资金由第三方机构运行，如果在年度后，还有留存的资金可以返还给使用人或电子法人，同时也可以进行再投资，或者预留作为下一年度的赔偿基金预交款。

（二）公用电子法人赔偿基金

在公用领域中，无人驾驶汽车发生大规模道路交通侵权事故，损失则比较大，在保险公司进行有限赔偿后，电子法人公用赔偿基金可以再次对受害者进行赔偿。电子法人公用赔偿基金是由运营商、电子法人和政府按一定比例出资组建的。该资金由政府收取和运行，受害者可以通过相关的政府部门或者运营商以及电子法人进行赔偿登记，再由政府集中统计和审核，对于符合要求的受害者进行赔偿。如果侵权事故是由无人驾驶汽车自主行为造成的，公用赔偿基金是否可以用于救济受害人？答案是肯定的。因为受害人是无辜的，只是赔偿基金在对受害者赔偿后，内部可以向电子法人追偿。

（三）商用电子法人赔偿基金

在商用场景下成立的电子法人赔偿基金相比于自用、公用领域的赔偿基金更加灵活。商用无人驾驶汽车涉及的范围远远比私用领域和公用领域广。各种商用领域的无人驾驶汽车运营商、电子法人、供货商、运输平台等都可以加入电子法人商用赔偿基金协会。这个商用赔偿基金不单单只是基于发生大规模侵权事件才会对受害人进行赔偿，它更多是出于帮助商家进行风险分摊，从而达到成本最小化的目的。电子法人商用赔偿基金协会内部的业务可以分为多个部分，有的是基于保险理赔的基础上，对受害人进行赔偿，有的是直接基于某个相关主体加入电子法人商用赔偿基金协会，对其造成的损害进行赔偿。电子法人赔偿基金更多的是出于商业化而组建的，资金来源多样，因此也需要政府部门对其加大监管力度，实现资金透明化，保障资金安全。商用赔偿基金的缴纳是以一年或几年为一阶段，当到了时间期限，各个相关主体可以选择继续或终止加入赔偿基金协会。

本章小结

无人驾驶汽车的出现虽然可能减少，但同时也带来了新的风险和挑战，为促进保险行业的变革，有必要创新出新的车辆保险来推动保险行业的发展和进步。在无人驾驶汽车发生损失或者致人损害时，受害人能够提高赔偿限额得到充分救济。为了合理分配风险，实现社会成本最小化，有必要构建无人驾驶汽车财产险、责任险和赔偿基金，扩大无人驾驶汽车损害赔偿范围，为无人驾驶汽车产业发展保驾护航。无人驾驶技术将会越来越成熟，在面对科技挑战的同时，保险公司要在风口上寻找出新的出路。

具言之，基于无人驾驶汽车风险负担主体相比于传统机动车变得更加复杂，对于无人驾驶汽车的保险制度可以根据不同的风险进行构建。无人驾驶汽车不需要驾驶员，无人驾驶汽车的风险负担主体变成了硬件所有权人、软件所有权人和数据所有权人。因此，无人驾驶汽车保险制度的设计可以从硬件所有权人、软件所有权人和数据所有权人这三方主体所面临的不同风险入手。无人驾驶汽车的财产保险分为：硬件保险、软件保险和数据保险。而对于无人驾驶汽车的责任保险，无人驾驶汽车交强险需要硬件所有权人、软件所有权人和数据所有权人作为投保人按一定的比例缴纳交强险的保费；无人驾驶汽车第三者责任险，由各个主体自愿投保。无人驾驶汽车的保险定价和理赔可以充分利用大数据，从而精确定价和理赔。然而，无人驾驶汽车的保险有时候不能完全救济受害人的损失，因此需要配套的赔偿基金作为补充，弥补受害者的损失。同时，由于无人驾驶自主行为导致不可归责于任一单一主体，因而事故发生后也很难将责任归责于任何一个主体。所以，笔者认为有必要借鉴船东互保协会模式，创设无人驾驶汽车电子法人保险和赔偿基金，进而在无人驾驶汽车发生致人损害时，让受害人得到充分救济，实现社会风险合理分散，促进无人驾驶汽车的发展。

第四章　无人驾驶汽车电子化运营优势、法律风险与规制

5G时代的到来，为以无人驾驶汽车为代表的新兴智能科技提供技术支持，迎来了新一轮的产业革新。近年来，以英、德、美、日为代表的发达国家纷纷出台文件，旨在通过法律、政策上的支持来促进无人驾驶汽车的发展，以在新一轮信息时代发展浪潮中占据高地。随着人工智能发展浪潮再次涌现，我国也陆续出台多部文件以促进无人驾驶汽车的发展和应用。2021年3月，“十四五”规划进一步明确，要培育壮大人工智能、大数据等新兴数字产业，构建基于5G的应用场景和产业生态，在智能交通等重点领域开展试点示范。紧接着，《深圳经济特区智能网联汽车管理条例（征求意见稿)》发布，进一步放宽智能网联汽车道路测试和示范应用条件。这意味着在不久的将来，无人驾驶汽车将大规模投入商用。在这一背景下，有学者大胆预言“随着5G时代的来临，区块链将不可避免地与物联网、云计算、大数据、人工智能等技术产生接触，而如何使它们更好地融合，进而让区块链更好地服务于人类社会将是未来研究者们的一个重要方向”。[1] 这为无人驾驶汽车的运营选择提供了技术契机，借助区块链技术，以智能合约代替传统合同，搭建“人机互动”平台，可实现电子化运营。然而，这种依托人工智能与区块链技术，以智能合约搭建的数字交易模式，也会因交易环境的复杂性以及算法执行结果的不确定性而暗含一定法律风险。如何对其运营实现有效规制？理顺汽车运营商、数据运营平台、乘客以及智能系统研发者等主体之间的法律关系？这个问题值得深入探讨。

---

[1] 郭上铜，王瑞锦，张凤荔. 区块链技术原理与应用综述［J］. 计算机科学，2021，48(2)：271－281.

第一节　电子化运营：智能合约与无人驾驶汽车的融合

无人驾驶汽车是人工智能在交通领域的典型代表，是自动驾驶汽车发展至L 5 阶段的产物，它的启动、运行完全依靠网络系统，无须外部人员干预，即可通过网络系统的算力，自主生成算法，实现汽车正常驾驶运行。具体而言，无人驾驶汽车在运行过程中，车主只需给出从 A 点到 B 点的指令，其他全由无人驾驶汽车自主完成，实现车主无须介入驾驶操作而完成出行的目的。因此，无人驾驶汽车具有高度自主性、安全性、共享性等特性，具有传统汽车不可比拟的优势。同时，基于无人驾驶汽车全自动驾驶的“智能化”运行模式，无人驾驶汽车需要车辆软件所有者（研发者)、数据运营者、硬件所有者（汽车运营商）等主体共同配合才能实现自主运行。如此，乘客通过与运营商达成协议，即能享受由运营商提供的出行服务。鉴于这一特性，无人驾驶汽车在商业领域具有巨大的发展潜力。虽然对于无人驾驶汽车运营模式的战略选择，目前还处于真空阶段，但现有的“滴滴打车”“共享汽车”“网约车”等传统汽车的运营模式，即通过与乘客达成购买出行服务的电子协议，构建权利义务关系，线上完成交易的模式，为无人驾驶汽车运营模式提供了借鉴。

当然，无人驾驶汽车与“滴滴打车”等运营模式仍有区别，其作为人工智能的科技产物，具有自主性，它突破了传统出行服务的人与人之间的法律关系，更加强调人与物之间的互动、沟通，以实现无人驾驶汽车的正常运行。以“滴滴打车”为例，“滴滴打车”平台以其掌握的数据信息，利用网络平台这个载体，搭建信息交换的沟通平台，充当“信用”媒介，牵线搭桥，促进司机与乘客双向选择，达成出行服务协议，完成交易。从本质上而言，出行服务的双方当事人是司机与乘客，而“滴滴平台”只是一个中介机构，在司机违约的情况下，其作为第三方为乘客提供私力救济服务。然而，无人驾驶汽车因其自身的“擅自”行为切断了法律上人与人之间的因果关系，所以在运营模式上需要实现“人机互动”，去人类中心化，构建人与物的法律关系。

目前，在技术领域，已经有相当一部分学者在关注人工智能技术与区块链技术的融合应用，并且在无人驾驶汽车应用方面提出一种基于区块链的车联网节点数据安全通信模型。❶ 也有学者提出区块链技术在网联云控自动驾驶系统上的应用，利用区块链构建一种分层化、模块化、去中心化、可持续发展的网联云控自动驾驶系统。❷ 但在法学领域，学者对于无人驾驶汽车与区块链技术相互融合衍生出的法律问题，例如在法律上如何实现“人机互动”等问题，相关文献比较少，有待明晰。其实，人工智能技术与区块链技术的结合存在互补的潜力，❸ “区块链技术”❹ 作为推动产业集成革新的另一新兴技术，影响着各行各业的发展。它起源于比特币，是其底层技术，成熟于数字货币。在 2.0 阶段又衍生出了智能合约，❺ 一种以人工智能可以“读取”的计算机代码语言，为“人机互动”搭建沟通桥梁，实现自我交易、自我验证、自动执行的计算机程序。在运行特点上，智能合约与无人驾驶汽车具有天然的互补关系。

第一，算法融合。无人驾驶汽车以人工智能技术为依托，凭借大数据分析、计算，形成算法执行。正因如此，无人驾驶汽车在运行过程中，必须依靠计算机算力进行海量的数据分析，同时需要具备安全、可靠的传输系统，才能保证无人驾驶汽车稳定运行。然而，人工智能算法在运行过程中基于所需的数据存储、训练过于中心化，算法在执行过程中通常需要第

---

❶ 全通信模型，包括区块链设计、节点身份认证、改进动态实用拜占庭容错共识算法、车辆安全通信方法等。根据数据的紧急程度，将数据分成普通数据和紧急数据。考虑到车辆节点的运动情况，提出一种改进实用拜占庭容错共识算法。任条娟，郑佳莹，陈友荣，陈秋霞，刘半藤. 基于区块链的车联网节点数据安全通信模型研究［J］. 汽车技术，2021（5）：30-35.

❷ 王文琴. 区块链技术在网联云控自动驾驶系统中的应用研究和实现［D］. 杭州：浙江大学，2018.

❸ 李萌，裴攀，孙恩昌，杨睿哲，司鹏搏，张延华. 人工智能与区块链赋能物联网：发展与展望［J］. 北京工业大学学报，2021，47（5）：520-529.

❹ 区块链是一个分布式数字账本，是系列技术组合创新系统，是一种新型基础设施。欧阳日辉，李林珂. 区块链的风险与防范［J］. 陕西师范大学学报（哲学社会科学版），2021，50（3）：165-176.

❺ 区块链 2.0 在区块链 1.0 的基础上引入了智能合约，智能合约从本质上来说是通过算法、程序编码等技术手段将传统合约内容编码成为一段可以在区块链上自动执行的程序，是传统合约的数字化形式。郭上铜，王瑞锦，张凤荔. 区块链技术原理与应用综述［J］. 计算机科学，2021，48（2）：271-281.

三方的介入和管理，从而出现安全性不佳、缺乏激励机制等问题，往往导致数据得不到足够多的用户信任和支持，继而导致模型训练的精度受限等问题。[1] 而区块链技术作为一项分布式数据账本技术，其去中心化的运行架构及其分布式结构和分布式特点，与无人驾驶汽车“智能系统”学习算法融合，能实现更加完善的协同优化决策。两者在算法层面可以互补融合，为无人驾驶汽车的运营提供技术保障。

第二，共享性。区块链技术具有去中心化、公开透明、安全高效等特点，能为无人驾驶汽车运营提供可靠的交易平台。区块链作为一项新兴存储技术，具有更加广泛的数据来源，不仅在架构理念上凸显了数据共享的特点，而且与人工智能技术的结合，可以为无人驾驶汽车的运营提供信息资源。同时，其去中心化的架构，摒弃了第三方的介入与管理，实现了用户之间互相信任并共享数据，以庞大且可靠的数据集，提高了智能体作决策的精度，运行配置更加优化。此外，区块链去中心化的特性也为无人驾驶汽车提供了更加契合的交易模式，减少了第三方的监管和沟通，其以智能合约搭建联系，实现电子化运营，为公众提供更加快捷、安全的出行服务。

第三，自主性。人工智能只具有弱自主性。[2] 这意味着无人驾驶汽车在现阶段的“自主性”并不能达到与人类同等的“自由意志”，仍然需要借助外部机制来帮助无人驾驶汽车实现自我决策、自我运行。区块链技术中的智能合约应用程序，也具有自动执行的特点，在本质上也具有一定的“自主性”。具言之，智能合约通过内部机制提前预设履行条件，一旦当事人触发条件，即可自动执行，有效地降低了传统合同带来的履行风险，与无人驾驶汽车的“自主性”相互配合，进一步提高其自主运行能力。因此，智能合约与无人驾驶汽车的融合应用，属于“强强联合”，凸显了人工智能的自主性，为无人驾驶汽车运营的电子化提供切实保障。

---

[1] 李萌，裴攀，孙恩昌，杨睿哲，司鹏搏，张延华．人工智能与区块链赋能物联网：发展与展望［J］．北京工业大学学报，2021，47（5）：520－529.

[2] 程承坪．人工智能的自主性、劳动能力与经济发展［J］．人文杂志，2021（6）：60－68.

第二节　智能合约的法律属性与运营优势

一、智能合约的法律属性

什么是智能合约？与之最相似的当属“滴滴”与“优步”，即乘客发出请求，司机作出承诺，并以计算机代码语言将二者达成的合意内容部署在计算机网络之中，乘客与司机的行为及后果均由代码决定。[1] 这也是智能合约与传统合同最容易界定的区别之一。具体而言，智能合约的技术应用是指利用代码语言代替传统的条文形式，由自动化软件表示和执行。“如果/那么”语句被编入智能合约应用程序中，当智能合约中输入的预定义和双方协议约定的条件得到满足时，代码片段就将执行预设的任务。从其定义可知，智能合约具有不可篡改、不可撤回、变更、自动执行等特性。[2] 因而，有学者认为智能合约突破传统合同范式，不具有传统合同的法律地位。[3] 也有学者认为智能合约符合合同的立法演进规律，具有“固定当事人合意”的功能属性，可以纳入《民法典·合同编》第469条“其他形式”的解读范畴，实质上属于民事合同。[4]根据《民法典·合同编》第464条“合同是民事主体之间设立、变更、终止民事法律关系的协议”、第475条“要约可以撤回”，第543条“当事人协商一致，可以变更合同”等规定可知，传统合同赋予了权利人撤回、变更、撤销、解除合同等权利，而智能合约因其不可篡改的特性，即使当事人发现程序漏洞或其他原因不想继续履行合同时，也无法为权利人提供与传统合同同等的救济保护，即利用撤回、变更、撤销、解除合同等救济形式。因而，从法律文本

---

[1] 杨延超. 机器人法：构建人类未来新秩序［M］. 北京：法律出版社，2018.

[2][4] 郭如愿. 论个人信息的智能合约保护——立基于智能合约的民事合同属性［J］. 西北民族大学学报（哲学社会科学版），2020（5）：59－70.

[3] 王延川. 智能合约的构造与风险防治［J］. 法学杂志，2019（2）：43－51.

出发，现有法律规范的传统合同与智能合约具有明显差异。基于这一考量，上述学者主张智能合约的出现，突破了传统合同范式，确实有据可循。

那智能合约究竟是何法律属性？根据其内容划分，比较有代表性的学说主要有“合同说”“特殊合同说”“合同履行方式说”“程序说”。“合同说”的学者主要认为区块链技术的法律协议，与其他合同一样，在订立时需具备合意要素与对价要素，以实现合同目的，本质上是合同。❶ 该学说侧重于从合同订立的视角探讨智能合约的属性，但没有注意到在事后救济保护层面，传统合同显然具有智能合约所不具备的特性。也有学者从法律层面分析认为，虽然智能合约这类计算机程序，可以由相互信任的节点搭建网络，自动执行，无须外部可信的权限干预，但是这并不意味着智能合同超越了现有合同的要约与承诺，其自动执行属性与以要约、承诺的合同订立方式并不冲突，本质上既是区块链技术下的一种应用，也是进行技术化处理的合同。❷ 这一观点不仅关注到了智能合约与传统合同在形式上和本质上的特点，而且更加全面。“特殊合同说”的学者认为，根据法律关系的不同属性，必须将区块链智能法律合约分为公法类与私法类，除了市场交易的私法领域以外，在特殊情况下，也蕴含当事人经营特定事业的目的，因而智能合约不能简单地归类于民事合同。❸ 比之其他学说，该说观点更加新颖，不仅注意到智能合约在私法领域的应用，而且关注到其在公共治理领域的应用，这也是区块链技术未来不可逆的发展态势，实现社会可编程。“合同履行方式说”的学者认为不应将智能合约认定为真正的合同，智能合约应视为法律协议的一套履行机制或执行程序。❹ 该说过于突出智能合约的自动执行特性，似乎忽略了智能合约的其他特性，欠缺整体性思考，值得商榷。“程序说”的学者认为智能合约完全依据代码的技术规范运行，其运行不用人为因素的介入和干扰，进而排除法律的介入。❺

---

❶ 夏庆锋. 区块链智能合同的适用主张［J］. 东方法学，2019（3）：30－43.

❷ 柴振国. 区块链下智能合约的合同法思考［J］. 广东社会科学，2019（4）：236－246.

❸ 郭少飞. 区块链智能合约的合同法分析［J］. 东方法学，2019（3）：4－17.

❹ 郑观，范克韬. 区块链时代的信任结构及其法律规制［J］. 浙江学刊，2019（5）：115－123.

❺ 王延川. 智能合约的构造与风险防治［J］. 法学杂志，2019（2）：43－51.

该说观点在工信部发布的《2018年中国区块链产业白皮书》中得到印证，智能合约是一种程序而非一种合同。

上述学说都是基于一定立场得出的结论，从一定意义上来说，并无非此即彼的界限之分，具有一些共同点。例如，"合同说"认为"智能合约是以数字形式定义的能够自动执行条款的合约"。[1]"特殊合同说"认为智能合约需要根据其应用场景来判断其属性。二者本质上并没有脱离智能合约的性质，都有一定的道理，而且这两个学说均不否认私法领域的智能合约是一种合同。"合同履行方式说"似乎更加关注智能合约的自动执行特性而忽略了其执行内容本质上仍然是当事人合意达成的内容，但也没有完全否认其具备合同的一些特性。而与其他学说相差甚远的"程序说"，从其运行原理排除人为介入而认为智能合约是一种程序，有失偏颇。因为智能合约类似于传统合同，其生命周期同样包括合约生成部分，[2]需要合约主体进行协商，从而确定其权利义务。也就是说，智能合约本质上能够表征基础合同的相应内容，将基础合同通过编程语言转化为合约代码，再广播至区块链网络中，因而它本身亦是表现和存证基础合同的载体，也可被视作以数据电文形式订立的合同。[3]根据以上分析不难发现，"合同说"对智能合约的法律认知似乎更加贴切，也更加可取。所以，笔者认为智能合约是科技的产物，它内嵌于区块链，深受区块链影响，相较于纸质合同、电子合同等传统合同，它的功能独特，结构多元，具备技术与法律双重属性。同时，基于区块链应用场景及技术体系存在差异，不同区块链上的智能合约结构性地位、内容完备度乃至具体法律意义可能会有所不同。

在无人驾驶汽车电子化运营的场景之中，其智能合约的法律属性与传统合同并没有难以调和的矛盾，同样可以依法判定。首先，根据《民法典·合同编》第464条的规定，合同是民事主体之间设立、变更、终止民事法律关系的协议。虽然智能合约具有不可篡改等特性，无法满足合同变更、终止民事法律关系的条件，但智能合约与传统合同都是民事主体之间设立民

---

[1] 柴振国. 区块链下智能合约的合同法思考［J］. 广东社会科学，2019（4）：236－246.

[2] 蔡一博. 智能合约与私法体系契合问题研究［J］. 东方法学，2019（2）：68－81.

[3] 倪蕴帷. 区块链技术下智能合约的民法分析、应用与启示［J］. 重庆大学学报（社会科学版），2019（3）：170－181.

事法律关系的协议，契合意思表示一致订立合同的合同理念，尊重了当事人意思自治。其次，智能合约与传统合同的书面与口头订立形式虽有所差别，但符合《民法典·合同编》第469条“当事人订立合同，可以采用书面形式、口头形式或其他形式”中的“其他形式”。该条款的出现为智能合约进入合同范畴提供了路径。虽然对于“其他形式”的具体内涵，立法者没有明确界定，但从其立法本意中可以探知，其根本目的一方面是适应社会现实需要，尊重当事人意思自治；另一方面是倡导当事人尽量采纳书面形式订立合同，以定分止争。社会是不断发展的，合同形式也会随着科学技术的发展而变化。但不管合同形式如何抽象组合，其本质仍然是不变的，这也是界定“其他形式”具体内涵的重要尺度。对此，孟勤国、齐爱民等学者提出合同形式的根本目的是固定当事人的合意。[1] 这一观点在司法实践中也有印证，例如“山东天业国际能源有限公司与菏泽中石油昆鹏天然气利用有限公司借款合同纠纷”一案中，法院认为“双方虽然没有形成书面的借款协议，但是双方借款意思表示一致，且山东天业公司以实际付款行为履行了出借款项的合同义务。因此，山东天业公司与菏泽昆鹏公司之间借款法律关系成立并生效”。[2] 由此，在法院看来，合同是基于当事人双方意思表示一致而成立，只要能够“固定当事人的合意”，即符合“其他形式”的内涵。同样，在“王某某与马某某房屋买卖合同纠纷”一案中，法院认为“原被告达成口头房屋买卖协议，是双方真实意思表达，符合买卖合同其他形式的构成要件”[3]，亦对《民法典》第469条第1款的“其他形式”进行了解释。据此，即使智能合约与传统合同在订立形式上有所差别，也不能否认其具有以代码语言表意当事人意思表示一致的能力。再次，《民法典·合同编》第471条“当事人订立合同，可以采取要约、承诺方式或者其他方式”的立法表述中，明确合同订立方式不再限于要约、承诺。这意味着我国合同订立除了要约与承诺以外，合同订立可以突破二者，采取其他方式订立，这就为智能合约的自动执行属性提供了解

[1] 孟勤国，齐爱民．信息技术与合同形式［J］．法学，2002（2）：57－68．

[2] 山东省高级人民法院（2019）鲁民终1908号民事判决书。

[3] 河北省丰南区人民法院（2018）冀0207民初4014号民事判决书。

释空间，表明智能合约并没有突破合同订立防线，本质上依然具备合同属性，可以纳入《民法典·合同编》进行规制。最后，智能合约虽然在形式上是一种计算机程序，但其自动执行的内容本质上仍然是基于当事人意思一致而达成的合意。智能合约以代码语言等计算机语言订立电子协议形式不足以证明智能合约因突破传统合同范式，就得出其不再是合同的结论。学者们指出的智能合约具有自我验证、自动执行的去中心化特性，也不足以表明传统合同与智能合约存在本质差异，其自动执行的内容仍是当事人合意下的内容。换句话说，合同的本质是当事人基于意思表示一致，进而设立民事法律关系的协议。智能合约虽然具有自我验证、自我执行的特性，但其自我验证、自我执行的内容仍是建立在合同当事人在意思自治的基础上，设立权利义务关系。同样，其自我验证、自动履行，也是建立在合同当事人自愿达成协议的前提下进行的，而该协议本身就是一种实实在在的合同。因此，以自我验证、自我执行的特性来排除智能合约本身具备的设立民事法律关系的合同属性，并不可取。从合同本质出发，在无人驾驶汽车电子化运营中的智能合约，仍是一种民事合同。

二、智能合约的运营优势

智能合约的本质是将传统合约变成一段可以自动执行的程序，在合约形成之初，合约的创造者应就合约内容进行协商，此时的合约与传统合约一样，从法律、商业等角度形成了一套行为规则，通过规则的触发产生不同的结果。[1] 由此可以看出，智能合约与传统合同在本质上并无二致。而智能合约成为无人驾驶汽车的运营选择，也并非偶然。这是由无人驾驶汽车自身特性决定的，同时也是由智能合约具有传统合同所不具备的优势决定的。与传统合同相比，智能合约具有以下优势。

第一，区块链技术建立了庞大且稳定的数字社群，为规模化的商业交

---

[1] 郭上铜，王瑞锦，张凤荔. 区块链技术原理与应用综述［J］. 计算机科学，2021，48（2）：271－281.

易模式提供了可信任、高效率的应用场景。[1] 区块链技术由分布式存储平台和智能合约承载运转，仰赖数字化系统进行治理，实现点对点互联互通，突破传统中心化系统模式。具言之，区块链技术应用系统全年365天无间断运转，每一笔买卖成功，区块数据将自动加盖时间戳，进而利用加密算法计算出哈希值，每个区块记载着上一个区块哈希值，[2] 区块顺次前后首尾相接，构成链式区块形状，为用户提供了可溯及的分布式记账技术。因而，与传统合同模式相比，智能合约融入无人驾驶汽车的运营，不仅有着强大的区块链技术系统为其保驾护航，利用分布式存储技术，确保合约的生成、履行等任何一个交易环节可追踪，降低运营及信用成本，而且智能合约部署于链上，可以打破传统合同交易模式的“私密性”弊端，确保合同利益能通过这种公开透明的社群环境以更加安全、高度信任的方式实现，有利于降低商业风险，更好地实现无人驾驶汽车的高效运营。

第二，区块链技术具有高度自治性、安全性等特性，与无人驾驶汽车电子化运营理念高度耦合。区块链技术与无人驾驶汽车都对网络系统具有高度依赖，需要借助算力网络，前者搭建交易平台，后者搭建驱动平台，为不特定群体提供各自的技术服务，满足用户需求。无人驾驶汽车运营以销售出行服务来实现营利目的，此时区块链技术利用虚拟货币技术，在商业交易领域实现了资金在互联网自由流动，为无人驾驶汽车搭建更加便利、快捷、安全和高效的交易平台，契合了无人驾驶汽车电子化运营的理念，二者相辅相成、高度耦合。同时，区块链技术下的智能合约改变了传统合同模式的交易方式，提供了新的商谈机制，降低了交易成本。在传统的合同交易模式中，磋商、订立合约、履行合约是交易活动中经济损耗占比最高的环节。而智能合约突破了传统合同的交易模式，一方面，凭借区

---

[1] 蔡一博．智能合约与私法体系契合问题研究［J］．东方法学，2019（2）：68－81．

[2] 若A与B之间欲进行一笔交易，则其交易机理为：A和B分别随机生成256位数字作为私钥，并通过椭圆曲线加密技术形成各自的公钥，B进而经过哈希加密算法形成新的比特币地址。A根据其私钥对上一次交易及B的信息进行数字签名，形成交易单。A和B的交易单信息将公布于区块链系统中，且区块链系统中的每个节点都会将A、B的交易信息与其他最近的交易信息进行打包，利用哈希算法两两进行加密，形成该区块哈希值，然后与前一区块的哈希值合并再一次进行哈希，构成挑战字符串，继而演变为哈希数值求解的数学问题。陈思语．区块链应用于证券交易的法律风险及防范［J］．法律适用，2019（23）：58－66．

块链技术，以其共识机制构建了先天的信任基础，使交易双方无须第三方机制及监管即可自行进行沟通交流、自主磋商、商议交易规则和方式，实现了网络化、便捷化的商谈机制，有效地降低了交易成本。另一方面，智能合约本身具有不可篡改、不可撤回、不可变更、不可自动执行等特性，[1]可以避免因合约变更、撤回等交易活动带来的经济损耗，有效缩短交易时长，尽可能地降低交易成本，提高运营效率。

第三，智能合约的监督和仲裁都由计算机根据预先制定的规则来完成，降低了违约风险，有利于市场化运营。智能合约的技术应用是指利用代码语言代替传统的条文形式，由自动化软件表示和执行。“如果/那么”语句被编入智能合约应用程序中，当智能合约中输入的预定义和双方协议约定的条件得到满足时，代码片段就将执行预设的任务。也就是说，智能合约是执行合约条款的可计算交易协议，将人、法律合约和网络三者之间的关系程序化了，[2]有利于解决传统合同因合同订立与执行相分离而出现的“执行难”问题。智能合约的订立与履行是一体的，所有条款和执行过程都是预先制定好的，一旦部署运行，合约中的任何一方都不能单方面修改合约内容以及干预合约的执行，即可实现自我验证、自动执行，排除了人为因素导致的不利影响，降低了违约风险。具言之，合同履行条件一经满足，预设程序即自动从用户账户划拨同等数值的数字货币，以完成交易。这一可编程技术，比之传统合同交易模式，可以有效减少恶账拖欠，降低合同履行、申请裁决和强制执行所产生的人力、物力成本，可极大降低交易风险。同时，区块链技术的去中心化特性，意味着智能合约无须第三方中心机构的参与，就能自主地通过网络技术互联互通，解决信息不对称问题，实时响应客户需求，大大优化了服务质量。

综上所述，基于无人驾驶汽车的特性，笔者认为以智能合约代替传统合同的运营模式，能搭建更加安全、稳定的法律关系，机遇与挑战并存。

---

[1] 郭如愿．论个人信息的智能合约保护——立基于智能合约的民事合同属性［J］．西北民族大学学报（哲学社会科学版），2020（5）：59－70．

[2] 贺海武，延安，陈泽华．基于区块链的智能合约技术与应用综述［J］．计算机研究与发展，2018（11）：2452－2466．

第三节 无人驾驶汽车电子化运营的法律风险

智能合约机制引入无人驾驶汽车运营虽有不可比拟的优势，但也存在不可忽视的法律风险。在技术层面，智能合约的执行结果常常都是确定性的，而无人驾驶汽车的算法执行结果通常是不确定性的、随机的，而且多数情况是难以预测的。这二者间的矛盾对无人驾驶汽车嵌入智能合约用于执行决策优化形成了一定的挑战，[1] 一旦发生争议，例如发生交通事故时，应如何认定责任主体，此为其一。其二，智能合约一旦被部署到链上就无法进行修改，而复杂的智能合约也易出现代码错误、系统漏洞等问题，发生错误时该如何救济？其三，即使事前对代码进行了详细检查，但无人驾驶汽车运营并未完全脱离人工操作，仍存在人为干预风险。此外，无人驾驶汽车电子化运营还可能遭受外部的网络黑客攻击，调用外部合约版本，盗取数字货币等风险。[2] 也就是说，区块链平台、智能合约、汽车智能系统，任何一个环节发生问题都将产生风险。

一、不同层级主体之间权责难以厘定

区块链创设了一种新的行为模式，实质是一种民事法律行为，涉及不同民事主体。但由于交易模式的改变，以特殊技术达到交易目的，导致参与主体很容易被隐藏或者被忽略。[3] 在庞杂的合同关系之中，智能合约除了各方当事人可能隶属于不同层级的主体，各主体之间可能并没有直接的

---

[1] 李萌，裴攀，孙恩昌，杨睿哲，司鹏搏，张延华．人工智能与区块链赋能物联网：发展与展望［J］．北京工业大学学报，2021，47（5）：520－529.

[2] 孙国梓，李芝，肖荣宇，杨嘉乐，王晓晨．区块链交易安全问题研究［J］．南京邮电大学学报（自然科学版），2021（2）：41－53.

[3] 李伟民．《民法典》视域中区块链的法律性质与规制［J］．上海师范大学学报（哲学社会科学版），2020（5）：46－57.

技术关联。因此，若发生争议，在判定责任类型和责任分配时将会略显复杂。[1] 在计算机领域，学者认为智能合约基本架构包含数据层、传输层、智能合约主体、验证层、执行层以及合约之上的应用层这 6 个要素。[2] 在金融领域，学者认为智能合约的运行架构主要依托数据层、规则层及应用层，完成信息资源的数据整合，根据市场与客户需求，进行改造升级，以此提升市场交易效率及用户满意度。[3] 智能合约在金融领域的运行架构与无人驾驶汽车运营基本一致，也是由数据层、规则层、应用层构成。数据层是智能合约运行的数据库，即区块链技术利用大数据及云计算技术采集数据。规则层主要集中区块链技术在不同行业中实行去中心化自我管理，形成特定的交易规则与定价规则，统一传送到银行中心服务器。应用层主要针对客户端及软件应用模式中，结合客户需求及反馈，不断更新系统，优化服务质量。因而，相较于传统运营模式，无人驾驶汽车运营借助的区块链技术，是由多个节点构建而成的分布式记账技术。这意味着智能合约的主体不再局限于合约的双方当事人，需要多个层级主体共同参与，例如数据层的核心开发组、其他服务器的所有者、智能合约的使用者等主体。虽然这一模式有利于保障交易安全，但由于是去中心化机制，缺乏第三方监管，运营环境更为复杂，牵涉更多利益主体，一旦因代码错误、系统漏洞等情形而发生损害时，更加难以厘定法律关系，划分责任主体。

二、自动履行机制的违约风险

智能合约为信任双方之间提供了一套建立在代码规则之上的纠纷解决机制，既可以在被信任一方发生违约情形时，系统自发触动程序，执行救

[1] 狄行思. 论智能合约的风险负担及责任分担［J］. 科技与法律，2020（6）：76－84.

[2] 数据层包括链上数据和链下数据，它们是智能合约运行的必要数据源。传输层则封装了用于支持“链上—链上”和“链上—链下”进行通信、数据传输的协议。智能合约主体包括协议和参数。验证层主要包含一些验证算法，用于保证合约代码和合约文本的一致性。执行层主要封装了智能合约运行环境的相关软件。应用层则是基于前 5 个要素的基础产生的相对高级的各种应用，它主要是为智能合约与其他计算机、应用程序通信服务的。贺海武，延安，陈泽华. 基于区块链的智能合约技术与应用综述［J］. 计算机研究与发展，2018（11）：2452－2466.

[3] 张荣. 区块链金融结构分析与前景展望［J］. 南方金融，2017（2）：57－63.

济措施，有效避免公力救济的滞后性，亦可通过预先程序设定，免除权利人对私力救济过当的担忧。❶ 正因如此，无人驾驶汽车运营如果借助智能合约自我执行的特性，可以有效减少交易成本，提高交易效率，实现大规模的商业运营，最终实现利益最大化。但这并不意味着智能合约是完美无缺的。智能合约虽然在自动履行方面不可逆，但这并不等于智能合约不会违约。❷ 也就是说，智能合约的自动履行机制同样存在违约风险。区块链智能合约自动履行需要满足预设的状态条件，触发自动履行机制。状态条件以“如果/那么”句式编码，一个智能合约包含多少此类句式，取决于交易场景及复杂度。❸ 这意味着智能合约的自动履行预设条件，对于其履行方式、履行内容等条件需要借助代码语言转化为计算机可识别的语言才能实现真正地自动履行。但履行分级当然需要复杂的代码设计，而复杂的代码意味着错误发生率更高。即使融合人工智能，也颇为不易。❹ 对于智能合约的违约救济方式虽然已在程序代码中被预先设置，即一方遭受合约项下或者之外的不利事项，另一方将承担相应损害赔偿责任，但这些都是比较简单的法律关系。实践是复杂多变的，如果这种不利事项是由代码漏洞或其他设定的行为造成另一方财产损失，是否可以将其完整的赔偿条款嵌入智能合约中？在现有技术下，对于未预见及不可预见的不利事项，基于该类型的条款中包含的变量和灵活性将很难转化为智能合约代码，甚至在未来的很长时间是行不通的。❺ 所以，智能合约的自动救济机制并不完备，仍需借助公力救济来规制违约风险。

三、既有侵权规范体系面临挑战

无人驾驶汽车运营过程中，除了运营商自担的商业风险以外，在侵权

---

❶ 郑观，范克韬. 区块链时代的信任结构及其法律规制［J］. 浙江学刊，2019（5）：115－123.

❷ 李旭东，马淞元.《民法典》合同编视域下的区块链智能合约研究［J］. 上海师范大学学报（哲学社会科学版），2020（5）：58－69.

❸ 郭少飞. 区块链智能合约的合同法分析［J］. 东方法学，2019（3）：4－17.

❹ 孟伟，杨之林. 人工智能技术的伦理问题——一种基于现象学伦理学视角的审视［J］. 大连理工大学学报（社会科学版），2018（5）：112－116.

❺ 谭佐财. 智能合约的法律属性与民事法律关系论［J］. 科技与法律，2020（6）：65－75.

层面也存在法律风险。例如，发生交通事故应如何认定责任主体？基于无人驾驶汽车对智能系统的依赖性及由多项产品共同构成的特性，在交通出行服务中，若发生交通事故，就无法按照现有侵权责任法律认定谁是《民法典》第1213条规定的“机动车一方”。此外，在运行支配方变成了智能系统后，其“过错或过失”如何认定，或者说该“过错或过失”究竟应归责于谁，既有侵权法律规范难以抉择。同样，以无过错责任为核心的产品责任中，对于重要相关软硬件设施的提供者是否可以成为产品责任的主体，现行法律也同样无法直接适用。按照“工具说”学者的观点，人工智能本质上依赖算法，尚不具备人类独立思考的意思和能力，不宜视为民事主体。[1] 也就是说，人工智能尚不能独立享有权利、承担义务。一旦发生损害，应依据相关法律规定确定责任主体，由其创造者或管理者承担责任。然而，无人驾驶汽车依赖算法形成自主决策，并且对周围环境具有一定程度的自主判断能力，所以由此造成的损害，既不是来自管理者，更不是来自制造者。如果按照这一理论，当无人驾驶汽车在行驶过程中发生事故时，根据侵权规范体系的相关规定确定责任主体，由汽车的制造者或管理者来承担责任，则显然有失偏颇，在法理上难以自洽。因为他们对无人驾驶汽车“擅自”行为造成的损害或侵权并不存在过错，行为与损害结果之间也无法构成法律上的因果关系，故而有学者主张人工智能产品责任适用无过错责任，由汽车的设计者（研发者）或生产者承担责任。[2] 但是，当无人驾驶汽车发生事故、造成损害，而事故本身又难以解释或者不能合理追溯到设计缺陷或者制造缺陷，或者损害是由设计者难以预测到的系统特殊经历（经由“训练”后算法）造成的，这时候仍由设计者承担责任将招致不公。[3] 因此，如何处理无人驾驶汽车之类的自主机器造成的损害，是既有侵权规范体系面临的挑战。[4]

---

[1] 王利明. 人工智能时代对民法学的新挑战［J］. 东方法学，2018（3）：4－9.

[2] 杨立新. 人工类人格：智能机器人的民法地位——论智能机器人致人损害的民事责任［J］. 求是学刊，2018（4）：84－96.

[3] 司晓，曹建峰. 论人工智能的民事责任：以自动驾驶汽车和智能机器人为切入点［J］. 法律科学（西北政法大学学报），2017（5）：166－173.

[4] 成素梅，高诗宇. 智能机器人应有法律主体资格吗？［J］. 西安交通大学学报（社会科学版），2020（1）：115－122.

第四节　无人驾驶汽车电子化运营的法律规制

一、设立三级安全监管体系

智能合约的去中心化机制，虽然在一定程度上给予了更多自主性，但同样也带来了一定的风险。缺乏第三方的管理，虽然交易、合规等成本减少，增加了篡改数据难度，但也不能完全避免不同层级主体相互联结的可能性，造成用户资产损失的风险。这也说明智能合约需要加强管理与监督。区块链不是“法外之地”，也应该受到法律规制。[1] 技术的稳定和安全是保障法律关系清晰的前提。2020 年 2 月中国人民银行发布《金融分布式账本技术安全规范》（JR/T 0184—2020），首次规定了金融分布式账本技术的安全体系标准，并提出了智能合约监管要求，将按照监管要求编码写入智能合约强制执行，同时提供交易行为统计数据，以评价智能合约服务的合规性。金融行业的适用标准同样适用提供服务的交通运营行业。无人驾驶汽车智能合约运营要安全运行，需要确定智能合约的运作结构和每一具体步骤牵涉的主体，厘清适用于智能合约运行和服务的法律标准，在技术水平稳定的前提下，确保算法能够得出正确结果。也就是说，智能合约的事前部署必须严格把控、事中运行必须实时监测、事后救济必须得到有效处理。要实现这一目的，笔者认为可以参照《金融分布式账本技术安全规范》的监管要求，设立三级安全监管体系。第一级设监管委员会（决策层），由核心开发组主导，联合运营商、数据运营者及智能系统研发者等多个机构创建，负责审核和批准无人驾驶汽车智能合约运营系统的安全管理策略、风险偏好以及其他关键事项，实现平台内部安全治理。第二级设

[1] 李伟民.《民法典》视域中区块链的法律性质与规制［J］. 上海师范大学学报（哲学社会科学版），2020（5）：46－57.

安全管理机构（管理层），即监管委员会下设的管理机构，由其他服务器的所有者共同参与，统领智能合约整个运营系统的安全管理工作，组织协调相关成员的职责落实，负责平台日常管理工作的统筹和异常情况的应急处置统筹。第三级设平台日常管理团队和应急团队（执行层），即安全管理机构下设的执行机构，由智能系统研发员、网络管理员、数据运营管理员等成员组成，负责执行安全管理机构的指令。具言之，平台日常管理团队负责智能合约整个运营系统的安全监管工作，监测和管理用户加入、退出、登记与验证等日常事务，确保区块链交易平台正常运行、用户信息安全及财产安全，一旦发现异常，立马关停交易，及时止损。同时，监督各个层级主体各司其职，严格把控用户访问、智能合约的部署行为等内容，防止恶意部署。应急团队则负责紧急事件的应急处置，并联系相应人员进行处理，例如，黑客入侵时，及时联系相关人员进行处理，修复合约漏洞，追回用户资产，确保消费者资产安全。

二、明确违约救济方式

无人驾驶汽车在未来的大规模商用过程中借助智能合约可实现电子化运营。智能合约的自动执行机制虽然具有传统合同运营不可比拟的优势，可以有效降低违约风险，但并不代表永远地消除了当事人违约的可能性。例如，一旦智能合约触发履行，但履行义务的产品不符合要求，消费者应当如何救济？基于这些不利事项，有学者认为智能合约平台只提供技术，而没有完备的救济体系。[1] 因此，笔者认为明确违约救济方式在无人驾驶汽车运营场景中仍有必要。智能合约作为一种民事合同，自然与传统合同救济途径一致，具有私力救济与公力救济两种方式。私力救济指当事人自主行为，即智能合约违约处理机制，自行在区块链平台进行磋商解决。私

[1] 李旭东，马淞元.《民法典》合同编视域下的区块链智能合约研究［J］. 上海师范大学学报（哲学社会科学版），2020（5）：58－69.

力救济方式可以借鉴在线争议解决机制，[1] 当一方不履行义务或履行义务不符合约定时，消费者可以申请在线协商，先在平台上联系运营商解决，运营商积极配合以化解纠纷。如果运营商与消费者在线协商无法达成和解。一方可以将争议提交至监管委员会，进行平台内部在线裁定，为消费者提供争议解决服务。如果是消费者自身过错造成的违约由消费者自行承担，如果是运营商存在过错则由运营商承担违约责任。当然，为了避免公器私用，这一解决机制的适用仅限于监管委员会不属于纠纷当事人之一的情形。有学者提出还可参考智能合约安全事件的硬分叉方案，利用一些技术手段在合同违约时，对当事人提供救济。[2] 但该学者对于具体如何处理，并没有提供可行的解决方案。也有学者认为智能合约可以默认包含仲裁机制或回滚条款，直接在区块链上执行，为私人纠纷解决建立一个常规的渠道。[3] 提前自动部署救济机制确有优势，也能为公力救济提供借鉴。但是，智能合约具有去中心化、自动执行的特点，所以在纠纷解决机制上，仲裁机构、法院等外部机制难以介入，进而增加了消费者寻求救济的难度。因而，为确保消费者权利救济的可能，当平台方作为纠纷当事人之一时，私力救济已无法满足消费者的救济需求，应借助公力救济方式进行处理，保留法院的最终管辖权，由发生争议的当事人向法院或仲裁机构寻求救济，以撤销智能合约。此时，区块链平台方应为法院或仲裁机构提供必要的协助义务，给予技术支持，配合调查取证以及判决执行等司法工作，共同解决纠纷，保证消费者获得充分救济。同时，智能合约漏洞、代码错误等技术缺陷引发的纠纷，消费者显然无法承担举证责任，应由平台方承担举证责任并承担无过错责任。

---

[1] 在线争议解决机制将信息技术与传统纠纷解决措施相结合，形成以互联网为依托的新型纠纷解决路径，其克服了地域障碍、高昂成本等问题，适于快速解决跨国纠纷。在线争议解决机制在我国跨境电商平台中应用如下：一是在线协商。作为平台内部处理纠纷最温和、最低成本的方式之一，这种解决方式完全依赖互联网，并且无需第三方介入即可启动。此外还包括在线调解、平台自主在线裁定等方式。徐芳，梁金林. B2C 跨境电商消费者纠纷解决机制创新探讨［J］. 商业经济研究，2018（21）：127－130.

[2] 李旭东，马淞元.《民法典》合同编视域下的区块链智能合约研究［J］. 上海师范大学学报（哲学社会科学版），2020（5）：58－69.

[3] 姚梅. 区块链与法律之互生关系探析［J］. 人民论坛·学术前沿，2020（1）：96－99.

三、赋予无人驾驶汽车电子法人地位

无人驾驶汽车运营存在商用、公用、自用等应用场景，这里主要探讨在商用运营中，侵权责任主体的认定。不少学者试图通过对无人驾驶汽车法律地位的探究来明确无人驾驶汽车责任主体，出现了“法律人格肯定说”、“法律人格否定说”及“有限法律人格说”等学说。“法律人格肯定说”主张关于无人驾驶汽车的法律地位可以借鉴法人、非法人组织的法律主体地位，认为可以将无人驾驶汽车拟制为法律上的主体，独立地享有民事权利，履行民事义务。[1]“法律人格否定说”认为不能也不必要赋予无人驾驶汽车独立的法律主体资格，无人驾驶汽车始终具备“工具”属性，其本质上仍为客体。[2] 也有学者认为人工智能既不是法律主体，也不是法律客体，而是研发者、制造者和使用者的法律行为。[3]“有限法律人格说”认为鉴于无人驾驶汽车的特殊性，不能简单地将无人驾驶汽车定位为法律主体或物，而应在综合考虑现有技术与法律规范体系的基础上，在特定领域中赋予无人驾驶汽车民事权利能力和民事行为能力，并在一定条件下承担民事责任。[4] 其实，民事主体只是社会需要的法律形式，法律对民事主体的承认是基于现实需要，生命和伦理并非成为民事主体的必然要求，从简化交易和权责分摊等现实需要角度出发，可以将人工智能拟制为电子法人。[5]

要确定无人驾驶汽车智能合约运营中的责任主体，首先应先明确智能合约的当事人是谁。在传统的商业运营中，共享汽车交通事故中，所涉主体主要为共享汽车运营商、共享汽车驾驶人、租赁合同以外的第三人；在网约车交通事故中，所涉主体主要包含司机、乘客、网约车平台、网约车

---

[1] 杨清望，张磊. 论人工智能的拟制法律人格［J］. 湖南科技大学学报（社会科学版），2018，21（6）：91－97.

[2] 袁曾. 基于功能性视角的人工智能法律人格再审视［J］. 上海大学学报（社会科学版），2020（1）：16－26.

[3] 李爱君. 人工智能法律行为论［J］. 政法论坛，2019（3）：176－183.

[4] 袁曾. 人工智能有限法律人格审视［J］. 东方法学，2017（5）：50－57.

[5] 张志坚. 论人工智能的电子法人地位［J］. 现代法学，2019（5）：75－88.

客运合同外的第三人。[1] 基于无人驾驶汽车运行过程中人为因素干预的可能性趋近于零，司机这一主体将不复存在。因而，与传统的商业运营不同，在无人驾驶汽车商业运营中，不管是共享汽车还是网约车，在交通事故中所涉主体主要为乘客、无人驾驶汽车运营商、数据运营者、智能系统研发者以及合同外的第三人。在区块链平台中，乘客与无人驾驶汽车运营商之间达成合意，签订智能合约，设立权利义务关系。此时，如果发生交通事故，对合同外的第三人（如行人）致害，按照传统的归责理论，应由汽车驾驶员承担侵权责任。而无人驾驶汽车“擅自”行为切断了法律上的因果关系，不存在“驾驶员”这一角色。虽然乘客作为使用者，享受了无人驾驶汽车的运行利益，但无人驾驶汽车中的使用者并不是“手握方向盘”、可以自行决定车辆的行进方向和行进速度的人，在车辆的运行过程中并不享有运行控制权，而是表现为与运营商签订智能合约后启用车辆的权利、在特定时间段内自行决定起始点和目的地等权利，即“人随车走”。

所以，在无人驾驶汽车运营模式下，使用者并无过错，不应承担侵权责任。而智能系统实际控制着车辆的运行，所以似乎是研发者发挥了间接操控驾驶行为的作用。根据运行支配和运行利益理论，似乎由智能系统的研发者承担责任更为合适。然而，在具体的运营环境中，无人驾驶汽车致害成因很复杂，至少关涉三方主体，即运营商、数据运营者及研发者。具言之，运营商作为无人驾驶汽车硬件的所有者，同时也是智能系统的使用者，负有对无人驾驶汽车进行“训练”的义务，与无人驾驶汽车的“后天行为”密切相关；数据运营平台掌握着无人驾驶汽车运行的数据来源，负责提供道路建设、实时路况等数据信息，无人驾驶汽车实时而为的行为离不开其所提供数据的支撑；研发者负责部署智能系统，进而操控汽车运行。基于智能系统（软件）的特性，研发者一般只许可他人使用，所有权仍保留在自己手中，所以其作为软件所有权人，与无人驾驶汽车的“先天行为”密切相关。[2] 这三方主体的资源整合构建了无人驾驶汽车的基本运行架构，即无人驾驶汽车正常上路，必须在运营商所有的硬件基础上，安

---

[1] 夏利民，王运鹏．论网约车的侵权责任［J］．河南财经政法大学学报，2017（6）：102－110．

[2] 张志坚．论人工智能的电子法人地位［J］．现代法学，2019（5）：75－88．

装智能系统，由数据运营者向智能系统提供实时数据信息，以确保智能系统能够进行分析、学习，形成算法口令，实现自主运行。而且，这三方主体分别对应为无人驾驶汽车之构成要件，即软件、硬件和数据的所有权人或控制人，其作为共同所有权人理应共同分摊由无人驾驶汽车自主行为产生的风险和收益。也就是说，无人驾驶汽车“擅自”而为的自主行为，与运营商、数据运营者以及智能系统研发者均无法律上的直接因果关系，但均有密不可分的间接作用力，不是任何一个单独主体能够完全决定的，而是他们混合意志的结果。如果发生致害行为，一味地苛求研发者承担全部责任并不合理。其实，基于运营商对其旗下无人驾驶汽车硬件享有所有权或控制权，意味着运营商对于投入市场运营的汽车具有选择权、知情权，同时对汽车负有管理义务，相比于研发者和数据运营者，运营商也享受着更多的运行利益。根据运行支配和运行利益理论，汽车运营商更有义务承担责任。如果致害了，仅追究智能系统研发者的产品责任，而产生收益了，却由运营商独享，此举难谓公平公正。[1] 因此，相对于“法律人格否定说”“有限法律人格说”等观点，将人工智能拟制为电子法人更具可行性。由运营商、数据运营者、智能系统研发者共同出资成为电子法人的股东，将多方利益主体的意志糅杂在一起，与乘客签订智能合约，由其共享收益、共担风险，既能实现责任有限、权责相称并按比例分摊的目的，也能简化交易。

本章小结

无人驾驶汽车发展至 L 5 阶段，具有自主性，为社会公众带来了更加便利的出行方式，在商用领域具有巨大的潜力。《深圳经济特区智能网联汽车管理条例（征求意见稿）》第 11 条“高度自动驾驶和完全自动驾驶的智能网联汽车……可以不配备驾驶人”的规定，预示着无人驾驶时代的到

[1] 张志坚．论人工智能的电子法人地位［J］．现代法学，2019（5）：75－88．

来。要实现电子化运营，无人驾驶汽车可借助区块链技术，以智能合约代替传统合同，搭建“人机互动”平台，实现自主运行。新事物的发展，前景是光明的，但道路是曲折的。无人驾驶汽车电子化运营虽然具有不可比性的优势，但也带来了新的挑战，例如智能合约中的自动履行机制违约等风险。也就是说，智能合约融入无人驾驶汽车运营中，一旦部署上链，如果区块链平台方、研发者、运营商、汽车制造商等主体中任何一个主体发生问题都可能导致合同无法履行，造成用户方的损失。因而，无人驾驶汽车电子化运营必须明确风险与利益分配问题，在法律层面上，肯定智能合约的合同属性，符合《民法典》第 471 条的“或者其他形式”的合同范式：首先，应参考《金融分布式账本技术安全规范》的监管要求，设立三级安全监管体系；其次，明确违约救济方式，借鉴在线争议解决机制实现私立救济，保留法院的最终管辖权，由发生争议的当事人向法院或仲裁机构寻求救济，以撤销智能合约；最后，赋予无人驾驶汽车电子法人地位，以实现责任有限、权责相称并按比例分摊的目的，简化交易，为无人驾驶汽车电子化运营提供一些“未雨绸缪”的法律思考。

第五章　无人驾驶汽车的民法规制

第一节　无人驾驶汽车交通事故侵权分析

随着无人驾驶汽车技术的精进，其广泛应用指日可待。然而人们在期待其带来巨大的经济效益及社会效益的同时，也需要充分考虑到无人驾驶汽车的应用对既有侵权责任体系带来的冲击和挑战。笔者结合既有法律的规范，探究无人驾驶汽车侵权的责任主体和归责原则，为分析无人驾驶汽车民事侵权责任问题提供其他角度。

一、机动车交通事故责任

考虑到无人驾驶汽车技术的发展及其对现行道路交通安全法的挑战与冲击，2021 年 3 月，公安部就《道路交通安全法（修订意见稿）》向公众公开征求意见，以备在无人驾驶汽车大规模商用落地前做好法律配套工作，避免出现无人驾驶汽车于道路交通方面无法可依的局面。这也从侧面说明无人驾驶汽车对现行机动车交通事故责任带来了一定程度的冲击，立法者对现行法律进行调整势在必行。

无人驾驶汽车与传统机动车在物理表现形式、侵权表现形式、运行原理、能源驱动等方面具有高度的相似性，[1]不少学者尝试在传统机动车交通事故责任体系下去探讨无人驾驶汽车交通事故侵权，以明晰其归责原则及责任主体。目前，我国对于机动车交通事故责任的法律规制主要存在于《民法典》和《道路交通安全法》之中。《民法典》第1213条规定了机动车发生道路交通事故时对受害人予以赔偿的顺序，同时也确定了在机动车交通事故责任中侵权责任主体的范围。《道路交通安全法》第76条将机动车交通事故责任的主体表述为“机动车一方”“有过错的一方”，[2]并将道路交通事故具体分为机动车之间发生交通事故、机动车与非机动车、行人之间发生交通事故。机动车与机动车之间发生交通事故适用过错责任，而机动车与非机动车、行人之间发生交通事故，则存在多种学说：过错推定责任、无过错责任及补偿责任等。[3]我国的机动车交通事故责任建立在过错责任的基础之上，以狭义的运行支配及运行利益理论为支撑。故而在发生机动车交通侵权事故时，责任主体通常表现为机动车驾驶人。若在传统机动车交通事故责任中探讨无人驾驶汽车交通事故中的侵权责任，首先需要解决的问题是：在无人驾驶汽车运行过程中，谁为驾驶人？在传统机动车运行中，驾驶人可以通过人为操作自行决定车辆的行进方向和速度，对车辆的运行享有绝对的控制权（在车辆状态正常的情况下），同时，当然获得因车辆平稳运行而带来的运行利益。而在无人驾驶汽车交通事故侵权中，狭义的运行支配和运行利益理论显然无法有效发挥作用。具言之，无人驾驶汽车是通过其系统根据乘坐者的指令以及对周围路况的判断而做出

---

[1] 崔理博，赵明非．无人驾驶汽车侵权的责任分析与法律规制［J］．齐齐哈尔大学学报（哲学社会科学版），2019（5）：82－84.

[2] 《道路交通安全法》第76条：机动车发生交通事故造成人身伤亡、财产损失的，由保险公司在机动车第三者责任强制保险责任限额范围内予以赔偿；不足的部分，按照下列规定承担赔偿责任：（一）机动车之间发生交通事故的，由有过错的一方承担赔偿责任；双方都有过错的，按照各自过错的比例分担责任。（二）机动车与非机动车驾驶人、行人之间发生交通事故，非机动车驾驶人、行人没有过错的，由机动车一方承担赔偿责任；有证据证明非机动车驾驶人、行人有过错的，根据过错程度适当减轻机动车一方的赔偿责任；机动车一方没有过错的，承担不超过百分之十的赔偿责任。交通事故的损失是由非机动车驾驶人、行人故意碰撞机动车造成的，机动车一方不承担赔偿责任。

[3] 郑志峰．自动驾驶汽车交通事故责任的立法论与解释论——以民法典相关内容为视角［J］．东方法学，2021（3）：156－170.

本应由人类驾驶员做出的“驾驶行为”的，在其运行过程中，人类对其起到的控制作用微乎其微，不再存在驾驶员这一主体，原先依靠人类支配的驾驶控制设备也随之淘汰。但不可否认的是，人类（车辆使用者）仍享有最为根源性的支配力，即决定是否开启无人驾驶汽车及其驶向何方，但车辆使用者对无人驾驶汽车的这一根源性支配力是无人驾驶汽车产生最基础功用的前提，若仅因车辆使用者为实现无人驾驶汽车的功用而启动无人驾驶汽车，即将其视为运行的支配者、运行危险的开启者，未免过于严苛，且不符合狭义运行支配和运行利益理论的内涵。在狭义的运行支配及运行利益理论中，运行支配不仅包含对于是否开启车辆功能的支配，其更加强调的是在车辆运行过程中的支配力，而在无人驾驶汽车运行的过程中，人类无法对其进行有效的支配和控制。所以，在无人驾驶汽车交通事故侵权中，车辆使用者难以代替传统机动车驾驶人成为责任主体。

另外，随着无人驾驶汽车技术的日益精进，无人驾驶汽车也难以再被简单地定义为一种人类出行的辅助工具。换言之，无人驾驶汽车与人类之间的关系比传统机动车与人类之间的关系更为复杂，人与车之间的关系需要被重新定义。无人驾驶汽车的运行，依赖于其所搭载的以算法和数据为核心的智能系统，由智能系统根据周围路况并结合人类的需求（指令）做出本应由人类驾驶员做出的“驾驶行为”，进而完成驾驶任务，其间不存在人类驾驶员对无人驾驶汽车的任何控制。既然不存在驾驶人对无人驾驶汽车的控制或干预，那追究因驾驶人的过错而产生的过错责任则如无水之源、无本之木。综上，以过错责任为基础之机动车交通事故责任无适用之可能。故而，调整机动车交通事故责任的归责原则，以无过错责任代替原有的过错责任基础，具备适用之可能性，但仍需充分考虑谁为责任主体更为妥当。

二、产品责任

无人驾驶汽车作为一种人造的客观存在，是否能够将其界定为产品，是无人驾驶汽车侵权能否纳入产品责任调整的基础。虽然目前对于能否将无人驾驶汽车视为产品并未形成定论，但是鉴于无人驾驶汽车高度的自主性与交互性，并具唯一性，将无人驾驶汽车简单地界定为产品显然不合时宜。并且，产品责任以缺陷为核心，对于无人驾驶汽车缺陷的认定也将成为其能否适用产品责任的重要前提。产品是否存在缺陷，是能否适用产品责任的关键。《产品质量法》第41条为生产者的严格责任设定了三项免责事由，仍以缺陷为重要的判断标准。❶ 一般而言，产品的缺陷可以分为设计缺陷、制造缺陷和警示缺陷。鉴于无人驾驶汽车的高技术性，设计缺陷在无人驾驶汽车侵权关系中最为核心。而对于缺陷的认定，我国《产品质量法》第34条已作出明确规定，❷ 主要可以归纳为产品存在之威胁人身、财产安全的不合理危险及不符合产品的国家和行业标准。尽管目前无人驾驶汽车的发展日渐精进，但是关于无人驾驶汽车的国家标准和行业标准并未形成，因而试图通过国家标准和行业标准来认定无人驾驶汽车是否存在缺陷不具备现实基础。若受害者试图通过向生产者主张产品责任来实现对自身损害的弥补，即需证明损害是基于产品存在威胁人身、财产安全之不合理危险。其中，对于无人驾驶汽车不合理危险的认定，主要存在如下问题：一是认定无人驾驶汽车是否存在不合理危险并不存在客观统一的标准或者是官方提供的参考因素；二是造成无人驾驶汽车致损的原因具有不可预测性及难以解释性，甚至可能出现"算法黑箱"的问题，若由受害者举证证明产品存在不合理危险，难度大且成本高。加之无人驾驶汽车具备高度的自主性与交互性，其"与生俱来"的学习能力更是为其"后天行为"增添不可预测性及难以解释性，若将其基于后天学习所形成的自主驾驶能力认定为产品之缺陷，则与无人驾驶汽车设计之初衷、消费者对产品的期待以及科技的更新迭代自相矛盾。

其中对于不合理危险的认定，在美国的法律实践中，曾经采用"消费者合理预期"作为判断产品"不合理危险"的表述，将社会整体或者社会大部分群体对于产品安全性的期待作为判断产品是否存在不合理危险的标

❶ 《产品质量法》第41条：因产品存在缺陷造成人身、缺陷产品以外的其他财产（以下简称他人财产）损害的，生产者应当承担赔偿责任。生产者能够证明有下列情形之一的，不承担赔偿责任：（一）未将产品投入流通的；（二）产品投入流通时，引起损害的缺陷尚不存在的；（三）将产品投入流通时的科学技术水平尚不能发现缺陷的存在的。

❷ 《产品质量法》第34条：销售者应当采取措施，保持销售产品的质量。

准，但其后因该标准过于抽象，对无人驾驶汽车这类智能产品不具有可操作性，遂以“风险—效用”标准取而代之。通过“风险—效用”标准来认定产品存在不合理危险，需受害人提出合理的“替代性设计”。[1] 具体到无人驾驶汽车中，则需受害人提出新的设计或方案，并且该设计或方案能够被证明优于事故发生时无人驾驶汽车所采用的设计或方案，在相同情况下能够避免事故的发生。如此，才能够证明无人驾驶汽车存在不合理危险。这一标准，虽然相较于美国原先采用的“消费者合理预期”标准而言，更为客观且更有说服力，但是这一标准所需要的证明成本过高。对于大部分普通受害人来说，他们不具备提出更佳替代方案的专业能力，聘请专业人士提出替代方案以证明产品存在不合理危险成本也过高。在美国，通常通过集团诉讼的方式来降低诉讼成本，但是在中国并未形成集团诉讼的法律规范体系。故美国法院所采取的“消费者合理预期”标准及“风险—效用”标准在中国并不适用。目前在我国也并未形成对产品是否存在不合理危险的通说或标准。

此外，无人驾驶汽车由硬件、软件和数据共同组成。对应无人驾驶汽车之组成，无人驾驶汽车的所有权人有硬件所有权人、软件所有权人以及数据所有权人，三者对无人驾驶汽车能否正常运行密切相关。当无人驾驶汽车发生道路交通安全事故时，当时的“驾驶行为”是在无人驾驶汽车智能系统参考以往“经验”、结合实时路况并综合数据平台所提供的数据的基础上作出的，致使发生交通事故的“驾驶行为”与软件所有权人的“先天”设计、硬件所有权人的“后天”使用、数据所有权人所提供的数据关系甚深。故而在无人驾驶汽车道路交通安全事故中，因果关系并不明朗，具有不可解释性。又因无人驾驶汽车依赖以“算法＋数据”的智能系统为核心，难以避免出现“算法黑箱”的问题，探索因果关系无异于天方夜谭。

进一步说，无人驾驶汽车作为人工智能领域的代表，其智能系统虽为其核心，但无人驾驶汽车的稳妥运行与地图信息提供者、传感器零部件提

---

[1] 田野，胡笛. 自动驾驶汽车致损的规范进路：守成与创新［J］. 中国应用法学，2019(4)：74－91.

供者、数据服务平台、消费者等所提供的相关软件、构成硬件及所依赖的数据信息等密切相关，[1]即无人驾驶汽车由多项产品共同构成，重要组成部件由多方主体提供，而对于重要相关软硬件设施的提供者是否可以成为产品责任的主体，我国现行法律目前也并未予以正面回应。因而，以缺陷为核心的产品责任也难以得到有效适用。

三、其他责任

对无人驾驶汽车交通事故侵权责任的分析，除了存在机动车交通事故责任及产品责任，在现行法律框架下，还存在一些其他的适用模式，通过对下述模式的分析和取舍，可为无人驾驶汽车侵权责任体系的构建提供一些借鉴。

（一）雇主替代责任

雇主替代责任模式：参照雇主责任的规则，将无人驾驶汽车视为雇员，汽车所有权人视为雇主，将无人驾驶汽车与汽车所有权人之间的法律关系认定为法律上的雇佣关系。[2]具体而言，即将无人驾驶汽车外观上呈现之驾驶行为类比成为雇员完成雇佣任务而做出的行为，无人驾驶汽车智能系统所作出的驾驶指令而导致的损害，由无人驾驶汽车所有权人（含硬件所有权人、软件所有权人以及数据所有权人）承担责任。对于这一结论，主要存在以下漏洞。一是将无人驾驶汽车交通事故侵权责任类比为雇主责任，则意味着预先设定了无人驾驶汽车具备类似于自然人、法人和非法人组织的法律主体资格，但目前对无人驾驶汽车的法律地位并未形成权威定论，以此为基础而类推适用雇主责任不具有说服力。二是无人驾驶汽车具备高度的自主性及交互性，其依赖提前设计好的算法以及对周围环境的判断作出指令进而驱动汽车运行，若使其绝对听从人类指示而做出驾驶

---

[1] 孟露，张超．无人驾驶汽车交通事故侵权责任主体和归责原则［J］．北京化工大学学报（社会科学版），2019（3）：42－47．

[2] 田野，胡笛．自动驾驶汽车致损的规范进路：守成与创新［J］．中国应用法学，2019（4）：74－91．

行为不符合无人驾驶汽车的特性及功能，亦有悖于无人驾驶汽车之设计初衷。三是无人驾驶汽车所接收到的驾驶指令不只是来源于无人驾驶汽车硬件所有权人，也有可能来自无人驾驶汽车的占有人或其他使用者，仅“一刀切”地规定无人驾驶汽车侵权责任参照雇主责任模式由无人驾驶汽车所有人承担，并未考虑到无人驾驶汽车可能涉及的主体的复杂性。更进一步说，赋予无人驾驶汽车法律主体地位并未成为现实，尽管并不排除这一做法的可能性。若采用雇主替代责任模式，赋予无人驾驶汽车法律主体地位，亦需解决能否将其视为雇员、如何认定无人驾驶汽车与所有权人存在雇佣关系等问题。

（二）核事故责任

我国《民法典》第八章规定了高度危险责任，其中包含对于高度危险责任的一般规定以及具体化的高度危险责任。参照高度危险责任，将无人驾驶汽车与高度危险物作比对，略显宏观和抽象，可以探寻高度危险责任中具体化的民用核设施或核材料致害责任对于无人驾驶汽车侵权责任的借鉴意义。

核损害民事责任，是指在发生核事故或造成核损害时，责任主体应当依法按照法律规定对受害人进行赔偿的责任。[1] 核设施运营单位享有因核设施运营所带来的巨大经济利益，对核设施具有绝对的监管及保障义务，承担核设施故障或核材料泄漏的风险。根据我国《民法典》第 1237 条的规定，除存在免责情形，民用核设施或核材料致他人损害，民用核设施的运营单位承担无过错责任。[2] 核设施致害与无人驾驶汽车致害都具有极大的破坏力及规模性（尽管核设施致损的样态会更加多样），但民用核设施相较于无人驾驶汽车而言，应用途径和场景更为单一。考虑到无人驾驶汽车日后可应用于不同场景，将在商用场景中（含公共交通、共享出行）的无人驾驶汽车与民用核设施进行对比，进而从核事故责任中探寻有益于解

[1] 赵威．核损害民事责任制度研究［J］．法学杂志，2017，38（11）：76－82．

[2] 《民法典》第 1237 条：民用核设施或者运入运出核设施的核材料发生核事故造成他人损害的，民用核设施的营运单位应当承担侵权责任；但是，能够证明损害是因战争、武装冲突、暴乱等情形或者受害人故意造成的，不承担责任。

决无人驾驶汽车归责难题的办法，更具有可类比性和可行性。商用场景中的无人驾驶汽车所产生之运营利益归属于无人驾驶汽车运营商，无人驾驶汽车运营商对于车辆具有监管和安全保障义务，即无人驾驶汽车运营商需要保证车辆能够安全平稳地将乘客运送至指定目的地。同样地，民用核设施运营商也需保证核设施在运营过程中能够安全、稳定地运行，不发生损害事故。如前所述，鉴于核损害的巨大破坏性与规模性，核设施运营者对事故及损害的发生无论过错，都应承担责任。无人驾驶汽车亦是如此，尽管无人驾驶汽车设计的本意在于使人类出行更加安全，但这与无人驾驶汽车存在造成大规模损害的危险性并不冲突，由无人驾驶汽车运营商承担无过错责任具有合理性。无人驾驶汽车作为科技领域的新兴事物，在得到广泛应用之初，必然会出现诸多阻碍，但从长远的眼光来看，其必然能够带来汽车产业的繁荣，若仅由无人驾驶汽车运营商承担无人驾驶汽车致损之责任，不利于其顺利推广。故可在核事故责任体系下，借鉴其无过错责任原则，由无人驾驶汽车运营商对道路交通事故承担无过错责任。同时，可以引入核损害赔偿责任限额制度。具体到商用无人驾驶汽车交通侵权责任中，即由国家法定无人驾驶汽车运营商的最低赔偿责任限额，不设最高赔偿数额，在维持无人驾驶汽车运营的基础上最大限度地保障对受害人的救济。[1] 若无人驾驶汽车运营商因承担赔偿责任导致破产，致使出现赔偿不足的局面，则可发挥公益性赔偿基金等其他配套风险分担机制的作用。

（三）动物侵权责任

动物侵权责任模式：将无人驾驶汽车类比为动物，将无人驾驶汽车的所有人/占有人类比成动物监管人。采用动物侵权责任模式，我们首先需要明确的一点是：能否将无人驾驶汽车类比为动物。之所以认为二者可以进行类比，主要存在以下理由：一是二者都可能脱离人类的控制，自主行为；二是二者都可视为为人类提供服务的“服务提供者”；三是二者都具有一定的危险性。[2] 但是细究上述理由，还是可以发现诸多难以自圆其说

---

[1] 赵威．核损害民事责任制度研究［J］．法学杂志，2017，38（11）：76－82.

[2] 郑志峰．自动驾驶汽车的交通事故侵权责任［J］．法学，2018（4）：16－29.

之处。首先，不可否认，动物与无人驾驶汽车都可能会出现脱离人类控制的行动，给他人造成损害，但是从二者的物理表现形式、生命样态、“驱动原理”来看，他们产生脱离人类控制行动的时间点及原因并不相同。无人驾驶汽车是人造物，而动物是自然造物。❶ 动物享有生命，其不仅因人类指令行动，亦缘于其自身之生物本能及其他的生物学因素，相对而言，动物的行动会更为自如，尽管仍处于人类控制的状态下，仍有可能出现脱离人类控制的行为。无人驾驶汽车不享有生命，其因人类启动行动，未启动期间，不产生行动，即无人驾驶汽车仅在运行期间存在脱离人类控制的风险。其次，被饲养动物可以为人类提供诸多方面的服务，无人驾驶汽车主要为人类提供交通出行方面的服务，从这个意义上来讲，二者确实具有共同为人类服务的属性。但是，为人类服务的属性不仅为饲养动物及无人驾驶汽车所有，亦为诸多其他事物例如核设施、疫苗、电梯等所共有，以该属性作为无人驾驶汽车侵权适用动物侵权归责的依据，并不有力，也不具有针对性。最后，虽然动物与无人驾驶汽车均具有危险性，但是二者的危险程度不相当，得到人类有效控制的程度也不同。因此，从上述三个方面来论证无人驾驶汽车与动物之间的可比对性进而得出无人驾驶汽车交通事故侵权可参照动物侵权责任模式进行归责的结论站不住脚。

另外，在饲养动物侵权事故中，法律关系较为简单明了，动物饲养者基于对动物的监管义务，在饲养动物侵害他人权利时，为动物致人损害承担替代责任。换言之，虽然引发动物侵权责任的直接危险来源是动物本身，但间接责任主体系人类，其中涉及动物饲养人、所有人、看管人、占有人、受害方等多方主体，主要以动物危险责任及饲养程度为导向。❷ 动物监管义务人通过对动物的有效监管可以较大程度地避免动物侵权案件的发生。而在无人驾驶汽车侵权关系中，无人驾驶汽车的“监管义务人”并无法通过与其长时间的“相处”进而熟悉其习性，并通过对无人驾驶汽车的监管实现有效控制。并且，无人驾驶汽车侵权所涉及的法律关系较为复

---

❶ 冯洁．人工智能体法律主体地位的法理反思［J］．东方法学，2019（4）：43－54．

❷ 王强．饲养动物归责体系在侵权责任法中的全息式探究——解析二元的立体层级化担责模式［J］．山东社会科学，2020（8）：129－134．

杂，难以简单地以危险责任及管理程度为导向，考虑到无人驾驶汽车自产出至运营维护期间，所涉主体众多，所依赖的法律主体也众多，如设计者、制造者、使用者、数据提供者等，若以动物侵权责任为借鉴，则是将无人驾驶汽车所有权人与无人驾驶汽车之间的关系归类为一种监管关系，并且认为这种监管关系的存在可以使无人驾驶汽车所有权人增强对无人驾驶汽车的控制力，并未充分认识无人驾驶汽车的特性及本质特征，将问题过于简单化。

（四）电梯侵权责任

电梯侵权责任模式是指因电梯故障导致侵权，由电梯制造商承担责任。类比到无人驾驶汽车交通事故侵权关系中，即由无人驾驶汽车制造商承担侵权责任。无人驾驶汽车与电梯的运行过程类似，即当二者被启动后至到达目的地止，期间运营商对于正在运行中的电梯几乎不存在进行控制的可能性，无人驾驶汽车运行亦是如此。但是，电梯作为产品的一种，其侵权责任可以视为产品责任的类型化或具象化，并未脱离产品责任的基本原理，并且电梯在运行过程中虽然无法容许人类对其进行有效控制，但是其所运行的场景更为封闭和简单，运行轨迹也相对固定且单一，且绝对遵从人类预先设定的运行指令（在电梯未发生故障的情况下）。基于电梯的运行场所及环境，其发生大规模损害事件的概率相对而言也比较小，由电梯制造商承担侵权责任不会给电梯制造商带来致命打击，也很难说因电梯制造商须为电梯故障致损承担责任有碍于电梯技术或电梯行业的发展。相比于电梯运行，无人驾驶汽车需要“处理”和“应对”的道路环境更为复杂，需要处理的数据也更为庞杂，且因其自主性和交互性，在其未发生故障的情况下，亦会出现人类无法预测的情形。相对于电梯故障，无人驾驶汽车出现故障的危害性更大。虽然无人驾驶汽车的设计初衷在于有效减少交通事故，提高人类出行的安全感和舒适度，但是无人驾驶汽车发生交通事故与传统汽车发生交通事故的表现并无太大区别，若出现交通事故，危害性并不会因无人驾驶汽车的安全性而降低，将无人驾驶汽车与电梯进行类比，可类比性较低。再者，在无人驾驶汽车应用之初，由无人驾驶汽车制造商承担全部的侵权责任，不利于无人驾驶汽车产业的发展。无人驾驶汽车的制造商只能对无人驾驶汽车的硬件制造具有支配力，对于无人驾驶汽车的核心智能系统并无任何干涉的权利，也无法对无人驾驶汽车运行所需要的数据进行选择。换言之，无人驾驶汽车运行由硬件、软件和数据共同发挥作用，仅由无人驾驶汽车制造商承担侵权责任，对于无人驾驶汽车制造商而言，责任过重。故而参照电梯侵权责任模式解决无人驾驶汽车侵权问题，是将问题过于简单化，并未充分认识解决无人驾驶汽车侵权问题需要综合考虑多方因素，人类能否进行有效干预仅是其中一个考量因素。另外，电梯的构成与无人驾驶汽车的构成可为天壤之别，仅凭二者在运行过程中具有相似性进而参照适用电梯侵权责任，并不具有说服力。

（五）疫苗事故责任

疫苗事故侵权与无人驾驶汽车侵权的相似之处在于：一是事故发生的因果关系难以确定；二是疫苗及无人驾驶汽车对于人类的发展及社会的进步具有重大意义，且都具有较强的社会公益性质，得到国家重视并鼓励。在疫苗接种损害救济方面，我国目前主要存在民事责任及国家疫苗损害无过错补偿计划两种机制。[1] 其中，民事责任方面主要是通过产品责任及医疗损害责任对受害人进行救济。缘于目前已形成关于疫苗的国家及行业标准、形成判断疫苗接种与损害之间的因果关系的合理方式。对于疫苗的产品责任的适用，基本不会形成太大争议。若在疫苗接种损害中，不存在民事责任问题时，疫苗接种的无过错损害补偿计划将发挥作用。为构建与完善我国疫苗损害救济体系，也有学者建议在疫苗事故侵权责任模式下，形成以国家直接救济模式为主，辅以相关责任人的赔偿责任的损害救济机制。[2] 上述配套救济机制对于节约受害人的索赔成本，更快更高效地实现对受害者的救济而言，的确可以产生一定的效用。尽管目前上述机制并未在疫苗侵权事故责任中得到完整的落实，但这并不意味着上述机制不具备在无人驾驶汽车侵权责任中得到落实的可行性。无人驾驶汽车技术的运

---

[1] 冯珏．民事责任体系与无过错补偿计划的互动——以我国疫苗接种损害救济体系建设为中心［J］．中外法学，2016，28（6）：1443－1479．

[2] 刘洪华．我国疫苗伤害救济的路径选择和制度构想［J］．法学评论，2015，33（1）：136－143．

用，可以使绝大多数人体会到交通出行的便捷、解放双手的便利、道路交通的顺畅，等等。但是无人驾驶汽车也有可能出现异常的运行情况，造成他人损害，也有可能出现无法适用民事责任的特殊情况，此时，借鉴上述损害救济机制开展无人驾驶汽车交通损害无过错补偿计划，由国家对无法通过民事责任得到救济的受害人进行补偿的理念，可避免受害人救济无门的局面出现。在无人驾驶汽车应用初期，仅由社会主体承担无人驾驶运行风险容易导致无人驾驶汽车技术发展的停滞。故由国家出资对受害人进行补偿，在一定程度上分散生产者、制造者、使用人等社会主体的风险，形成相对完备的无人驾驶汽车侵权责任的配套机制，对于无人驾驶汽车的广泛应用将大有裨益。故而在疫苗事故责任模式中，其框架下的产品责任及医疗事故责任无法对无人驾驶汽车侵权产生借鉴作用，但是在穷尽一切救济手段仍无法对受害人进行有效救济的情况下，借鉴学者们所探讨的疫苗事故责任项下的其他配套责任机制如无过错补偿计划，形成以国家直接救济模式为主，相关责任人的赔偿责任为辅的无人驾驶汽车道路交通损害救济机制，可以通过对归责机制的设计在无人驾驶汽车的公益性与商业性之间寻求平衡。

四、拟制无人驾驶汽车为电子法人

无人驾驶汽车自主性、交互性和深度的学习能力，使其不能够被简单地定位为人或者物，又因无人驾驶汽车其本质与其他产品之工具属性不同，更应被界定为财产。[1] 鉴于无人驾驶汽车硬件、软件以及数据三者对无人驾驶汽车的运行缺一不可，将无人驾驶汽车拟制为电子法人，由无人驾驶汽车以其自身的名义承担民事侵权责任。对应无人驾驶汽车之组成——软件、硬件和数据，相关主体为硬件所有权人、软件所有权人以及数据所有权人。无人驾驶汽车的正常运营离不开三者的共同作用：硬件所有权人启动无人驾驶汽车，并因硬件所有权人的使用行为对无人驾驶汽车的“后天行为”产生影响；软件所有权人设计核心软件（智能系统），确保无人驾

[1] 张志坚. 论人工智能的电子法人地位［J］. 现代法学，2019，41（5）：75－88.

驶汽车能够正常发挥功能；数据所有权人提供数据以供无人驾驶汽车进行“判断”进而做出行动，完成驾驶任务。

基于此，有必要由无人驾驶汽车硬件所有权人、软件所有权人以及数据所有权人共同为无人驾驶汽车侵权承担相应责任。当然，也共同享有因无人驾驶汽车运营所带来的经济利益。三者可以通过出资设立电子法人，成为无人驾驶汽车的法定股东的方式实现对无人驾驶汽车的风险共担和收益共享。三者的出资要法定部分比例，不允许完全自由约定。当然，如若无人驾驶汽车应用于商用场景，可允许吸纳其他社会主体成为股东共享收益，共担风险。

对于电子法人的运营，具体如下：无人驾驶汽车硬件本身可形成一定的空间，其可视为法人的经营场所，其硬件所有权人、软件所有权人以及数据所有权人为电子法人之法定股东。在注册资本方面，也需进行法定。可在考虑汽车安全等级、汽车用途、使用年限等因素的基础上，法定无人驾驶汽车电子法人的注册资本。三者共同出资的财产，为无人驾驶汽车独立的财产。在电子法人具体运营过程中，须由硬件所有权人、软件所有权人以及数据所有权人三方各司其职，保护硬件设施的完整适行，升级智能系统软件，提供最新数据信息等，共同为无人驾驶汽车的运行保驾护航。同时，共同享有因无人驾驶汽车运行所产生的经济利益。正如前文所分析的那样，无人驾驶汽车不存在意识，将其拟制为电子法人，其代表的亦是股东的意志，不存在过错，因而，将无人驾驶汽车拟制为电子法人后，其归责应适用无过错责任原则。若无人驾驶汽车因赔偿受害人的损失而致破产，则需由三方或多方股东共同决定，是否继续运营该电子法人。如此，无人驾驶汽车硬件所有权人、软件所有权人以及数据所有权人三方都会提高自身的注意义务，也能够充分保障对受害人的救济。对于电子法人法定代表人的选定，则需结合无人驾驶汽车的运用场景具体分析，并综合考虑对无人驾驶汽车的监管能力进行确认：在私用场景中，由无人驾驶汽车硬件所有权人为其法定代表人，在商用场景中，则由无人驾驶汽车运营商为其法定代表人。

第二节　无人驾驶汽车网络信息侵权分析

如今，无人驾驶汽车已经进入混合模式时代，传统的人为操控汽车及无人车共存。在这一背景下，无人驾驶汽车将通过持续产生的大量数据修正与进步来推进有关人工智能算法及其技术的发展。但随着无人驾驶汽车技术的不断发展，也引发了一系列对于隐私权和个人信息保护的担忧，个人隐私与自由在强大的算法掌控下甚至无处遁形。个人信息安全和隐私保护问题已然成为无人驾驶汽车全面发展的重要制约因素。车联网是以车内网、车际网和车载移动互联网为基础，按照约定的通信协议和数据交互标准，在车—X（X：车、路、行人及互联网等）之间，进行无线通信和信息交换的大型系统网络，是能够实现智能化交通管理、智能动态信息服务和车辆智能化控制的一体化网络，是物联网技术在交通系统领域的典型应用。[1] 而作为新一代的智能网联汽车种类之一的无人驾驶汽车，其上搭载着各种先进的车载传感器、控制器、执行器等装置，并且其融合了现代通信与网络技术，具备复杂的环境感知、智能决策、协同控制等功能，可实现安全、高效、舒适、节能行驶，解放双手、机器完全代替人来操作。[2] 由于无人驾驶汽车的核心技术为人工智能，其具有自我深度学习的特性，相对传统汽车而言，拥有高度的自主性和交互性，甚至具备正常理性人的思维特征。但正是因为无人驾驶汽车的这些特性，切断了传统的因果关系，找不到具体侵权主体来承担责任，决定了无人驾驶汽车发生网络信息侵权时，出现责任认定困难的情况。

[1] 本刊综合. 车联网前程远大——2019 年车联网产业发展报告 [J]. 中国公路，2019 (5)：40 -45.

[2] 雷洪钧. 节能与新能源汽车技术路线图 [J]. 时代汽车，2017 (1)：12 -15.

一、无人驾驶汽车网络信息侵权类型

在认定无人驾驶汽车网络信息侵权之前，不可避免地应当先分析其上附着的数据类型。诚然，数据的外延比信息更加广泛，它承载的内容既包含需要受到法律保护的这部分数据，也就是信息，还包含大量脱敏、去识别化、无价值的数据，而这部分数据不需要由法律去保护。当个人信息被超出一定限度的侵害，也即不愿为人知晓的信息被披露曝光，此时便会涉及侵犯个人隐私权。值得注意的是，只有可能涉及侵犯相关人个人信息权益和隐私权的无人驾驶汽车内部的用户数据，才是本章讨论的重点，至于几乎不涉及侵犯隐私权和个人信息权益的汽车驾驶外部数据，不在此章讨论。英特尔首席执行官科再奇及巴克莱银行的分析师布莱恩·约翰逊也都曾发表过关于车载数据的言论，科再奇表示，一辆无人驾驶汽使用的数据量达到4000 GB每天，布莱恩·约翰逊则断言，一辆无人驾驶汽车每分钟收集的数据量达到100 GB。这意味着无人驾驶汽车每天收集大量数据对于数据安全有着不可估摸和预测的危险。当一辆无人驾驶汽车处于运行状态时，必不可少需要海量的数据支撑，自身也会随之产生大量数据。具有保护意义的数据通常包括以下四种：位置信息、乘车人身份证件信息、时间信息和语义影像信息。

（一）位置信息

在使用无人驾驶汽车之前，毫无疑问应当首先由乘车人手动输入出发地和目的地，加之无人驾驶汽车通常配备无线通信技术，这也就意味着这些乘车人的出行轨迹也将被定时传送到提供交通信息服务的软件公司服务器上，然而乘车人根本无法控制这些数据的使用情况。当无人驾驶汽车和手机相连，根据乘车人需求不同，相应的LBS服务精准度也不同，按照精准度从高到低排，依次是直接位置追踪、周边饭店或酒店等服务地点推荐，以及仅需要乘车人提供其所在城市位置的城市景点推荐服务。

（二）使用者身份证件信息

无人驾驶汽车的自主性，智能手机是关键“功臣”。而在智能手机连接无人驾驶汽车时，在手机上的相关个人信息难免会因为连接无人驾驶汽车而导致汽车后台过度收集手机机主、同时也是无人驾驶汽车乘车人的个人信息。最为明显的当属其各种系统上的身份证件信息。例如，在导航应用中，即使可以使用假名或隐藏真实的身份证件信息，但是由于你去过的地方都被车内导航系统记录，并且根据特定日期的行程轨迹是完全相似或相同的，还是能被推算出真实的身份证件。而乘车人身份证件信息的重要性不容小觑，若被不小心泄露或恶意窃取，被其他人登录，将会查到车辆使用人的定位结果、车速、行驶方向、行驶记录、超速报警、位移报警，等等。

（三）时间信息

当无人驾驶汽车使用一段时间之后，因为无人驾驶汽车的便利而让渡更多的个人信息，也即因使用者频率上升而带来更多的信息暴露。那么通过对使用者使用时间的比对和分析，就很有可能间接得知有关其的个人信息。例如，无人驾驶汽车后台统计的用户在特定时间段的行为是有迹可循的，工作日的时间基本位于某某公司，那么基本可以推断出使用者的工作地点和职业。

（四）语义影像信息

由于无人驾驶汽车具有交互性，车内智能行车助手、汽车语音助手都可以和车内人员进行语言和文字交流。那么在这些看似正常交流的背后，无人驾驶汽车这些所谓“助手”也在时刻监控和记录着这些语言信息。另外，基于正常行驶的需要，车内必不可少地需要装有相应的录像设备。而语音信息暴露着无人驾驶汽车使用者的爱好、习惯甚至一些不愿被人知晓的隐私信息。马斯克坦诚特斯拉汽车内摄像头可以监视驾驶员一事，引发了车主对智能汽车内部安装摄像头与窃听器的不满。[1] 录像设备收集的人脸识别等的个人生物识别信息也有很大可能被人收集贩卖从事违法犯罪活动。

二、数据技术各阶段面临的网络信息侵权

无人驾驶汽车技术的发展得益于大数据技术的发展。大数据技术过程包含了数据收集、存储、利用以及销毁四个环节。无人驾驶汽车在收集、存储、利用以及销毁数据时，主体主要是附着在无人驾驶汽车上的数据运营平台与具有关键控制作用的控制系统。进一步来说就是无人驾驶汽车的数据运营平台和软件所有权人作为数据收集、存储、利用以及销毁的主体。那么，在无人驾驶汽车应用过程中，个人信息和隐私泄露在数据收集、储存、利用、销毁四个步骤时皆有可能出现。首先，在数据收集阶段，如若收集主体未按照“合法性原则”和“最小化原则”进行收集，例如在无人驾驶汽车车内安装过多的录音录像设备，或者没有遵循采取对硬件所有权人信息影响最小的方式来收集内部驾驶数据，并且对于涉及信息主体较为私密敏感的信息，例如收集过程中将车内通话的内容、信息主体不愿意为外人知晓的车内生活摄像头拍成的视频信息等进行了收集，这些都将涉及对信息主体隐私的侵犯。其次，在信息储存阶段，可能会因为软件所有权人与数据运营平台未尽妥善保管义务，导致硬件所有权人或者车内乘客的个人信息被非法篡改、出售、毁损或丢弃，严重地，便会侵犯信息主体的隐私权利。再次，在数据利用阶段，信息利用者很容易被利益所蒙蔽，将无人驾驶汽车硬件所有权人和乘车人的个人信息甚至隐私非法泄露打包卖给他人以赚取非法收入。最后，在信息销毁阶段，很有可能因为信息处理者未及时删除使用后产生的信息比如出行记录，导致发生个人信息泄露，更严重的产生隐私权被侵犯的后果。

---

[1] 袁一雪．智能汽车：隐私与安全如何取舍［N］．中国科学报，2021－04－01（003）．

三、无人驾驶汽车网络信息侵权的特征

（一）侵权主体的多重性

首先，作为控制整台无人驾驶车辆的“大脑”——数据运营平台，是起关键作用的控制平台，其存留着大量驾驶员的驾驶数据，比如驾驶员的姓名、身份证件号码、人相等，上述遭到不当泄露或非法利用时，应当分两种情况讨论数据运营平台方的责任。一种是数据运营平台若为平台所有权人，那责任理应由其承担。当然，如果是黑客行为导致的个人信息和隐私侵权，由黑客承担主要责任，平台方未尽善良管理人义务也应当承担与过错相应的责任。另一种是当平台方只拥有使用权时，也即其仅为用益物权人时，那此时按照一般过错原则进行确定侵权主体，但是作为侵权人不能证明自己没有过错的，也应当承担一定的责任，这是由于新出台的《个人信息保护法》第69条明确规定，信息处理者不能证明自己没有过错的，应当承担损害赔偿等侵权责任。[1] 其次，无人驾驶汽车车载软件也是容易带来个人信息与隐私泄露的源头。车载地图服务（导航）提供软件、听歌软件、停车付费软件等泄露相关人员隐私和个人信息的案件屡见不鲜。例如，2019年11月，《现代快报》报道的停车缴费公众号“速停车”存在隐私泄露风险——无须验证即可绑定他人的车牌号，并且可以查看此车辆的入场时间、照片、停车费用，一度戏称为“查岗利器”。[2] 在无人驾驶汽车语境下，当车属于自用情况下，停车软件以一种非常儿戏的方法随意精准定位一个人，无疑是具有侵犯隐私的嫌疑，此时查询车主的具体位置的查询者和停车平台应当共同承担连带责任。再次，关于无人驾驶汽车的隐私和个人信息侵权主体，还应当考虑车子属于商用时，大量的用户数据如

[1] 《个人信息保护法》第69条：处理个人信息侵害个人信息权益造成损害，个人信息处理者不能证明自己没有过错的，应当承担损害赔偿等侵权责任。前款规定的损害赔偿责任按照个人因此受到的损失或者个人信息处理者因此获得的利益确定；个人因此受到的损失和个人信息处理者因此获得的利益难以确定的，根据实际情况确定赔偿数额。

[2] 颜玉松. 停车缴费公众号成“查岗利器”［N］. 现代快报，2019-11-03（A3）.

物流公司购买无人驾驶汽车进行商用时，若发生物流信息泄露甚至物流公司商业秘密泄露，此时侵权主体应当是无人车的生产制造商和汽车销售者更为合理。因为当无人驾驶汽车属于商用时，此时其为普通产品，按照产品责任进行追责并无不妥。最后，当无人驾驶汽车属于公用时，车子归国企所有，或由相关行政部门或者事业单位管理，并且发生隐私泄露的情况应该主要是车内乘客，此时被侵权人可以按照公益诉讼或行政诉讼途径来寻求救济。

（二）侵权手段的隐蔽性

由于无人驾驶汽车侵权手段的隐蔽导致大多数情况下难以及时发现和证明损害事实。无人驾驶汽车网络信息侵权手段的隐蔽性在于其不是“现实”的侵害方式，而是依据人车交互过程的数据信息。以车辆与周边环境信息交换或软件系统程序数据交流的方式，无人驾驶汽车隐蔽地实现不为人知的侵权全过程。无论是技术手段还是操作模式，无人驾驶汽车因“交互性”算法而有颠覆性。传统算法程序是线性运行的“输入—输出”式的指令模式，程序的最终结果完全依赖开发者输入的指令，用户一定程度上可预测其运行过程和行为方式。但是，人工智能的风险是不可预测的。无人驾驶汽车算法的“自发型学习模式”，通过与周边环境、用户抉择、补丁更新、高阶运算的交互和互动，实现自发改变。作为典型的“学习型算法”，其核心是通过对大量数据的计算、挖掘而创建行为规则，形成自我学习和自主决策的系统。自发学习过程中所传输给供应商服务器的数据信息，即使不被有意截留，也因数据传送留下痕迹。无论是技术、更新还是透明度，无人驾驶汽车都展现了其强大的信息获取能力和信息不对等地位。汽车内部属于用户私密空间，但完全的无人驾驶使得乘车人完全让渡自身对汽车的控制权，其在车内的任何活动被实时获取并传送，用户的个人信息被恣意获取，隐私权也得不到保障。随着无人驾驶汽车技术的不断演变进化，其最终将会成为安全可靠、高效便利的设备终端。人类对其算法决策的信赖程度也将与日俱增，而用户特征、生活习惯、用户画像等私密信息在不经意间将被获取甚至泄露。无人驾驶汽车获取的信息只需通过网络数据，即可与云平台互动，将现场获取的信息直接传递至网络空间。

侵权行为甚至可能发生在指令键入、语音输入时，在用户信赖的数据处理中实现数据传递而不被察觉。

（三）侵权方式的高度动态性

无人驾驶汽车在正常行驶中，通常会因为周边环境、车流、天气的改变使得传感器接受的信息不断地发生变化，汽车上的中控系统也会不断调整比重，以为下次系统自带的决策系统准备相对确定的分析样本。在理论上，无人驾驶汽车将会不停地更新系统，以作出最优、最准确的分析和决策。而看上去这么优秀的控制系统却加大了无人驾驶汽车发生网络信息侵权的可能性，这种高度动态地收集数据加剧了乘车人个人信息和隐私的暴露。在一次又一次的系统自动反馈循环当中，车内乘客的信息又可能流向任何一个汽车系统和相关平台，被打包收集、处理、存储甚至在当事人不知情的情况下被公开。

四、无人驾驶汽车网络信息保护的困境

大数据时代下，人们在享受便利的同时，不得不默认甚至明示同意让渡自己的个人信息。而在“大数据 + 人工智能”时代，人工智能的强自主性越发明显，人类对其产生的高度依赖性最终可能会演化为失控性。[1] 数据能够不断被二次利用的特点，使我们很难真正守住隐私。[2] 迈阿密大学弗罗姆金教授更是发出“隐私权已死”的质疑。[3] 不知从何时开始，大数据、人工智能技术的普及和使用让传统私法对于网络信息的保护失去了应有的作用。无人驾驶汽车使用者一方对于自己的个人数据信息无法拥有控制的力量，在强大的车企和导航软件以及政府的对比下，其似乎只有“任人宰割”的份。导致这种情况发生的主要原因有以下三个方面。

一是现行法律解决无人驾驶汽车网络信息侵权效果甚微。我国《民法

---

[1] 何渊．智能社会的治理与风险行政法的建构与证成［J］．东方法学，2019（1）：70.

[2] 陈仕伟，黄欣荣．大数据时代隐私保护的伦理治理［J］．学术界，2016（1）：80.

[3] A. MICHAEL FROOMKIN. The Death of Privacy［J］．STAN. LAW. REVIEW，2000（52）：1538.

典·人格权编》关于隐私和个人信息保护的条文，规定了自然人可以向信息处理者查阅、复制、更正、删除等权利。但是在无人驾驶汽车的智能背景之下，加之大数据的高级数据处理能力，即使信息处理者更正、删除了不当信息，也阻挡不了后续的信息再挖掘和再次被利用。因此，法律应当侧重思考处理者后续可能发生的侵权行为及责任承担问题，而不是一直强调事前和事中的保护。同时，对于个人具有财产价值的数据，法律也未有如何从信息处理者手中脱离由自己掌控和收益的规定。

二是无人驾驶汽车的自主件导致无法明确收集信息的范围。一般来说，无人驾驶汽车正常运行，收集相应的车况数据、交通场景数据、驾驶行为数据等无可厚非。但是在很多情况下，无人驾驶汽车会自动地将路边行人、屋舍、车内乘客对话等隐私也收集其中。这种算法的自我决策非人力可以控制，因为其不能像人一样识别出哪些是隐私，哪些只是行车必要信息。如此便违背了一直以来我国法律区分个人信息和隐私的保护规则，同时也势必会造成信息安全危机。

三是网络信息权利受侵害后的部分责任主体认定困难以及无有效司法救济手段。首先，无人驾驶汽车的网络信息侵权的媒介主要是车上控制系统以及车上软件。由于无人驾驶汽车的高度智能化，智能系统承载着大量的隐私信息。此外，在部分情况下，因为智能系统运行的不稳定性，无法精准认定侵权主体是车上软件还是控制系统，会出现各主体责任推诿的现象，这显然不利于被侵权人维权。其次，处于弱势地位的无人驾驶汽车乘车人，与数据控制平台的车企和各种软件公司之间信息不对等，也没有有力手段去调查取证，证明个人信息权利遭受侵害。甚至很多公司会以某数据仅作为企业内部资料非特殊情况以及未经批准不可对外公布，这些都加大了信息权利被侵害人举证的难度。再次，无人驾驶汽车网络信息侵权往往具有无形性、不确定性，而且存在损害发生时点和实现时点的分离，其致害风险发生于个人信息被侵害之时，却在未来的诈骗、敲诈勒索等违法活动中才能体现出来。[1] 质言之，智能汽车加上大数据技术，导致那种不

[1] 张建文，时诚. 个人信息的新型侵权形态及其救济［J］. 法学杂志，2021（4）：39.

以实时损害为基础的新型损害突破了以差额说[1]为代表的传统损害本体论，造成损害判定的困难。如何完整确定实际损害以及预测未来的信息风险，则成了维权不可避免的话题。最后，现实中很多被侵犯个人信息的公民，往往没有采取及时有效的法律武器维护自身合法权益，一方面觉得事小对自己尚未造成太多困扰，而盲目从众，认为他人都未开始维权，自己这样做可能是多此一举，并盼望着早点息事宁人；另一方面觉得如果事情闹大甚至上新闻，就会让更多人知道自己的个人信息从而对其正常生活造成影响，所以有的时候便睁一只眼，闭一只眼，殊不知，如此做法将间接激发潜藏的隐私泄露风险。因此，当无人驾驶汽车出现网络侵权时，由于责任主体不好找，举证过程艰难，损失评定标准不完善以及个体维权意识薄弱、从众的原因导致被害人欲维护自身合法权益变得难上加难。

五、完善无人驾驶汽车网络信息保护的立法进路

无人驾驶汽车应用时，若硬件所有权人或乘车人之相关隐私和个人信息被非法披露和利用，毫无疑问将会导致权利被侵害之人身心利益的受损。若相关信息被不法分子利用，信息所有权者将无法对自己的事物保有最终的决定权利，必然受制于人，从而丧失其作为独立个体的地位。[2] 因此，如何完善相关法律，以更好地控制无人驾驶汽车系统收集的个人数据信息应不被泄露和利用，以此来保障当事人隐私权和个人信息，是无人驾驶汽车商业化进程中必须解决的问题。

而我国现有的《道路交通安全法》《网络安全法》《数据安全法》《个人信息保护法》在应对无人驾驶汽车风险方面仍有明显不足。我国相关的无人驾驶汽车立法还处于空白，除国家已出台的《智能网联汽车道路测试管理规范（试行）》之外，目前还没有具体的具备可操作性的法律规范用

---

[1] 差额说是德国学者孟森在 1855 年提出的。差额说认为："损害即被害人对该特定损害事故之利益关系。易言之，即被害人因该特定损害事故损害所损害之利益。该项利益，依其所言，乃被害人之总财产状况，于有损害事故之发生与无损害事故之发生下之差额"。曾世雄．损害赔偿法原理［M］．北京：中国政法大学出版社，2001：119.

[2] 王泽鉴．人格权法［M］．北京：北京大学出版社，2013：179.

于专门规制无人驾驶汽车，更别说关于其隐私和个人信息保护方面了。[1]在大数据时代，无人驾驶汽车代表着我国智能驾驶迈上了一个新的台阶，而智能驾驶技术作为人工智能技术的重要分支，对于我国科技创新和综合实力发展有着重大意义。2017 年 7 月，国务院发布的《新一代人工智能发展规划》（国发〔2017〕35 号）强调，自动（智能）驾驶汽车不仅是智能运载工具和智能交通系统中的核心，而且对于发展新兴产业和推进社会治理具有重要意义。加上个人信息在现代社会中的重要性，以及因缺乏行之有效的约束机制和制度导致非法获取个人信息、利用技术手段实施侵扰等现象屡禁不止，我国更应该从立法源头加大对无人驾驶汽车运行中的个人信息和隐私保护。

一是适时转介相关法律。全国人民代表大会财政经济委员会 2019 年 11 月回应称，目前自动驾驶汽车涉及汽车制造、基础设施、交通管控等诸多领域，技术尚未完全成熟，商业化应用还需要时间，立法的理论和实践基础不充分，相关法律关系尚不明确，对自动驾驶汽车专门立法的时机有待进一步研究。此外，最新修正的《道路交通安全法》的修法动机主要在于实现相关的行政处罚与《刑法修正案（九）》中“危险驾驶罪”的对接和协调，基本不涉及智能驾驶和个人信息保护的问题。换言之，我国目前并不具备在短期内制定关于无人驾驶汽车的法律的条件，甚至连根据无人驾驶汽车修法的条件也并不具备。要将无人驾驶汽车当中的个人信息和隐私保护制度进行规定，更是不现实了。但是，可以在将来修订《道路交通安全法》或者制定“智能驾驶法”时明确规定：“（智能驾驶）汽车生产者、运营者和互联网地图服务提供者收集、使用用户个人信息和行驶数据的，应当遵守法律、行政法规关于个人信息、隐私权保护和数据安全的规定。”这样将其他法律或行政法规领域关于个人信息和隐私权的保护之规范，转介至智能驾驶（无人）领域，便可达到实现个人信息、隐私权保护和节约立法资源的目的。

二是注重数据权属划分。在信息社会，若设置过于绝对的个人信息权利，可能妨害他人基本权利的行使，也会阻滞信息流通和损害公共利益。

[1] 方芳. 自动驾驶汽车法律地位分析［J］. 智能城市，2018（17）：58.

因此，相关立法在对个人信息进行保护的同时，也要确认数据利用的合法性，以促进其流通，并且兼顾各个方面的利益。[1] 对于数据和个人信息也应当作出区分。区分数据与个人信息，关键在于是否可识别信息主体或者是否识别信息主体对于获益有无影响。显然数据一般不可识别并且利用数据获益对于识别信息主体关系不大。个人信息在去识别化特性之后，侵害行为也便无法再指向具体个人主体，此时个人信息通过被收集形成数据甚至数据库，从而成为无人车企业的又一财产。如果成为车企财产部分的数据被第三人侵权，将会符合侵犯单位财产权，应当受到相应的处罚和进行赔偿。另外，汽车软件所有者和数据运营平台出于汽车正常运行和驾驶安全的目的，公权力机关出于监管的需要，不可避免地收集、利用、加工、存储数据。将来在进行无人驾驶汽车个人信息和数据安全时，应当注重个人信息和数据的权属划分，立法应当更加完善个人信息的权利配置，才能更全面地进行个人信息和数据保护。

三是引入惩罚性赔偿制度。基于填补被侵权人的损害的目的，立法应当明确规定在个人信息被侵害时，不仅要赔偿受害人的财产损害，也要赔偿其精神损害。赔偿标准按照公平原则应当统一。立法可以规定通过“获利剥夺”和“损害额酌定”的方式确定损害赔偿的数额；同时，针对恶意强制索取权、超范围收集以及未经同意的信息共享等低成本侵害行为，传统的损害赔偿制度不足以实现威慑和遏制的功能，立法应当引入惩罚性赔偿制度，增加侵害行为的违法成本，督促相对人履行个人信息保护义务。[2] 此外，为了强化对受害人的保护，立法可以赋予信息主体在信息被利用时的撤回同意、反对、限制处理和拒绝自动化决策的自主救济权利，这样也可达到事前预防的效果。

四是拟制无人驾驶汽车为电子法人。诚然，除去黑客侵入和车企、软件供应商的故意公开或过失泄露以外，还存在商用领域无人驾驶汽车对乘客信息侵权的情况，即由汽车智能系统自主行为造成的难以归责于任何单

---

[1] 龙卫球．再论企业数据保护的财产权化路径［J］．东方法学，2018（3）：50－63．

[2] 邓辉．论我国智能驾驶汽车中的个人信息保护［J］．电子科技大学学报（社科版），2020（1）：25．

一主体的情况。此时个人数据被悄无声息地侵害后，其无法向任何主体要求赔偿损失。民法上的法律主体是法律创造的人格化、能动的行为者，也是联结法律与现实生活的桥梁。[1] 无人驾驶汽车不论是从民事法律主体的历史发展，还是从相关法理逻辑、现行法律制度来看，其能否成为民事法律主体仍有很大争议。真正影响人工智能成为民事法律主体的因素不在生物学上，而在意思表达层面。[2] 在自主性人工智能汽车的驾驶模式中，汽车管理者对汽车的驾驶失去了控制，也没有汽车驾驶操作的认知意识，因此不宜将其与原有汽车的侵权责任主体统一适用。对可能存在的多方主体网络信息侵权以及无人驾驶汽车自主侵权的情况，便可以寻找到一个较为合适的解决方案：创设电子法人制度。将无人驾驶汽车拟制为电子法人，这样将人工智能作为电子法人，让人工智能以电子法人的身份参与社会经济生活，充当无人驾驶领域的司机、投保人或创作作品领域的作者等，即可落入既有的侵权责任、知识产权等法律框架内，不会损害当前的民事主体制度，法律只需有针对性地进行部分调整，就可将人工智能已经或将要带来的新问题妥善处理。[3] 将无人驾驶汽车的各个主体如软件所有权人、数据控制平台拟制为一个整体时，若此时发生个人信息泄露或隐私侵权问题，作为被侵权的一方只需向电子法人寻求救济即可，这样也可以避免各相关主体面对担责时的互相推脱行为以及便利当事人维权。而后涉及主体便可以按照内部章程和约定进行责任追偿。

五是明确无人驾驶汽车自主决策的边界。我国《个人信息保护法》第24条第2款和第3款规定："通过自动化决策方式向个人进行信息推送、商业营销，应当同时提供不针对其个人特征的选项，或者向个人提供便捷的拒绝方式。通过自动化决策方式作出对个人权益有重大影响的决定，个人有权要求个人信息处理者予以说明，并有权拒绝个人信息处理者仅通过

---

[1] 胡玉鸿．法律主体概念及其特征［J］．法学研究，2008（5）：50.

[2] 袁洋．人工智能的民事法律主体及民事责任问题研究［J］．中州学刊，2019（8）：64.

[3] 张志坚．论人工智能的电子法人地位［J］．现代法学，2019（5）：87.

自动化决策的方式作出决定。”[1] 那么对于非必需的车内数据，如车内人员的私密谈话、健康信息就不应该一揽子都采集。对此，无人驾驶汽车的关键控制系统和软件所有权人应该限制好系统和软件收集数据的权限，促使无人驾驶汽车在一定范围内和限制下自动处理信息。假使企业或算法设计者未合理履行权限设计义务，由此可利用问责机制来对其进行处罚和规制，此举也可从源头上解决无人驾驶汽车自动决策范围的问题，其具体内容属于行业自律和行政监管部分，在此章不作讨论。

六是增强网络信息技术安全。《德国联邦数据保护法》就明确规定了匿名和化名处理规则，其称匿名化处理是指修改个人数据以使有关私人或事实情况的个人信息无法与已识别的或者可识别出的自然人相对应，或者该对应需要付出大量成本；化名处理是指用符号代替姓名和其他可识别出的特征，以排除识别数据主体的可能性或者使这种识别变得非常困难。[2] 尽管将匿名化处理和化名处理规定得如此详尽，却也未必识别不出相关信息。因为无人驾驶汽车网络侵权人（此主要指第三人侵权：黑客侵入）完全可以根据当事人行车轨迹判断其常去位置，进而判断公司、住处、职业，甚至其他隐私行为。增强网络信息安全技术，在规定匿名化处理规则的同时，还应当注意切断各行车轨迹之间的联系。具体来说，在车上装上数据消除软件或系统，在每一次使用完无人驾驶汽车之后，汽车使用者可以按照意愿自行选择想要消除的行车数据或其他个人信息。值得注意的是，一定要严格设定此权限，否则便会造成插手处理他人信息、窥探他人信息的风险。增强网络信息技术安全还应当增设公共场所中无人驾驶汽车网络信息侵权的保护。处于大数据时代下的无人驾驶汽车，个人信息和隐私的侵权不仅是在车内的特定领域。车辆传感器探测到的任何路边场景、行人行为及面部特征等都会有遭到被刺探、隐私被披露、个人信息被非法

---

[1] 《个人信息保护法》第24条：个人信息处理者利用个人信息进行自动化决策，应当保证决策的透明度和结果公平、公正，不得对个人在交易价格等交易条件上实行不合理的差别待遇。通过自动化决策方式向个人进行信息推送、商业营销，应当同时提供不针对其个人特征的选项，或者向个人提供便捷的拒绝方式。通过自动化决策方式作出对个人权益有重大影响的决定，个人有权要求个人信息处理者予以说明，并有权拒绝个人信息处理者仅通过自动化决策的方式作出决定。

[2] 李延舜．大数据时代个人隐私信息保护策略之反思［J］．上海政法学院学报，2016（5）：74.

处理的可能。那么可以通过增强技术对这些路边场景和路人进行分类处理，当无人驾驶汽车拍摄到有关于行人面部特征时应当在识别后选择马赛克等技术进行模糊处理。

本章小结

无人驾驶汽车的商用，不仅给既有侵权责任体系带来冲击和挑战，也对网络信息安全产生了冲击。具言之，一方面，传统的机动车交通事故责任、产品责任及其他责任模式如雇主责任、饲养动物责任、电梯侵权责任均无法完整有效地适用于无人驾驶汽车交通事故侵权。此外，基于无人驾驶汽车硬件、软件以及数据三者间的有效配合与无人驾驶汽车的正常运行密切相关，由无人驾驶汽车硬件所有权人、软件所有权人、数据所有权人三者共同出资将无人驾驶汽车拟制为电子法人，由无人驾驶汽车独立对外担责，对于解决无人驾驶汽车交通事故责任归属问题具有一定借鉴价值。另一方面，无人驾驶汽车作为新一代的智能网联汽车种类，其上搭载着各种先进的车载传感器、控制器、执行器等装置。加上现代通信与网络技术的交互融合，解放双手、机器完全代替人的操作方式，在给人们带来传统汽车所不具备的高效、便利服务的同时，也由于无人驾驶汽车的自主性、交互性等特征导致除去第三人主动侵权外的机器自主侵权，故而难以利用传统法律保护机制来保护网络信息权益与个人隐私权利。因此，立足现状，展望未来，为推动无人驾驶汽车的运营，必须完善现行法律、进行数据权属分类、引入惩罚性赔偿制度、拟制无人驾驶汽车为电子法人主体、明确无人驾驶汽车自主决策的边界，以及增设更多场景下的法律保护措施，以应未来之需。

第六章　无人驾驶汽车的行政法规制

第一节　无人驾驶汽车给传统交通安全秩序带来的挑战

一、驾驶证制度与自主驾驶冲突

自主性作为无人驾驶汽车的根本特征，指的是汽车通过车载传感系统感知周围道路环境状况，通过算法系统，结合数据地图等信息自主计算出行驶路线并通过控制车辆到达目的地，此过程几乎不需要人类驾驶员参与或控制。我国传统交通安全秩序中除去对机动车的规制与管控，对驾驶员的管理也是极为重要的组成部分。传统汽车必须由经过一段时期驾考训练，熟练掌握一定驾驶技能并取得驾驶证的人员操作，同时借由《道路交通安全法》对驾驶证的管理实现对驾驶员的管理，通过累计积分制度与驾驶证吊销制度达到规范驾驶员不当驾驶行为的目的，从而减少交通事故的发生，维护交通安全秩序。

然而我国庞大的机动车总量以及持续增加的机动车驾驶人数量仍然给交通管理带来了许多问题。据公安部统计，截止到 2021 年 3 月，全国机动车保有量达 3.78 亿辆，机动车驾驶人达 4.63 亿人。2021 年一季度，全国新注册登记机动车 966 万辆，与去年同期相比增长 67.31%；与 2019 年一季度相比增长 31.96%。2021 年一季度，全国新领证驾驶人数量为 839 万人，与去年同期相比增长 178.99%；与 2019 年一季度相比增长 4.83%。❶与此相对应，此种背景下不断发生的交通违法行为与交通事故并未因为政府对驾驶证的严格把控而逐渐减少，即使是驾驶证考试制度经过不断地改革也并未改善此种情况。查询近 3 年的中国统计年鉴，发现 2017 年的交通事故（全国）发生数共计 203 049 起，2018 年为 244 937 起，2019 年为 247 646 起，其中汽车占主要部分。无人驾驶汽车的“无人性”在很大程度上可以解决由于人为因素所引发的违法行为或交通事故，比如因为驾驶技能不熟练或主观心态发生的不当驾驶行为，或过度饮酒驾驶、过度疲劳驾驶等，将汽车控制权交由算法系统，可以有效避免驾驶员的错误驾驶行为。然而，无论无人驾驶汽车能否通过将控制权转移给系统的方式提升交通安全性，都与现代驾驶证制度有着较大的冲突。

驾驶证制度的重要意义在于保障驾驶员、乘客及其他道路车辆、行人的安全，通过配套的驾驶证考试、驾考培训、驾驶证年审等措施，保证驾驶员上路前，具备相应的驾驶技能与道路知识，尤其是驾驶证分类制度能够确保不同的车型由具备相应技能的人员驾驶，减少驾驶技能与准驾车型不一致所带来的潜在风险。除此以外，与驾驶证联系紧密的累计积分制度，能够有效控制驾驶员错误操作的次数，甚至在发生法律规定的情形后需要通过学习和考试才能继续上路。驾驶证制度不仅有利于统一管理，还有利于身份识别。驾驶证由专门机构统一颁发，由相关部门统一监管，方便对驾驶员进行统一的管理。又因驾驶证必须实名申请，因此往往在发生交通违法行为以及交通事故后，不论涉及行政责任、民事责任还是刑事责任，都能够确定是否由驾驶员承担相关责任。然而，无人驾驶汽车如何能在保障交通安全性的同时又有利于统一管理，这是个亟待解决的问题。

无人驾驶汽车大规模投入应用后，传统驾驶证制度将逐渐名存实亡，一方面这是交通变革的必然结果，另一方面也给交通安全秩序带来了挑战。就驾驶证制度所需条件而言，该制度不能照搬现存制度应用于无人驾驶汽车时代，由此带来了两个挑战。第一个挑战是如何保障无人驾驶汽车

---

❶ 中华人民共和国公安部. 2021 年一季度新注册登记机动车 966 万辆创同期历史新高［EB/OL］.［2021－06－24］. https://www.mps.gov.cn/n2254314/n6409334/c7829324/content.html.

的安全性。传统汽车可以通过培训驾驶人的方式保障和提升安全性，而无人驾驶汽车尽管能够规避由人为因素所导致的交通风险，但却不能够规避自身控制系统出现问题。2018 年 3 月，在亚利桑那州坦佩发生的优步（Uber）自动驾驶汽车撞人事件中，根据同年 5 月美国国家运输安全委员会发布的一份初步报告显示，优步的自动驾驶系统在车辆撞击被害人前 6 秒钟就发现了她，但由于她当时没有在人行横道上，所以系统没有将她识别为行人或骑车人。尽管在该事故中所涉车辆并非无人驾驶汽车，但无人驾驶汽车正是此类汽车发展的最高形态。我们可以从目前的测试案例中看出，无人驾驶汽车存在安全隐患且具有不可控的潜在风险，为保障交通安全，此种潜在的危险性应尽量经过反复测试使其降至最小乃至消弭，同时建立系统有效的管理制度也显得尤为重要。第二个挑战则是当驾驶证与责任承担挂钩时，在传统汽车时代发生交通事故或驾驶员实施交通违法行为后，行政机关可以通过驾驶证有无、驾驶证是否与准驾车型一致等判定驾驶员责任，还可以通过扣除驾驶证积分、暂扣或吊销驾驶证等方式处罚驾驶员，以达到维护交通安全的目的。而在无人驾驶汽车时代，无人驾驶汽车的配置相较于传统驾驶汽车硬件加驾驶员的简单结合更为复杂，其不仅硬件不同于传统驾驶汽车，最主要的差别在于其建立在庞大数据之上的计算系统，同时由于驾驶员的缺位，在车内的主要人员变更为没有车辆控制权的乘坐人员。此时发生意外交通事故或无人驾驶汽车违反相关规定行驶，或发生类似优步的刑事案件时，处罚的对象或相关责任应由谁来承担？除此之外，无人驾驶汽车建立在大数据的基础上意味着关于乘坐人员的相关隐私可能会被擅自使用。政府对传统驾驶汽车仅需要驾驶证制度及相关配套措施就可以解决以上问题，而对于无人驾驶汽车，此类相对具有专业性和技术性的事物，我国显然缺乏能够进行相应管理规制的制度及措施，如此既难以保障无人驾驶汽车的交通安全性，也不能够统一管理、规范秩序。

二、处罚对象不明

行政法律关系主要包括行政主体与行政相对人，行政主体含义自不必言，根据传统行政法理论，行政相对人是指行政管理法律关系中与行政主体相对应的作为被管理对象的另一方当事人。确定行政相对人主要基于两个条件：一是需基于一定法律事件或行为的发生从而使行政相对人参与法律关系中；二是行政相对人参与行政法律关系时须具有法定资格性。而行政处罚的对象是指因实施了违反相关行政法律规范的行为，与相应的行政机关形成直接的监管与被监管的行政法律关系，依法应受到相应处罚的违法行为人。因此在此基础上可以确定行政处罚对象的条件包括：其一是行政相对人有违反行政法律法规且应受行政处罚的行为；其二是行政相对人需具备法定的主体资格。

在传统的交通安全秩序的过程中，以交通行政处罚为例，实践中交通行政处罚程序分为简易程序与一般程序，一般而言，当驾驶员违反交通规则时，由执法人员出示证件检查违章行为，制作询问笔录并由当事人签字，除此之外还要告知当事人违法事由、处罚理由和依据，当事人不服处罚结果的可以通过依法申辩等救济其权益。即使是技术性较强无须执法人员具体操作的电子眼违章制度也仍然需要当事人在处罚决定作出后进行确认并接受处罚。从以上程序可以归纳出我国的交通行政处罚不能缺少的是：确认当事人主体资格、由当事人对处罚决定进行确认和告知救济权利。前者为确定处罚对象，后二者在于保障当事人权益。

无人驾驶汽车出现后，当其基于系统计算错误抑或硬件对环境数据收集产生错误等原因违反相关行政法律法规时，传统的行政处罚对象确认程序就出现了适用不能的问题。且不论无人驾驶汽车在没有驾驶员的情况下由谁担当行政相对人的问题，行政处罚对象确认的条件之一是可以满足的，即无人驾驶汽车发生违反行政法律法规且应受行政处罚的行为。然而条件之二却值得探讨。我国行政执法过程中的责任主体主要有公民、法人或其他组织。然而无人驾驶汽车的“自主性”抑或“无人性”却造成了一个尴尬的局面，无人驾驶汽车行驶过程中由传感器收集环境信息并在大数据的基础上经过算法系统计算出路线，车辆的操作控制权由车辆系统所有，在此种背景下所发生的行政违法行为如何确定行政处罚对象较为困难。乘客虽然处于汽车之内，但其对车辆并没有控制权，当然不能确定其为行政处罚对象。若是由汽车所有人为处罚对象，且不论所有人对车辆是否具有控制权，有时所有人甚至不处在汽车内。更有甚者，当汽车系统被侵入而在所有人不知情的情况下实施了行政违法行为，将所有人认定为处罚对象是否公平合理？若将汽车之构成要件的法人之一或全部作为行政处罚对象，且不论无人驾驶汽车所做出的行政违法行为是否是由于车辆硬件或计算系统瑕疵或缺陷所导致，重难点在于法人的结构构造不同于自然人，不同原因造成的行政违法行为需要经过专门鉴定，以确认行政处罚对象，这对于追求高效便民的行政化管理而言，是一个巨大的挑战，不仅不利于统一化管理，还容易降低效率，并且目前我国针对此种违法行为处罚法人或其他组织的处罚种类相较于自然人非常罕见。无人驾驶汽车并不符合我国目前的几种行政主体资格，对于行政处罚对象的确定而言，也是一道难题。

三、对数据监管的挑战

无人驾驶汽车在大数据的基础上，需要利用传感设备通过通信、导航等技术系统实现车辆的运行。从数据应用层面而言，无人驾驶汽车中的大数据应用分为四大层次：数据层、中间层、网络层与应用层。数据层指的是无人驾驶汽车通过相关传感设备以及摄像头等获取的车辆自身及周围环境的基础信息，包括路面的坑洼、附近汽车行驶速度等；中间层是指在汽车硬件设施与软件系统之间，实现的数据传输与转换的中间程序；网络层是指汽车运用移动通信网络接入互联网，并通过互联网获取相关信息与指令；应用层则是指在收集以上数据信息的基础之上，通过计算实现车载信息服务以及无人驾驶功能。基于以上分析，可以得出无人驾驶汽车就是建立在大数据的获取、存储、分析以及挖掘技术的基础之上以实现其自主性的。从数据本身层面而言，无人驾驶数据主要包括三种类型：技术数据、众包数据和个人数据。技术数据与数据应用层面的数据层含义基本类似；众包数据则是指汽车从网络上收集到的周边信息，包括交通状况与路况实时变化，通过此类数据可以为用户寻找附近的停车场或规避拥堵的道路；个人数据则是与用户的个人喜好有关，如用户偏好的路线地点等。无人驾驶汽车的算法系统通过这些不断增加的数据为用户提供个性化汽车服务，然而，目前对于这些数据的监控与管理并没有统一的行政监管制度措施。[1]

随着用户使用无人驾驶汽车服务的次数增多，用户的数据信息的数量与深度也将增加，在现行以5G、人工智能、车联网等为代表的新一代网络技术发展背景下，数据的监管机制还未确立，尤其是数据泄露、数据滥用、数据黑色交易等问题较为严重，而我国目前对数据监管方式大多数以专项治理的方式展开，即在一段时间内进行集中整治，此种方式虽然能够短暂的起效，但是专项治理过后，类似的违法活动仍会增加，常态化的监管机制仍未确立。

2020年12月15日，据中国信息通信研究院发布的《新形势下电信网络诈骗治理研究报告（2020年）》统计，目前我国超过7成的电信网络诈骗与个人信息泄露或被窃取有关，并且该比例呈现持续提升趋势。除此之外，个人信息买卖产业链也呈增长趋势，此类产业多见于以数据为基础的产业，目前以物流产业为典型。无人驾驶汽车与大数据紧密相关，只要处在网络中，用户乘坐汽车时，无论是乘坐时间、途经地点、行车轨迹、最终目的地、车内用户的身份信息、个人喜好、出入行程等都无一例外地会被纳入大数据之中，因此在常态化的监管措施具备之前，无人驾驶汽车的出现无疑是个巨大挑战。

四、算法的不透明性

算法作为建立在大数据基础之上的计算过程，随着计算方法与计算难度的增加，逐渐演变为五个等级，分别为“白箱”算法、“灰箱”算法、“黑箱”算法、“感知”算法与“奇异”算法。其中确定性逐渐递增，在“黑箱”算法中，算法具有突发性且难以预测，[2] 当处于此阶段时，由于算法深度增加，其技术性也大大增强，非专业人员难以理解，这就造成了隐形的信息差，因此算法被视为透明性较差。在无人驾驶汽车中，算法的不

---

[1] 英特尔物联网．大数据与无人驾驶之间的关系和联系［EB/OL］．［2021－06－24］．http：//www.elecfans.com/d/1032153.html.

[2] 孙建丽．算法自动化决策风险的法律规制研究［J］．法治研究，2019（4）：112.

透明性很可能致使乘客信息数据被预测、披露。例如，通过自动抓取乘客使用数据后采用自动化算法预测乘客行程，计算出行驶目的地与途径场所概率，虽然在准确率方面会有一定偏差，但随着算法的深度挖掘，准确率也将随着升高，乘客潜在的隐私信息也可能在不知情的情况下被泄露、使用。即使乘客不主动提供数据，算法运营商也极有可能以“周全服务”“互融互联”为名目，诱使乘客在为了得到更好服务的基础上“自愿”提供数据，加之智能定位服务、高清摄像头、功能传感器的存在，使个体的隐私避无可避。然而目前我国并没有完善的算法规制制度，算法的不透明性也是高技术特征所必然带来的问题，如何有效应对算法的不透明性，以及由此带来的负面影响，是否需要更多样化的监管措施，多种监管主体合作相对于仅依赖政府监管的模式是否更为合适等仍然值得深究。

五、网络化的高风险性

无人驾驶汽车的特性不仅在于依赖大数据的供给，同时还依赖网络的安全性。仅仅是大数据的不足或获取错误不足以导致交通风险的升高，只可能导致计算错误或准确率降低等。而网络的低安全性或被侵入，却可能直接导致驾驶汽车控制权被夺取，从而给乘客以及交通安全带来巨大风险。美国两个黑客就曾通过车载联网系统侵入汽车智能化车载联网系统，致使车辆运行失控。如何通过法律条文的规定，促使系统研发者加强系统保密性及防范侵犯措施、明确系统被侵入后的问责机制，在法律层面仍是一片空白。一方面，无人驾驶汽车需要配套的智能道路基础设施也面临着同样的风险。“车路协同”不仅在降低无人驾驶汽车自身的制造成本的同时，还能够与其他无人驾驶汽车共享设施，减少交通拥堵以及交通堵塞带来的事故风险。这些基础设施包括红绿灯上的路测设备（不限于激光雷达）、车用无线通信网络等。另一方面，智能道路基础设施的运行同样需要网络收集与分析数据，并将这些数据反馈于道路上行驶的汽车，道路设施被侵入将影响道路上通行的全部汽车，道路交通安全风险将呈几何倍数增长，如何最大限度地把控网络风险，保障道路交通安全仍是挑战。

第二节　当前交通制度在应对无人驾驶汽车方面的缺陷

无人驾驶汽车的自动性特征与无人性特征紧密相连，正是控制权的主体从自然人移转至无人驾驶汽车本身，使无人性成为自主性的必然结果之一。这两种特征一方面为现代驾驶证制度的存废带来极大的挑战，另一方面又冲击着现有交通行政处罚制度与体系，为传统交通安全秩序带来不小的影响。除此之外，相较于传统汽车高度依赖于自然人操作的特征，无人驾驶汽车更依赖于算法、数据与网络。自然人的驾驶操作仍有风险存在，无人驾驶汽车所依赖的算法也不乏潜藏风险可循。算法系统的不透明性以及依赖数据作为决策基础的特性使乘客的安全性与交通安全秩序需要更具有针对性以及更加完备的行政监管体系。此外，无人驾驶汽车的网络化特性将影响交通安全秩序的风险扩大，致使影响交通安全秩序的风险因子呈几何倍数增加。无人驾驶汽车的特征给我国传统交通安全秩序带来极大挑战，但我国的交通行政规制制度在面对无人驾驶汽车时自身也存有许多不足之处。

一、现行道路交通安全法律制度内在不协调

根据我国现行立法体制，不论是从纵向还是横向上划分，都存在不同层级与类型立法主体，不同立法主体制定的法律规范性文件存在效力的差异，如法律效力高于行政法规效力、行政法规效力又高于地方性法规与规章效力等。因此，造成我国道路交通安全法律制度内在不协调的状况。首先，道路交通安全法律与法规规定不一致，如《道路交通安全法》第 76 条与《机动车事故强制责任保险条例》第 22 条、第 23 条关于交通强制保险的规定就存在矛盾。前者规定机动车第三者责任强制保

险责任实行无过错保险原则，后者却采取有责保险原则。[1] 其次，道路交通法律、行政法规与道路交通行政规章不一致，如《道路交通安全法》第13条与《道路交通安全法实施条例》第17条都未曾规定机动车检验的附加条件，但《机动车登记规定》第34条规定附条件发给检验合格证。[2] 而无人驾驶汽车的应用无疑会推动道路交通安全法律法规的修改，就目前规定现状而言，法律制度不统一、不协调、不一致将会影响法律的实施与执行效果，尤其会影响以无人驾驶汽车为中心展开的道路交通安全法律规定的实施。

二、道路通行权掣肘无人驾驶汽车上路

我国学界目前对道路通行权的具体内涵尚未形成统一的认识或观点，但往往与路权相联系。而法学意义上的道路通行权概念往往被视作某一类的法律权利使用，其中以“道路优先通行权”为代表，如警车、消防车、救护车、工程救险车等在确保安全的前提下，不受道路条件限制，周围车辆与行人应当避让。优先权相对于他人具有限制，然而优先权是建立在道路合法通行的基础之上的，这里讨论的道路通行权仅指较为基础的权利，即在道路上合法通行的权利。根据《道路运输条例》第29条第2款以及《道路交通安全法》第10条规定，可以推断出机动车上路需要国家安全技术标准与国务院公安部门规定的驾驶许可条件。

无人驾驶汽车无须驾驶员操作，根据现有规定，仅需要符合国家安全技术标准即可。然而无人驾驶汽车无论是硬件设施还是软件设备都不同于传统汽车，针对此类新技术、新工艺、新材料，我国尚未制定统一的准入标准与相关管理规定。道路通行权的核心是准入制度，根据《深圳经济特区智能网联汽车管理条例（征求意见稿）》（以下简称《条例》）在测试主体、测试驾驶人、测试车辆、测试申请与审核、测试管理、交通违法和事

---

[1] 韦恺人，史舒元.《道路交通安全法》及其实施条例存在问题与修改完善的对策［J］. 上海公安高等专科学校学报，2014（1）：19－20.

[2] 汪全胜，宋琳璘. 无人驾驶汽车与我国道路交通安全法律制度的完善［J］. 中国人民公安大学学报（社会科学版），2020（3）：111－112.

故处理方面已规定得较为完善详尽，然而上路测试并不等同于具有道路通行权。根据该《条例》第 12 条和第 13 条规定，经过市相关主管部门批准，无人驾驶汽车可以在选定的地域和时间范围内进行有限制的测试，在全域开放的测试，示范试点需要该试点成立后向区相关主管部门申请批准，且具体办法需另行制订。征求意见稿中给予了无人驾驶汽车扩大测试范围的可能性，但一系列的规范措施仅仅比在封闭道路、场地等特定区域测试更具有选择性，而传统汽车在遵从交通规范的前提下可以自由选择地域、时间自由通行，可以说，无人驾驶距离在真正开放的道路上行驶仍有很长的一段路要走。针对无人驾驶的种种特性，一方面不断开放测试提升无人驾驶汽车的安全性，另一方面根据实际情况对道路通行权作出新的解释或许更能够促使无人驾驶汽车进一步发展。

三、交通行政规制手段单一

为维护交通安全秩序，我国行政规制制度与措施大多围绕传统汽车驾驶员施展，包括与驾驶证紧紧联系的累计积分制度，还包括多种行政处罚措施与行政强制措施，前者主要包括口头警告、罚款、暂扣或者吊销机动车驾驶证、拘留；后者指如驾驶人妨碍通行的，交通管理部门可以将其车辆拖移至其他地点等行为。然而以上多种行政规制手段都与驾驶员有关。在无人驾驶汽车规模应用后，在驾驶员缺位的情况下首先要明确责任认定问题，其次确定相应的规制手段。而无人驾驶汽车的构成主体较为复杂，在出现违法行为或发生交通事故时可能涉及一方或多方需要承担行政责任，针对不同主体规制的手段也不尽相同。针对自然人主体，可以采用传统规制手段的部分或全部，针对法人主体，可采用的规制手段较少，主要包括罚款、没收违法所得或没收非法财物、责令停产停业、暂扣或吊销许可证、暂扣或吊销执照等。基于无人驾驶汽车构成的特殊性，针对汽车本身是否需要作出规制也值得考虑，如发生事故规定案涉汽车需要返厂检修，开具相应维修证明交由相关部门才可重新上路行驶；针对传统规制手段中的累计积分制度除应用于驾驶证之上，是否可以应用于无人驾驶汽车本身，针对汽车出现违法行为扣分达一定数额后必须检修并禁行一段期限才可在下一记分周期内重新上路行驶等。除此之外，基于行政效率的考量，过多的行政规制手段反而不利于统一管理无人驾驶汽车，行政程序也应当以高效便捷为主，这仍是未来一段时间内我国行政法规制缺乏并需要考虑的方面。

四、市场准入与准出机制缺位

无人驾驶汽车的发展虽然具有国家政策支持的成分，但主要仍是由市场主体自行研发、测试、生产。市场主体为经营利润发展无人驾驶汽车，必然有其社会风险，尤其是无人驾驶汽车不仅包含大数据应用，还包括深度算法等高科技，必然需要行政干预把控市场风险，不能仅仅依靠行业自律保障公众安全。就目前无人驾驶汽车发展而言，如果不改变固有经济模式发展下的市场竞争状态，政府就难以干预，因此转向资格竞争模式发展，不仅能够减少企业的经营风险，政府还能够时时把控风险。政府特许经营作为资格竞争模式的一种，不同于商业特许经营，政府一般不以盈利为直接目的。无人驾驶汽车无论是从大数据资源方面还是从算法技术等方面，都作为一种“特殊资源”，都在某种程度上关乎社会成员公共利益、涉及社会成员人身安全，与“供气”“供电”“供水”都具有某种共性，如果此类资源被随意使用将会导致社会秩序以及经济秩序遭遇混乱，因此适当的垄断是必须的。此外，此种模式对研发企业的发展也最为有利，市场主体一旦取得某种特许权，就能够排除许多市场竞争、占据市场地位，由此产生巨大的经济利益。而在此种特许经营模式中，由政府对相关市场主体作出适当干预，且此种干预以提升无人驾驶汽车的安全性能为核心，以在发展新技术的同时保障公众安全。无论是对政府而言，还是对市场主体而言，此种双赢模式既能够满足双方需求又能够降低风险，然而市场准入与准出机制在无人驾驶汽车的发展路上仍处于缺位状态。

五、风险转移难以规制

无人驾驶汽车的规模应用在当前人工智能与大数据技术的发展背景下

指日可待，需要注意的是，无人驾驶汽车的应用并非一蹴而就的，必然会经历与传统汽车并行应用的阶段，如何处理两种截然不同的汽车之间产生的矛盾或事故，我国尚未有一套明确的解决办法。在百度无人驾驶汽车与谷歌无人驾驶汽车的实地测验中，多次出现无人驾驶汽车与传统汽车相撞的事故，这些事故的成因，少数由无人驾驶汽车引起，多数则由传统汽车驾驶人引起。然而，即使在无人驾驶汽车遵守交通规则的情况下，传统汽车的驾驶人仍会讨论无人驾驶汽车的行驶方式不同于人们的惯常思维，如系统和驾驶员在急停、紧急避险方面的反应差异，[1] 以至于驾驶人无法及时应对无人驾驶汽车突然改变的驾驶操作。无人驾驶汽车、传统汽车以及行人在遵守同一交通规则的前提下，仍会面临因不同思维所导致的误差，此种为无人驾驶汽车固有之缺陷，在某种程度上，即使无人驾驶汽车摆脱了驾驶员的缺陷，但在过渡阶段，却可能发生因其自身计算、操作、控制无延迟导致风险转移至传统汽车驾驶员的问题。

在价值取向层面，无人驾驶汽车的价值取向可能在发展过程中与传统驾驶员产生偏差，这将导致无人驾驶汽车在面临有关事故与抉择之时，其价值选择有别于自然人的问题。如经典的电车难题，假设无人驾驶汽车面对的选择之一是疾驰而来无法刹车的大货车，另一选择是被迫在原地的四五个人类，无人驾驶汽车将很有可能选择撞向人类，因为在无人驾驶汽车的计算系统中，撞向人类的原因仅仅是因为相对于大货车，另一边的阻碍物更少，通行更容易。如何应对无人驾驶汽车所带来的风险转移问题的同时，更好地考虑伦理问题，不仅是技术开发者需要考虑的问题，也是我国行政规制领域亟须思考的问题。

六、交通责任认定不明

在测试阶段，由于无人驾驶汽车在某种程度上转移了风险，传统汽车驾驶人缺乏足够的反应时间与反应经验面对此种事故，造成的结果将可能是由传统汽车的驾驶员承担主要或全部的交通事故责任。但是值得考虑的

[1] 张玉洁．论无人驾驶汽车的行政法规制［J］．行政法学研究，2018（1）：70.

是，我国目前并没有明确详尽的法律法规规定无人驾驶汽车在发生交通事故时，事故责任如何承担的问题。在《深圳经济特区智能网联汽车管理条例（征求意见稿）》中提及，测试车辆未经评估核准前必须配备测试驾驶人，第46条与第47条规定无人驾驶汽车发生交通违法行为的，有驾驶人的处罚驾驶人，无驾驶人的处罚车辆控制人或者所有人。这两条规定初步拟定了各方的行政责任，却未必合理。首先，将自主驾驶的无人驾驶汽车的行政处罚对象界定为控制人或所有人，显然应用的是无过错归责原则，但其合理性仍有不足。其次，控制人或所有人与车内的乘客并非实际意义上的同一主体，基于这两种主体发生分离的情况时，仍旧适用无过错的归责原则是否公平合理？最后，无人驾驶汽车不同于传统汽车，在无人驾驶汽车彻底替代传统汽车市场前，无人驾驶汽车与传统汽车并行运用的阶段如何合理划分各方责任，这在规定中尚不明确。

有学者针对以上难题提出如下解决途径："参照目前的道路交通二元化的归责原则和民航飞机的无过错归责原则，对无人驾驶汽车进行归责是比较可行的方式，具体为：一是无人驾驶汽车之间，无人驾驶汽车和有人驾驶汽车之间实行过错的归责原则；二是无人驾驶汽车和非机动车、行人之间实行过错推定的归责原则；三是无人驾驶汽车和车内乘员实行无过错的归责原则。"[1] 首先，分类认定责任问题确实具有可行性，但无人驾驶汽车不同于传统汽车，无人驾驶汽车与传统汽车之间驾驶思维与反应时间的不同，针对无人驾驶汽车转移风险至传统汽车的潜在隐患，在责任认定上保障传统汽车驾驶员的合法权益仍值得考虑。其次，无人驾驶汽车不存在"测试员""驾驶人"等类似角色，确认无人驾驶汽车承担责任后，由车辆控制人或所有人承担行政责任，在车辆控制人与所有人并非同一主体的情况下具体由控制人还是所有人承担责任？最后，提及车内乘客与无人驾驶汽车都实行无过错归责原则，针对无人驾驶汽车实行无过错归责原则虽则严厉且合理性尚有探讨空间，但对车内乘客也实行此原则是否合理需要进一步探讨。简而言之，征求意见稿中提出的归责

---

[1] 白云武. 无人驾驶汽车交通事故的法律责任分析［J］. 交通运输部管理干部学院学报，2016（2）：26.

原则仅仅是模糊地分配了无人驾驶汽车的行政责任，具体到实践运用中仍存在许多问题。

七、算法规制不足

无人驾驶汽车的运行以大数据为基础，通过算法系统计算出相关结果，如果说大数据是基础，那么算法则是无人驾驶汽车“自主”驾驶的核心。然而在智能算法的高速发展下，我国的监管制度与体系却未能够一并发展。算法运营商简化了无人驾驶汽车的使用，降低了驾驶操作难度，尤其是通过转移驾驶汽车控制权使驾驶员不再被需要，看似是风险的降低，然而弱化了责任的归属问题，甚至各项指标以及数据的输入与输出都是可视化的，但问题在于这正是算法所创造出来的“技术黑箱”。

第一，前文提及，算法系统的“机器思维”不同于普通人类的驾驶思维，由此引发的伦理判断与价值导向问题隐藏于自主驾驶技术之后，继而所引发的驾驶风险却不可预测。第二，即使是算法的指标及数据运作过程公开可视化，然而技术的壁垒却使普通公众以及监管者无法理解算法背后的原理与运行机制，更遑论算法设计与执行过程中可能存在的算法偏见、算法漏洞、数据来源不明、数据获取程序不正当等问题，如果监管者都难以理解并监督算法活动，那么外部的监管很有可能处于虚置的状态。第三，针对上一点信息披露问题，仅仅是单纯的信息披露仍然无法有效监管，监管机构往往也没有足够多的监管人员了解其中的原理，仅仅披露源代码只能得出机器学习的方法与结果，一旦学习算法出错，专业人员也难以对算法指令作出有效的应对与审核，因此相关科技公司等在被监管机构调查询问时，有必要为其设置解释相关原理及算法决策机制的义务。[1]第四，仅仅对算法进行行政审查是否足以规制算法应用风险？行政规制面临的一大问题为缺少此类专门人才，如果要进行行政审查则必须在确保具备

---

[1] 姚前．算法经济与算法监管［EB/OL］．［2021－06－24］．https：//blog. csdn. net/wowotuo/article/details/112732165.

相关人才的情况下展开审查，并且随着算法学习的不断深入，审查的内容也将时时变化，仅仅临时地进行行政性审查往往归于程序化审查，行政效率低下。是否能够设置更为合理的方式对算法运行进行实质审查、强化算法监管仍值得进一步探讨。

综上，我国交通行政规制制度仍有所不足。首先，就宏观层面而言，现行的道路交通安全法律制度的内在体系还存有矛盾之处，多项法律规范之间仍存有龃龉，就目前实践情况而言影响有限，但在未来以无人驾驶汽车为中心开展道路交通安全法律制度改革时，法律规范体系内部的不一致性将会造成法律效用大打折扣的可能。其次，将无人驾驶汽车融入各项法律规范与法律制度之中将成为必然，就道路交通而言，针对传统汽车成立的道路通行权规定却使无人驾驶汽车无法迈入规模应用的第一步，无论是在实践层面还是法律层面都将极大地阻碍我国无人驾驶汽车的发展。此外，无人驾驶汽车的特征不同于传统汽车，交通行政规制手段仅对目前的传统汽车具有针对性，对于无人驾驶汽车不具有相应的针对性，也就无法起到保障交通安全秩序的功能；落实到具体层面，若发生交通事故该如何确定交通责任、具体的行政规制手段如何设定以及如何防范无人驾驶汽车将风险转移至传统汽车的情况等诸多法律细节，都将是无人驾驶汽车规模应用前，我国行政规制制度所缺乏的。除道路交通的行政规制层面，无人驾驶汽车在市场的行政规制层面，若采取与传统汽车类似的市场化监管模式显然将忽视无人驾驶汽车的某些特性，如高度依赖数据进行决策或高度依赖互联网等特性所带来的公共风险，因此适当地采取政府干预更能保障公共安全。最后，无人驾驶汽车离不开算法系统的支持，如何克服“技术黑箱”，完善行政监管仍有很长的路要走。目前以算法为核心的云计算、人工智能、无人驾驶等新技术的监管与规制制度正逐步完善与健全，但是具体内容远不足以配套无人驾驶汽车的规模应用。

第三节　域外无人驾驶汽车行政规制制度考察

一、无人驾驶汽车域外立法动态

（一）通行障碍的不彻底涤除

随着无人驾驶汽车的诞生，其法律挑战也应运而生。无人驾驶技术的突飞猛进，虽是技术世界的客观需求，却囿于法律世界的规则束缚。其自主性、交互性、唯一性的特征，“不仅与已有法律秩序形成冲突，凸显现存法律制度产品供给的缺陷，甚至会颠覆我们业已构成的法律认知”。[1] 由于道路交通的全球性和跨界性，无人驾驶汽车的通行权障碍首先源于国际公约。如 1968 年《维也纳道路交通公约》第 8 条明确否定无人驾驶汽车的合法性地位。[2] 而无人驾驶汽车的特性决定其驾驶员不是现实的自然人，而是软件硬件结合的“系统”，逸出了公约的概念范畴。若依照其“有驾驶人且控制”的强制规定，无人驾驶汽车无法逃逸合法性困境，遑论后续监管。因此，必须涤除法律障碍，以备道路通行权的正当化需要。

无人驾驶汽车的创新突破在于“无人”驾驶，“自主性”特征要求其驾驶全程由车辆的软件、硬件、数据组合体自行完成，而“有驾驶人且控制”的法律特性与无人驾驶汽车的高度自动化甚至无人化的技术特性不相符合，这在客观上桎梏了无人驾驶汽车的落地及后续无人驾驶技术的验证、发展、深化。若是不赋予道路通行权，难免使无人驾驶汽车的交通价值、经济价值、社会运行效率价值化为泡影。如公约所述，为便利交通和

---

[1] 吴汉东. 人工智能时代的制度安排与法律规制［J］. 法律科学，2017（5）：130.

[2] 《维也纳道路交通公约》（1968）第 8 条规定：“1. 凡行驶的车辆或车辆组合必须有一名驾驶人。5. 凡驾驶人或驾驭人应随时能够控制其车辆或驾驭的牲口。”

道路安全的需求，同时挣脱无人驾驶技术的规范性“缰绳”，解除对无人驾驶的不当限制是排除妨碍的应然举措。

鉴于此，2016 年通过的《维也纳道路交通公约》修正案，虽然自动驾驶技术终获准许，但却是“犹抱琵琶半遮面”的不完全形态。公约修改后，自动驾驶规范依据不足的问题得到了极大缓解。但考虑“驾驶人在场”的要求对无人驾驶的实体特性“无人性”构建的实体否认，在承认现有制度进步性的同时，对监管障碍的涤除过程进行充分理论检讨，无疑具有积极意义。2017 年 5 月，作为公约成员国的德国修改了《德国道路交通法》，却囿于驾驶人在场规则，未全面正当化无人驾驶的道路通行权，然而监管仅要求车辆符合法律规定或符合欧盟标准，即可申请上路通行。[1]而美国高速公路交通安全管理局在 2016 年也表示，谷歌自动驾驶系统可以被视为“司机”。[2]如此一来，通行障碍中的驾驶人强制要求被涤除，使无人驾驶从受限迈向了合法化的新阶段。但是，仅消除“驾驶人在场”的旧障碍，并不足以破除无人驾驶的合法性困境，在法律未明确赋权前，现行规范无疑是不健全的。

（二）分层次规制的监管图景

基于不同阶段的整体需求，对无人驾驶汽车的监管阶段应按层次区别开来，分为道路测试与正式通行两个阶段，主要分为特定区域道路测试—特定区域允许无人驾驶—完全开放无人驾驶几个步骤的渐进式流程。分阶段的规制图景，不仅是指道路测试—正式通行的阶段性前行，也包括自动驾驶—无人驾驶的阶段特征。

首先，无人驾驶汽车因其技术参数、设备整合、反应装置、算法调控的验证需要，必须场景化于道路交通实景中，以获知车辆设施交互情形、算法自主决策逻辑、信息安全技术等技术数据加以完善。因此，在不受限的道路通行前，以渐进式的道路测试—示范应用—道路通行分阶段进行，

---

[1] 张韬略，蒋瑶瑶. 德国智能汽车立法及《道路交通法》修订之评介［J］. 德国研究，2017（3）：78－80。

[2] Kyle. Google Self－Driving Cars Now Considered Drivers by NHTSA［J］. CleanTechnica，2016（2）：16.

是良性的规制阶段调试与革新方式。而直接赋予不受限的道路通行权不仅无法对应测试主体及批准机关的期望，而且可能使道路交通秩序面临不受控之风险，所以正式通行前的道路测试工作不容忽视，道路测试与正式通行并非非此即彼的排斥关系，二者在整体上是相互借鉴、补充完善的关系，并以此逐步过渡到无人驾驶的时代。

其次，各国出台的政策文件所规划的图景亦复如此，以“道路测试—正式上路”“自动驾驶—无人驾驶”的层级化路径式的监管模式为代表。早在 2011 年，美国的内华达州的“511 法案”就开始探索道路测试工作，但直到 2018 年，加利福尼亚州才准许无人驾驶的道路测试。无独有偶，根据欧盟的《通往自动化之路：欧洲未来出行战略》所列的时间表，先是实现部分场景下的自动驾驶，直到 2030 年迈向全自动化出行。而日本在 2020 年公布的《实现自动驾驶的相关报告和方案 4.0》，志在 2025 年全国范围内实现无人驾驶。德国新近出台的《德国自动驾驶法》已允许高等级自动驾驶或无人驾驶汽车在公共道路上的特定区域内行驶。❶ 各国的政策指导矩阵呈现的是由自动驾驶阶段迈向无人驾驶阶段的模式，是技术鼓励与行政监管并行的图景。而我国的图景展现的是道路测试—示范应用—正式通行的阶段式规划，但对示范应用的表述语焉不详，仅说明示范应用是在充分道路测试后对于即将进入产品化车辆的进一步验证。❷

再次，以“道路测试—正式上路”“自动驾驶—无人驾驶”的进路为规制阶段化，是为搭建无人驾驶时代的可信框架的实证要求。基于对新技术安全可控的中立立场，正式通行得益于道路测试的累积，如软件应对复杂道路情况的决策类型及经由车路协同后的通行数据等。因此，以道路测试耦合风险类型实质上切实可行，如封闭式模拟仿真测试、封闭式区域测试和实际道路测试等测试模式。无人驾驶也有赖于自动驾驶的技术积累与市场反馈。从技术角度出发，基本的自动驾驶功能业已成就，但无人驾驶功能完善则需要以大量场景输入的持续推演学习和迭代升级。受汽车行业

---

❶ 包括班车、按指定路线行驶的公交车、Hub2Hub 运输、非高峰时段的运输、最后或最初一公里内的人员或货物运输、双模式车辆。

❷ 见《智能网联汽车道路测试与示范应用管理规范（试行）（征求意见稿）》编制说明。

普遍认可的是：为保障车辆在复杂的道路交通环境中安全、可靠行驶，需要通过模拟仿真测试、测试区（场）测试和实际道路测试等综合场景实地测试、验证。道路测试不仅是正式通行阶段的预备阶段，也是测试技术完善程度及安全可靠性的试验期。如德国率先开放部分高速公路进行自动驾驶技术测试，再图后续测试工作。[1] 从规范角度出发，域外道路测试阶段规制呈现道路测试准入制与运行记录制的双重性特征。如早前修订的《德国道路交通法》被认为是立足于产业化和市场化的考虑，侧重形式许可的设立规则。[2] 但其允许按“规定”的自动驾驶，并且探索性开放低速运行的无人驾驶系统泊车。而美国内华达州法规除科以厂商严苛的通行准入要求外，还另要求提交事故报告和年度报告以审视运行状况。

最后，以道路测试为进路，将无人驾驶汽车道路测试的事故种类及通行问题类型化总结，转换为后续的立法或具体行政规制手段，为最终的正式通行铺路。将具备无人驾驶功能的智能网联汽车置于实际交通环境中，通过道路环境和交通参与者等元素任意组合的场景化训练。一方面既能够实现无人驾驶汽车与道路、设施及其他交通参与者的相互适应与协调；另一方面也能验证无人驾驶汽车的技术水平，以真实场景化的应对能力，消解公众与社会对新技术不可控的顾虑。

（三）尚在探索的监管机构选择

新技术革命不仅是对社会生产生活方式的革新，更是对行政监管部门的冲击。传统的机动车监管，是以准入阶段的质量监督部门展开技术审查，加之道路通行阶段的交通运输部门实行通行监管，实现权限范围的划定。但是基于无人驾驶汽车软件、硬件、数据的三分性，相对应地，行政监管模式也应当据此展开。若回归传统的机动车监管体系，遍寻不至对软件与数据的监管组织。为此，有必要重构监管主体的路径选择。

---

[1] 中国信息通信研究院．各国自动驾驶政策概况及特征［EB/OL］．［2021－06－10］．http：//m. caict. ac. cn/yjcg/tnull_191512. html.

[2] 张韬略，蒋瑶瑶．德国智能汽车立法及《道路交通法》修订之评介［J］．德国研究，2017（3）：78－80.

传统组织形态饱受诟病，以部门为中心的分隔式组织形式已是不敷应用。[1] 监管部门如何应对无人驾驶汽车带来的新挑战？固有的监管主体体系已经难当此大任，由此引出问题：是否应当设立专门机构用以监管无人驾驶汽车？

在监管主体的选择上，《美国自动驾驶汽车启动法案》赋予国家公路交通安全管理局对智能驾驶汽车的监管权限及监管权力，否决了另立部门的倾向。而为指导地方监管及无人驾驶行业，美国公路交通安全管理局连年发布并更新无人驾驶相关的政策性文件，其统合多部门的自动驾驶汽车指南当前已发布至第四版。法案还规定国家公路交通安全管理局（NHTSA）应当筹备自动驾驶汽车顾问委员会，以备咨询专业化建议。欧盟已经制定各类人工智能的框架性法律，但并未涉足具体的部门机构任务。欧洲议会在2017年发布了《机器人民法准则》，旨在建立欧洲专门的人工智能技术机构，并依照其所界定的一定标准，欲打造统一的分类登记规范制度。

行政规制所直接指向的目标性事物，应是市场主体及其市场行为。[2] 对无人驾驶汽车的规制应立足于风险社会下，某一具体领域可能关涉多个行政部门和行政组织之间的组织、协调、协同。以单部门牵头的管理模式将使机构专业能力不足问题常态化。监管主体必须“通过有意采取的预防性行动及相应的制度化的措施战胜种种副作用。”[3] 监管部门对无人驾驶事故的认知，因技术的不确定性和实时性，甚至无法将其准确定性，遑论技术标准规制。如美国发生的一起无人驾驶事故，主管的国家公路交通安全管理局无法判定事故是人为因素还是软件因素，而求助美国宇航局（NASA）进行判断。

有建议称欧盟应当建立统一的专门机构优化监管机制的专业化水平与职业化程度，但这一愿景遥遥无期。人工智能时代，各国在监管机构路径选择上以现有机构为主，美国虽确立了规制机构，但仍在监管机构框架内尝试构建行业主导的“行业—政府”共建机制。随着对无人驾驶汽车特性

---

[1] 孔祥稳．面向人工智能风险的行政规制革新［J］．行政法学研究，2020（4）：22－24.

[2] 江必新．论行政规制基本理论问题［J］．法学，2012（12）：17－29.

[3] 贝克，威尔姆斯．自由与资本主义［M］．路国林，译．杭州：浙江人民出版社，2001：121.

及其跨领域性的深入认知，在无人驾驶风险超出现有机构职能的可能未来，专业化机构的设立也并非完全痴人说梦。但在当下，在已有架构中以多部门协调应对风险，兼以协调专家学者、行业协会等专业化人员参与专业化监管，可能是更为切实可行的路径。

（四）嵌入伦理道德的调控机制

“任何时候都要把人作为目的，而不仅仅是手段。”[1] 早在 2018 年，欧盟委员会所发布的《人工智能：欧洲促进投资和制定道德准则的方法》率先发难，宣称人工智能可能引发潜在的歧视决策与新的伦理问题。电气电子工程师学会在《人工智能设计的伦理准则》指明：人工智能开发应合伦理，并将保障人权列为基本原则之一。2017 年 6 月，德国联邦交通与数字基础设施部发布的《自动驾驶汽车伦理准则》确立了人类中心主义和平等保护主义的原则，即德国法律结构中一以贯之的伦理底线。准则宣称：在不同生命间进行权衡——需要取决于实际和具体的情况，同时综合考虑各方难以被事先预测的行为。

德国的伦理准则中还提及不允许事先确立“两难困境”的处理规则。举例来说，道路行驶过程中汽车即将遭遇碰撞，若改道将使路人 A 死亡，不改道则乘客 B 死亡，此种情形即所谓“两难困境”。但若代入德国的《自动驾驶汽车伦理》中的平等保护主义原则，则不允许碰撞决策差别化对待路人与乘客，即不允许软件预设困境下的决策原理，其规定不得事先就生命价值进行取舍，无论以何者生命为优先。伦理嵌入技术的回应亦如此：因最终决策混杂伦理因素，这不再是纯粹的技术问题，故应受伦理道德约束。因此，以伦理作为监管调控的内在动因和外在限制，并无不当。

调控机制具有包括技术规制和伦理调控在内的双重特性。在行为方式上，技术标准规制模式遭受挑战。[2] 因为狭义的技术标准关注行业领域统一的技术要求，但交织的停滞性规范与不确定性的技术，若以规则作为固定的规制标准，常陷入“制定即落后”窘境。尽管道德伦理一直被苛责为

---

[1] 康德. 康德著作全集［M］，李秋零，译. 北京：中国人民大学出版社，2005：437.

[2] 孔祥稳. 面向人工智能风险的行政规制革新［J］. 行政法学研究，2020（4）：22－24.

模糊的、不确定的，但其作为规制标准的“特殊原则”，被确立为“特殊规范”已经是不争的事实。

道德伦理因其泛化的不确定性、模糊性，本不适宜作为规范适用，但法律规则的体例安排不绝对排斥道德价值。“法律制度作为一个整体，必须具有内在道德。”[1] 正因为价值判断的成分和要求，就可以将诉诸人类共同认可的一些基本价值作为判断标准。[2] 而道德伦理应是作为未来“两难困境”判断标准的不二法门，防止算法决策陷入伦理道德困境。如前章节所述的无人驾驶汽车在面临有关事故与抉择之时，其价值选择问题：无人驾驶汽车的A车驾驶途中，因避让不及，可能致使乘车人死亡或行人死亡的困境，如何决断？作为“两难困境”的人与无人驾驶汽车之间、乘车人与其他人、乘车人生命安全与交通秩序的抉择问题。其实，道德伦理即可应答这一困惑。将人类世界的道德原则嵌入无人驾驶领域的代码层面规则，内在机理正是法律制度整体的内在道德和价值判断。

二、域外立法的经验与启示

（一）监管理念的革新：安全可控与创新激励间的张力

法学的着眼点不在诸如行人检测方法立体匹配、多传感器融合端到端控制等无人驾驶的技术细节，而在于构建无人驾驶的安全框架。而监管理念决定着监管模式、监管机构乃至监管规则的设定，最终将这些治理节点整合为整体性的监管框架。立法例表明，各国监管理念并非一蹴而就的，而是经由不间断地修补续造使监管理念愈发明晰。

监管理念的革新过程，在各国立法、政策的体例结构演化发展过程中尤为明显。如由“个人权利保护”模式向公法规制模式的转变，其实质是监管理念的革新。起初，为应对新兴的无人驾驶技术，各国不约而同确立了安全优先原则。如《日本道路运输车辆法（修正案）》要求驾驶人使用

---

[1] 何怀宏．契约伦理与社会正义［M］．北京：中国人民大学出版社，1993：125．

[2] 沈岿．论行政法上的效能原则［J］．清华法学，2019（4）：16．

自动驾驶功能观影时，必须确保及时恢复车辆控制；《美国自动驾驶法案》要求硬件及软件供应商或生产商必须提交安全评估，以保障车辆的安全系数，同时监管者义务性地实时更新标准，旨在实现无人驾驶汽车具体参数的安全保障。

监管理念的革新，本质是安全可控与创新激励两大原则，由对立的此消彼长，演变、成熟为相互激荡、并行不悖的融合态势，这不仅是因为年限、技术等方面的变化，更是由于现代社会风险源于“被创造的风险”而非自然风险。以实时更新的指导政策而非一成不变的法律使动态风险受实时关注而可控化，而且指导政策能够更为直观地代表监管理念的流变。无人驾驶的监管理念流变就是由绝对安全转向安全可控与创新激励之间。一方面，风险不可避免，重要的是使其可控；另一方面，过度监管将不利于各国无人驾驶抢占技术制高点。以美国为例，早期政策文件《自动驾驶汽车政策指南》中表明，交通部门监管的最大关切在于驾驶安全——在具象的内外部安全要求中，外部的软硬件更新及内部感知技术补充，皆以保证技术安全为限，服膺于减少减轻事故的终极目标。但在后来的《准备迎接未来交通：自动驾驶汽车 3.0》中却进一步放宽对自动驾驶技术的限制：秉持优先安全原则同时又采技术中立立场，努力达成安全可控与创新激励间的平衡。如实时更新规范、允许传统控制装置缺位、支持自愿技术标志、重新定义操作者等，同时要求行业的创新设计立足于保持现有安全水平。在 2020 年初发布的《确保美国自动驾驶领先地位：自动驾驶汽车 4.0》中显然秉持着在安全可控与创新激励之间维持动态平衡的监管理念，其确立了三个与之紧密相关的核心原则：用户保护、促进技术发展、协调工作机制。正是历经数年的技术发展与规制实效，为在无人驾驶的科技竞赛占据上风，监管理念逐渐由安全优先转向安全可控与创新激励并重的范式。

（二）规范体系的融合：软法硬法结合

传统法学理论仅认可狭义法律的治理实效，而轻视其他法律渊源。作为规范组成的硬法，时常因其一成不变的内容，而无法实时应对无人驾驶的法律挑战。因为法律受限于严苛的制定、修改程序，常常滞后于既定世界，面对日新月异的无人驾驶技术时，时效性不彰。而软法虽无强制性效力，却不受严苛的制定修改程序之限，因其时效性而实效性彰显。[1] 如无人驾驶虽然立法困难重重，但制定无人驾驶的公共政策、指导规范、行业标准等软法受限就相对较少，作为实时回应无人驾驶技术的需要，行政规制的理念与目标也得益于此。鉴于无人驾驶包含各种技术和隐藏风险，嵌入各种系统中或受制于技术水平无法察觉，甚至连软件供应商和硬件生产商也无法预知新型风险的到来，所以结合域外经验及软法特性，软法治理更具应时性特点和功能。[2]

奉硬法为尊的规范体系，绝非全无规制作用，只是以事后追责的方式，间接迫使企业基于成本收益考量将谋求合规化。但固有的行政规制体系的缺陷在于因重点关注事后追责而轻视事前的风险控制。如优步的自动驾驶事故，事故原因出自软件系统的错误决策，以规范体系的规制方式仅仅是事后的责任承担、赔偿损失，此种方式并不能从算法决策的根源控制风险，使规制“合规”却不合理。而软法具有不同于硬法的方式体现法律的基本功能，能够弥补硬法不足，推动公法结构的均衡化。[3] 如无人驾驶的行业规范或技术指导类“软法”规则，可以自底层逻辑规训算法决策，减免错误决策创设的风险。此类“软法”能够有效帮助规制机构理解新兴技术，便于规制机构与市场共同主导其适时转化为硬法规范。

应当留意的是，仅仅是由软法构成的监管体系权限不清、执行不力，缺乏国家强制力作为其机制实现手段。因为新兴技术的治理，是稳定性与适应性的双重要求，仅浇筑适应性而缺失稳定性的良法并非完美的适格规范。因此，各国的规范体系，更多的是将软法与硬法结合或融合的体例，如德国一方面两度修改《德国道路交通法》，另一方面以《自动驾驶汽车伦理准则》作为补充。美国的无人驾驶规范体系以州与联邦并行立法为特征，但也注重软法在法律结构上的功效。在通过《自动驾驶法案》与《自

---

[1] “软法”指那些制定、修改程序不甚严格，能够产生社会实效的法律规范。其约束力大小可能有所不同，但没有国家强制力作为保障，不同于各种国家权力机关所制定的由国家强制力保障的“硬法”，是与硬法相对应的概念。

[2] 谭必勇，陈艳．加拿大联邦政府数据治理框架分析及其对我国的启示［J］．电子政务，2019（1）：11－19．

[3] 罗豪才，宋功德．认真对待软法——公域软法的一般理论及其中国实践［J］．中国法学，2006（2）：8．

动驾驶汽车启动法案》时，也先后发布《联邦自动驾驶汽车政策》《自动驾驶系统：安全愿景2.0》《准备迎接未来交通：自动驾驶汽车3.0》《确保美国自动驾驶领先地位：自动驾驶汽车4.0》等政策指导。诸如此类指导，以不同于硬法的方式体现法律的基本功能，并弥补硬法的不足，提高法律实效。[1] 而在政策指南的治理实效后，美国监管机关也主动就安全框架征求利益相关企业的意见。就无人驾驶的整体治理框架而言，我们应当以硬法与软法交织发挥功效的体系为轴线。[2]

（三）数据治理：重构治理谱系

信息网络对原子化的人的控制以数据的控制、处理为中心，数据保护和数据治理正紧锣密鼓成为权力纠偏的一部分。数据保护并非纯粹的新兴事物，而是自信息化起，便与隐私权、个人信息等保障如影随形的权益保护。而域外数据治理观也多是以数据保护为出发点应运而生的谱系。在应对以无人驾驶为代表的新兴人工智能技术时，域外国家的数据治理谱系也相应地离散、糅合再重构新的治理谱系。

从语义出发，数据治理实际上就是对无人驾驶构成要件的数据的规制。其目的在于，一方面使作为决策源的数据作为规训软件算法的训练来源安全可靠；另一方面促成数据背后的潜在信息及关联受保护。只要处在网络之中，用户乘坐汽车时，无论是乘坐时间、途经地点、行车轨迹、最终目的地、车内用户的身份信息、个人喜好、出入行程等都无一例外地会被纳入大数据之中。此外，算法决策受到供给的数据规训，数据实质扮演着汽车软件系统的决策源角色，其隐含信息的偏好或偏见影响软件系统决策，进一步影响最终的道路交通安全和个人信息保护。此前的治理谱系并未将数据治理作为源头展开系统治理，通常与隐私权、个人信息等权益的保护为捆绑，着眼于事后救济的私权保障，而一贯忽视事前的风险预防与公法规制。如同治理环境污染，仅判处事后天价赔偿并不能扼杀污染源，

---

[1] 罗豪才，宋功德．认真对待软法——公域软法的一般理论及其中国实践［J］．中国法学，2006（2）：9－10.

[2] 沈岿．数据治理与软法［J］．财经法学，2020（1）：11－12.

制定全方位的生产、处理、排放的控制体系方能最大化监管效能。私权保障的数据保护体系，完全以事后救济为限，政府不过多介入数据保护，而公法规制的数据保护体系，一是要求企业在服务供给时，保障数据的可靠性；二是要求政府作为公益践行者，对数据的公共风险防范机制构建体系。

新近的立法例则展现了由私权保护向公法规制的治理谱系重构过程。如欧盟的《个人信息保护条例》（GDPR）将对数据主体的保护前置，在数据收集、处理阶段就开始防范源自数据控制者或处理者的不法侵害。在制度建构上，欧盟还另外设立欧洲信息保护委员会，以公法规制的形式前置化对数据的治理及保护。在处理阶段，条例重新定义处理者与控制者的义务，赋予处理者等同于控制者的严格责任。在具体的信息处理活动中，条例规定每一次处理记录需要电子化，以便监管者查验。这种科以数据平台、数据安全保障义务的扩张，实际上是数字经济社会生产中膨胀的平台权力的纠偏机制。[1] 如此设定的专门化监管机构与严格保护义务，已经超越了专注于私权保障的传统治理谱系，从而转向了公法规制的治理谱系。

第四节　我国无人驾驶汽车行政规制的对策建议

无人驾驶汽车作为独立且近人的客观存在，其借助“神经网络”的深度学习能力与环境交互能力正进化为不可控、不可预见的新型风险。如前文所述，无人驾驶汽车改变了传统的道路交通模型，行政规制也应当作出相应的变化，行政机关依行政职能，应侧重对无人驾驶可能涉及的风险进行风险的预防性规制。

关于风险规制的安全规范，包括人工智能产品的伦理规范、人工智能技术的应用规范、人工智能安全的监测规范等，都是相关法律制度设计和安排需要考量的问题。[2] 在明晰无人驾驶汽车的制度挑战是不可回避之责

---

❶ 张凌寒．数据生产论下的平台数据安全保障义务［J］．法学论坛，2021（2）：46.

❷ 吴汉东．人工智能时代的制度安排与法律规制［J］．法律科学，2017（5）：134.

任时，以现有规制结构为基准，构建无人驾驶的监管体系、监管制度、监管原则、监管规则。在落实无人驾驶汽车监管职能与分工时，当行政机关的制度建构旨在打造政府不可回避之干预或保障责任时，应该确保所设计的管理或服务制度达到效益最大化。[1]

一、革新规制体系：多主体互动的治理模式

对无人驾驶汽车的行政监管确有必要，其核心问题在于应聚焦于对无人驾驶汽车的规制体系的主体互动构建，是继续坚持行政机关的单方治理，还是允许政府、行业、市场、公众共同参与的百花齐放的多元治理？

“人工神经网络”模式运转的无人驾驶汽车，在后端数据处置和应用过程中自主匹配应用场景，实现全自动化的操作逻辑，仅仅凭借行业自治或政府监管均不足以应对其“自主性”、“无人性”乃至“近人性”的特有性质。毕竟，算法机器深度学习技术是对开发者“全能性”的否认。[2]如特斯拉在佛罗里达州的碰撞事故，源于系统未能识别出卡车，已然超出开发者预期。加之前文所述的监管机构权责不明、监管权限有限等困惑，无人驾驶汽车的管控已陷入监管模式、监管方式甚至是整体性危机的迷思，传统的行政监管体制已不能完全管控无人驾驶技术的风险，多主体互动的治理模式或许是稳健的进路。

（一）合作型的治理模式

当科学技术陷入不确定性的风险时，维护国民安全是政府的基本职责，[3]但这一职责并不专属于政府，以《国务院关于加强和规范事中事后监管的指导意见》为例，其指明市场自律、政府监管、社会监督协同监管格局的指导思想。而在各类食药监管、生态保护等部门行政法中，倡导的是“社会共治”“合作共建”“公共参与”等合作治理模式。

---

[1] 沈岿．论行政法上的效能原则［J］．清华法学，2019（4）：18.

[2] 张凌寒．风险防范下算法的监管路径研究［J］．交大法学，2018（4）：53.

[3] 金自宁．风险规制与行政法治［J］．法制与社会发展，2012（4）：62.

传统的政府主导模式因受落后规范、专业能力等限制，在应对新兴的无人驾驶技术时，往往无法把握激励制度与有效监管的平衡。此外，臆想市场“自缚双手”的构想均不切实际，缺乏行政监管的市场主导模式必然异化。[1] 其实，无论是何者占据完全的主导地位，政府与市场都不适合在治理模式中独当一面。市场监管的低效性也要求建立“政府 + 公司”的合作规制模式。[2] 无人驾驶汽车的硬件、软件、数据所有权可能由不同市场主体掌握，依据现行监管体系多头治理在所难免。在不改变监管体系的前提下，应对无人驾驶汽车的风险防控方面，政府机关的监管能力与效率将独木难支。“政府 + 行业 + 专家”的合作治理模式，将政府、社会、市场糅合为治理共同体，形成多元、综合性的公共规制模式。进一步说，合作式治理实际上是规制理念的变革，将平衡风险规制与行政法治的新治理理念代入无人驾驶的行政规制领域。区别于传统语义的高权管理，治理强调行政机关从唯一管理人向治理参与者的身份转变，也是扭转以往单向的监管者向被监管者的单向规制机制，转变为监管者与被监管者之间的双向沟通、交流机制。

作为平衡风险规制与行政法治的新技术，由“命令式行政”转向“合作治理模式”，是行政监管的现代趋势。有必要从政府规制走向公共治理，探求通过多中心、多主体、多层次的合作治理，来实现行政任务。[3] 规制机关与市场作为改变传统监管者与被监管者的关系，为应对共同的无人驾驶不可控风险，理应成为互动的合作规制关系。

一方面，行政机关权威性、公正性有余而专业能力亟须补足；另一方面，市场主体专业化水平高深但隐含公正性担忧。若将二者以合理制度、方式、理念串联，将弥补行政规制长久以来饱受诟病的专业能力缺陷，亦是市场主体推动技术发展的良策。引入无人驾驶领域的公司或专家进入监管领域，以其专业化水准为技术支撑，不仅有效填补监管层面的无人驾驶认知空白，还据此为事实依据改良行政决策的质量。随着行政规制对无人

---

[1] 如20世纪资本主义各国形成的垄断组织，最后都脱离国家管控，直到各国出台专门法律拆分打击垄断组织；又如阿里巴巴、美团等互联网企业利用市场优势强制“二选一”，这些现象都表明缺乏规制的情形，企业的逐利性必然异化行政规制的预期目标。

[2] 张玉洁．论无人驾驶汽车的行政法规制［J］．行政法学研究，2018（1）：75.

[3] 宋华琳．论政府规制中的合作治理［J］．政治与法律，2016（8）：16.

驾驶的认知深度和广度加深、拓展，既不会“一管就死”，也不至于陷入认知匮乏而无从下手的规制窘境，因而实现适格的规制效能。此外，允许市场诉求合理表达的对话机制也可加深被规制者对于规制者推行政策的核心、目的、机制的理解，软化规制阻力。究其目的，无人驾驶的合作治理模式旨在深化规制机构与被规制市场主体的合作，使多元主体之间共享、聚合、用益各自离散的资源、信息、力量，进而协调各方力量达成安全可控与技术发展协调的最终实现。因此，尽管合作治理模式缺乏有效的范例，但也不失为监管模式的一种选择。

（二）央地互补的立法机制

《立法法》第73条将地方上的立法权分为执行法律、行政法规或地方性事务两种情形。从事务属性分析，无人驾驶的地方立法并无执行上位法的刚需，也绝非纯粹的地方性事务。但是“地方就本地事务拥有足够的立法权”不仅是地方治理的现实要求，也是为合乎时宜的统一立法而探索、筹备最终走向成熟。以地方性立法展开试验性立法，可以在特定地域范围的实际场景中具象化矛盾、处理、对策，以此克服法律的现实脱节性。回归立法实践，各类无人驾驶汽车道路测试与示范运用政策及法规的实质是以安全为前提，鼓励和引导技术发展。[1] 事权本质是自主决断，在立法上，体现为创制立法。[2] 一方面，若不进行地方性立法，各地自动驾驶测试无合法性，将阻碍无人驾驶汽车技术的引导和发展。另一方面，先行立法具有风险防范作用，在应对突发的无人驾驶汽车危机有据可循。但是，“诸善不可兼容”，规制权力游离于控制化与宽松化之间，极易倒向“规制不足”或“规制过度”的一面。一方面，尤其警惕地方政府围绕地区生产总值增长的“晋升锦标赛”，[3] 将可能不当放宽对无人驾驶技术的规制，导致

---

[1] 如《智能网联汽车道路测试与示范应用管理规范（试行）（征求意见稿）》编制说明，明确表示为技术发展服务。为了响应智能网联汽车示范应用需要，进一步优化完善智能网联汽车道路测试管理，探索在条件成熟的特定路段及有需求的区域开展智能网联汽车示范应用，推动智能网联汽车技术及产业发展步伐持续向前迈进。

[2] 余凌云. 论道路交通安全法上的地方事权［J］. 行政法学研究，2019（2）：21.

[3] 周黎安. 中国地方官员的晋升锦标赛研究［J］. 经济研究，2007（7）：36－50.

“规制不足”。另一方面，政府主导的治理模式往往监督权不到位，使行政权过度膨胀最终异化为“规制过度”，不当钳制无人驾驶技术的前行。

而在无人驾驶汽车领域，地方政府适当超脱既定规划、配套化建立整体格局或许更为可行。以《深圳经济特区智能网联汽车管理条例（征求意见稿)》为例，其中部分举措突破无人驾驶汽车的局限，向智能交通的整体规划探索。如智能交通基础设施、智能化车路协同设施、脱敏数据获取。这些举措一方面是地方积极行使立法权，另一方面也是无人驾驶汽车转向智慧交通整体格局的新探索。从法制统一角度而言，深圳、北京等无人驾驶汽车地方立法的有益实践成果最终也要反映于全国人大及其常委会所制定的“法律”——无人驾驶汽车法中，成就以地方自治创新推进国家法治建设的良性互动。

二、创新规制制度：建立国家数据中心

基于权力必受控的立场，掌握海量数据并储存、处理的厂商、平台作为“权力新贵”，应受规制。当前的数据规制模式多以“个人权利”的事后救济方式，而非“公法规制”的事前预防措施。以治水为例，救灾远不如修筑堤坝或保持水土行之有效。国家数据中心就像数据大坝，流经的数据均受其管控，大坝调控允许可控、可靠的数据流动。理想的规制路径应是渐进式前行，由目前的数据安全保障义务到重点数据所有权转移再到国家数据中心的设立。❶ 由国家数据中心专门负责无人驾驶领域的重要数据收集、存储、处理与分析，如行车数据收集与分析、汽车事故次数与处理结果，等等。数据中心并不是不允许数据落入开发者手中，是在允许数据流通的前提下，每一条数据流动有记录、受公权力保护，从而不被滥用。其设立目的是让行政部门掌握监管主动权，在无人驾驶汽车关键信息板块

❶ 《数据安全法》第 27 条规定：开展数据处理活动应当依照法律、法规的规定，建立健全全流程数据安全管理制度，组织开展数据安全教育培训，采取相应的技术措施和其他必要措施，保障数据安全。利用互联网等信息网络开展数据处理活动，应当在网络安全等级保护制度的基础上，履行上述数据安全保护义务。重要数据的处理者应当明确数据安全负责人和管理机构，落实数据安全保护责任。

掌握第一手数据。掌控数据意味着也许能先于事故发现问题，从而提高行政处理效率，更具实操性。再者，数据中心能够实现处理目的所必要的最小范围，是对个人权益影响最小的方式。数据中心可事先设定使用策略，使被授权访问除无害公共数据外的人员仅能访问职责所需的最少数据，从而实现对权益的最小损害。考虑到当前无人驾驶技术发展尚未定型，本书不深入描绘数据中心的具体运作方式，只是在风险规则理念下，基于公益需求、国家主权、识别应用等内在动因的互动，论证数据中心突破现有监管机制尤有必要。

第一，建立国家数据中心是击碎信息壁垒的需求。现有规则下，数据所有权由企业所有，且政府缺乏信息获取渠道与信息监测能力，在信息壁垒前，行政规制的展开步履维艰。深入而言，规制机关以事故——事后方式获取的数据信息，并不能感知整体性风险，往往是就事论事的讨论得失，而无“以点带面”的整体预防效果。借由数据中心的信息获取机制，国家得以“把整个社会机体变成一个感知领域”。[1] 打破信息壁垒的意义在于，便于行政规制的启动：事前掌握无人驾驶汽车的数据，可据此布局预防措施，相比事后规制更为灵活，弥补事后规制的滞后性缺陷，如国家掌握恐怖分子欲利用无人驾驶运输爆炸物的相关数据后，行政机关可事前“防患于未然”，以免事态往不可控方向发展。

第二，数据是大数据时代国家主权在信息网络空间的需要。数据主权并非新兴概念。实际上，这是各国在数据信息时代行政规制的新型范式。[2] 域外立法例在数据管辖权方面表现出鲜明的数据本地化或全球化特征。欧盟的 GDPR 以数据本地化为由有权审查其范围内的一切数据信息活动。以数据全球化为立法要旨的美国，也以立法形式径直规定对域外数据有权索取，并要求本国运营商有披露全球范围数据的义务，以数据自由为由建构其数据主权规则。于我国而言，基于国家主权和安全保障的需求，建立国

[1] 福柯. 规训与惩罚［M］. 刘北成，杨远婴，译. 北京：生活·读书·新知三联书店，2019：230.

[2] 我国部分政策文件也提出探索智能网联汽车数据跨境流动监管机制。如《北京市智能网联汽车政策先行区总体实施方案》进一步提出：建立数据特区，探索行业数据、个人数据与政府数据的融合共享，开放应用，发掘数据经济价值。

家数据中心既是数据主权维度的行为层面基准，也是国家积极保护义务的制度层面要求。

第三，数据库的建立是影响无人驾驶算法决策的关键要素。神经网络可以在数据资源中判断识别并匹配出算法输出，完成决策过程。可靠的数据支持将为传感器智能识别、行车路径导航、无人驾驶系统、算法决策等功能的应用提供了可能性。但这一前提是数据是可靠且可信的，而数据中心的构建是可信数据的解决路径之一。数据中心不仅有防范交通场景数据被篡改的功能，还便于实时更新交通场景数据及车路协同设施。监管机关可依据数据中心聚合功能，抽查可能涉及侵害隐私、个人信息的行业失范行为并进行劝诫、约谈甚至处罚。另外，若开发者在软件决策中嵌入隐秘的歧视性规则，如依据乘车人的性别、种族、年龄、学历、社会地位等私密信息划分三六九等，如“上等”用户优先路权、通行权及优先级的碰撞规避策略，而“下级”用户可能面临不公平待遇，增加社会风险。而凭借国家数据中心的调控机制，在保密性基础上完成对敏感数据的存储或对数据脱敏化处理，使厂商获取、经手的数据个人特征弱化甚至无法识别个人信息，以此规训用户数据被滥用的开发者偏好。据此，应当限制无人驾驶汽车收集并上传敏感数据、歧视性数据、国家安全数据，以免数据被厂商不当利用或被不法分子作为违法犯罪的武器使用。

三、补足规制原则：道德伦理纳入考量范围

并不是因为道德伦理作为规制策略的“香饽饽”，就一味发掘其制度内在。之所以道德伦理确有必要，是因为它正是回应“两难困境”的不二法门。质言之，伴随无人驾驶汽车在未来世界可期待的落地普及，必然引发可能致使人员伤亡的碰撞事故。算法系统的“机器思维”不同于普通人类的驾驶思维，但其可能因设计者价值观或不当数据“跑偏”，可能在路线规划、碰撞决策等方面引发伦理道德危机。由此引发的伦理判断与价值导向问题隐藏于自主驾驶技术之后，继而引发的驾驶风险却不可预测。碰撞事故不再归责于人，而是由算法进行决策，那么，是否应当为算法设计一套完整的人类道德伦理体系？答案是不确定的。但将道德伦理纳入算法

决策底层逻辑的趋势似乎较为真切可行。[1]

可以想象的是，未来的碰撞事故发生时，无人驾驶汽车的操控系统是优先保护乘车人及车主，还是以多数人的生命为第一顺位？这已然是无人驾驶领域现实的“电车难题”。之所以需要讨论这一议题，是因为无人驾驶程式被预设了碰撞决策的特殊算法，而不被允许也客观不能存在人类驾驶员的过失、紧急避险等法定减轻、免责事由。这一问题的核心，在于生命安全分配的道德讨论。生命是最核心的人类价值和人格利益，也是无人驾驶算法决策中的最优先价值。

在确立生命安全为最优先价值后，不同身份的生命优位即进入我们的视野。如以乘车人优先的“乘客优先原则”，坚持乘车人优先为无人驾驶汽车算法决策的终极法则。我们可以析出该原则的若干不当之处：其一，未能讨论车主的特殊地位问题；其二，车主或乘客的优先位阶未再讨论；其三，原则无视整体的道路交通秩序。也就是说，车主生命与车内其他乘客的生命优先权的问题如何筹划？如车内乘车人因不可逆事故必须择一牺牲时，依照该原则如何决策？是优先考虑妇孺老弱还是考虑乘客或行人的生还概率还是伤重程度？或许购置车辆者会偏好此类决策原则，但其实质偏狭于乘客利益而弱化整体性的道路交通秩序。若无人驾驶汽车皆以此为核心原则，“自私”的决策原则可能致使整体交通的瘫痪。可见，过于宽宏的“乘客优先原则”经拆解后，无力回应现实的道路交通场景化需求。因此，“乘客优先原则”及其赖以支撑的市场论证遭受指摘，被认为在制造商的责任承担上语焉不详。[2] 否认“乘客优先原则”的同时，也不宜要求算法决策以生命数量优先，“生命价值之间没有可比性，多数人生命并

---

[1] 为人工智能代码嵌入伦理道德已经是一种趋势。2019 年 4 月 8 日，欧盟委员会旗下的人工智能高级别专家组发布《可信人工智能的伦理指南》。指南所持立场是：AI 发展不是为技术发展而发展，而是为实现人的需求为中心，最终目标应该是为人类谋福祉。因此，对“以人为本”的需求相对应提出“可信赖 AI”（Trustworthy AI），提出人工智能在其生命周期内最低限度的三要件：（1）合法性；（2）道德性；（3）鲁棒性（是控制系统在一定的参数摄动下，维持其他某些性能的特性，是在异常和危险情况下系统生存的关键）。此外，德国的相关规范也允许无人驾驶的算法决策事先预设道德“两难困境”的决策方案。

[2] 陈景辉. 自动驾驶与乘客优先［J］. 华东政法大学学报，2020（6）：6－19.

不比少数人生命高贵”。[1] 因此，应当禁止算法决策事前设定乘客优先原则或最小伤亡原则，以此为无人驾驶算法决策的底层代码。

但是道德伦理应以何种方式嵌入无人驾驶汽车的生产、销售、使用、流通环节？以法律规范方式还是行业技术标准？德国已经给定答案，即将伦理以规范形式确立并嵌入算法决策，并且使法律规范符合伦理道德。但无论是何种方法手段，最终表现形式均是强制排除不合标准的产品、服务。[2] 其实，在算法中嵌入伦理代码并无大碍，这可以避免算法被不当利用的危机、挑战。毕竟，算法的确切执行力比感性、不确定的人类情感要更为客观化、规范化。在道德要素方面，无人驾驶的软件系统被创造之初，若被编入伦理代码，其碰撞决策行为会比人类更符合伦理要求。

四、完善监管规则：弹性标准更为合理

标准化监管是提高监管有效性和精准性的前提，也是防范监管风险的根本保障。[3] 以安全标准的实体化、精确化、规范化，实现“将风险社会置于法治社会背景”。[4] 而“弹性”技术标准是指“弹性”因素介入的标准逻辑：按照“弹性＋标准”所打造的法律规制模式。

传统的行政规制进路，要求机动车必须满足准入管理规定及强制性的技术要求。但是，标准制定保证科学性、规范性、时效性。处于技术上升期的无人驾驶汽车，其技术发展仍是不固定状态，强行以某种技术为准的标准化并不契合科学性、规范性。为了应对未来的技术变化、安全标准乃至法律法规的变动，僵化的标准限制动态的技术变化。对新兴技术采用定格的标准，在解决部分问题时可能附随桎梏发展的不利影响。我们对无人驾驶汽车的认知仍然是支离破碎的、片面的，以至于忽视弹性技术标准更合乎发展规律。无独有偶，德国在修法讨论中也意识到弹性法律的必要性，如在涉及上路许

---

[1] 甘绍平．以人为本的生命价值理念［J］．中国人民大学学报，2005（3）：73．

[2] 如《标准化法》第25条规定：不符合强制性标准的产品、服务，不得生产、销售、进口或者提供。

[3] 章志远．监管新政与行政法学的理论回应［M］．东方法学，2020（5）：73．

[4] 杨春福．社会风险的法理解读［J］．法制与社会发展，2011（6）：109．

可、事故责任认定等问题上，在现有的法律框架下解决而非创设新规范。[1]而美国早在《自动驾驶汽车法案》中就已确立安全标准豁免制度，主管部门有权豁免某型号自动驾驶汽车，适当放宽其安全法规要求。

介于无人驾驶技术发展进程的难以预见性，需要采取可控的弹性标准模式，进而有序攻占无人驾驶技术的桥头堡。

一方面，我国无人驾驶技术标准制定落后于国际社会。撇开汽车产业积累不足的内因以及监管方式、评估机制、技术控制的外在因素。第一，在监管方式上，我国更为关注的是对汽车末端检验与事后召回机制，而非对无人驾驶汽车生产、算法嵌入、软件更新等全过程的风险控制。第二，在评估机制上，我国尚缺乏完备的无人驾驶汽车评估体系与数据，关键硬件和软件的检测技术落后，严密的标准规范并不契合实际。第三，在技术控制上，我国车企较国外竞争对手相距甚远，严密的标准规范易压缩技术上升空间。对无人驾驶汽车安全标准制定的重心应切实转向风险控制，使弹性标准反馈于技术创新实践中，实现对技术创新的激励。

另一方面，弹性并不意味着放弃安全底线。新兴技术的固有特质和认知层面决定了不确定性更符合技术的本质和人类世界对技术的认知深度。如无人驾驶汽车中的图像处理技术，以往的训练测试及感应器样本依赖摄像机而非雷达。但若假定某种特定部件为法定标准，可能不当钳制无人驾驶发展。须知，现实处境是无人驾驶汽车的传感设备正逐渐青睐于雷达与摄像机的集合。[2] 另外，就安全性能而言，弹性技术标准是“可接受性”的安全而非“绝对安全”，其底线是至少达到传统汽车的安全程度及软件对实景化道路交通的决策能力。就风险类型而言，弹性技术标准是共性风险而非特性风险。因此，设立标准化的最低技术标准的标准样本，尽可能消除环境感知、自我决策、控制执行、信息安全等方面的变量与异变风险。

弹性标准绝非监管规则的最终形态，而是当前技术发展期的权宜之

[1] 张韬略，蒋瑶瑶．德国智能汽车立法及《道路交通法》修订之评介［J］．德国研究，2017（3）：78－80．

[2] 值得一提的是，一直以来，雷达作为传感设备的性能长期优益于摄像机，但因成本及收益原因，使长期以来大规模应用摄像机作为传感设备。而近年来雷达成本逐步下降，也就使雷达用作传感器普遍化。

计。因此，无人驾驶汽车的具体落地必须辅以定期或抽检的安全评估报告，验证并适时改进硬件参数及软件契合度、数据机制等指标。弹性标准与技术创新的良好互动引发的规范引领作用，将积极引导和推动其他标准体系部分的关系，将同信息通信、智能交通、车辆智能管理等标准，一道构筑车联网产业标准体系。

本章小结

现有的行政法体制，在应对无人驾驶汽车从通行权、产品准入及驾驶证等方面，因囿于传统汽车的视野，都没有给予无人驾驶汽车太多适用空间。若是无人驾驶汽车的路权、通行权等合法性问题没有合法解决，其甚至不具备道路测试资格。然而，如果把研究目光转向域外国家和地区，不难发现许多国家和地区在立法应对新兴的无人驾驶汽车挑战并不及时，其实效也令人不甚满意。但是，在同样不甚完美的立法例中，为什么美国等发达国家的法律及政策能够实现推动无人驾驶产业发展的激励性功能？为什么传统汽车发达的欧洲在此类问题上法律政策滞后于技术发展？而在域外启示中，我国又如何解决无人驾驶汽车产业激励的发展需求和安全可控的规制目标之间的冲突？回归问题本身，我国无人驾驶汽车产业的高速发展给行政法带来了不小挑战，有些问题长期积累，迫切需要解决。如道路通行权掣肘无人驾驶汽车上路、交通行政规制手段单一、对算法的规制不足、市场准入与准出机制缺位等问题。这些问题的长期存在使无人驾驶汽车的合法性困境难以破局。从根源上看，这些问题都属于现有法律体制内在性的不足和缺位，是一种实质上的“法律失效”。如果继续以现有法律体系作为行政法规制的执法规范，非但不能破局，还可能使已经存在的问题持续发酵，甚至更为严峻。因此，针对我国行政法规制面临的各种无人驾驶汽车问题，在考察域外相关立法后，就安全可控与创新激励的张力、软法硬法结合、重构数据治理谱系等域外启示，应提出新的行政法规制理念，以适配转型时期无人驾驶汽车发展之需，完善既有行政规制体系。

第七章 无人驾驶汽车的刑法规制

第一节 无人驾驶汽车数据类犯罪分析

无人驾驶汽车的最优行驶在于各种处理算法的顺畅运行，而算法的运行又以数据为必要支撑，故在无人驾驶汽车中针对数据的犯罪问题应当引起重视。无人驾驶汽车目前的研发路线有两条：一是渐进式汽车驾驶自动化发展线路，以传统汽车企业为代表，发展过程需历经辅助驾驶、半自主驾驶、高度自主驾驶、完全自主驾驶四个阶段；二是跨越式汽车自动化发展线路，以互联网企业为代表，跳过中间的发展阶段，直接研发完全自主驾驶阶段。[1] 无论是哪种路线，在研发过程中，都以不断优化建立在以数据收集、分析为基础的处理算法为首要，尤其是 3D 目标检测算法中，从最初的分别基于三通道彩色图像和灰度图像的结合，基于激光点云数据进行计算，一直发展到将二者数据有机结合起来。[2] 由此可见，在未来完全成型的无人驾驶汽车技术中，数据必然有着举足轻重的地位，因此对将来的无人驾驶汽车技术中涉及的数据犯罪问题，是本节所要探讨的重点。

---

[1] 陈虹，郭露露，边宁．对汽车智能化进程及其关键技术的思考［J］．科技导报，2017（11）：52－59.

[2] 季一木，陈治宇，田鹏浩．无人驾驶中 3D 目标检测方法研究综述［J］．南京邮电大学学报（自然科学版），2019（4）：72－79.

一、无人驾驶汽车中的数据分类

在高振海等人的研究中显示，无人驾驶汽车所需的数据大致分为两类：一是交通场景数据，二是驾驶行为数据。[1] 以上两类数据即为无人驾驶所需，那在无人驾驶汽车实际运行当中必然会涉及对两类数据的收集与分析问题。在收集、分析数据的过程中，就潜在地可能成为被侵害的对象，从而发生违法犯罪，故这两类数据都应囊括在数据犯罪法益保护的范围之内。但在无人驾驶汽车行业的整个运行过程中，仅靠无人汽车驾驶技术作为单独支撑是无法实现的，还需要车车协同、车路协同等技术的融合，2019 年中共中央、国务院印发的《交通强国建设纲要》中明确提出，要加强对车路协同、智能汽车和自主驾驶的技术研发。[2] 因此无人驾驶汽车中所涉及的数据不仅仅是涉及无人驾驶汽车具体驾驶的数据，还涉及车车协同、车路协同以及智慧公路等技术中与无人驾驶汽车紧密联系的数据。例如，车路协同技术通过 5G 基站与无人驾驶汽车的车载定位系统的互联来实现 5G 通信技术与无人驾驶汽车技术的融合，其中在互联过程中，传输给无人驾驶汽车的数据以及协助无人驾驶汽车进行自主驾驶的存储在其他系统的数据都应纳入数据犯罪法益保护的范畴，因此，衍生出了第三类数据——非驾驶系统的辅助驾驶数据。最后一类数据是企业、组织、机构等所存储的用户数据，其中包括用户驾驶偏好、用户个人信息等，属于对无人汽车具体驾驶起作用最小的甚至几乎不起作用的数据，但仍属于未来车企、平台等组织的重要战略资源，因为当形成一定规模的用户数据后将蕴藏着巨大的经济利益。[3] 因此对于此类数据，亦存在保护的价值基础，也应归属于针对无人驾驶汽车数据犯罪的法益保护圈内。

综上所述，无人驾驶汽车中的数据具体分为四类：第一类为交通场景

---

[1] 高振海，于桐，孙天骏，王雨蒙．面向无人驾驶的数据采集与分析系统研究综述［J］．汽车技术，2021（6）：1－11．

[2] 吴建清，宋修广．智慧公路关键技术发展综述［J］．山东大学学报（工学版），2020（4）：53－68．

[3] 司马航．用户数据的知识产权属性之辩［J］．科技与法律，2019（6）：32－40．

数据，第二类为驾驶行为数据，第三类为非驾驶系统的辅助驾驶数据，第四类为用户数据。

（一）交通场景数据

交通场景是指车辆在道路交通中所处的场景，❶ 例如，车辆在行驶过程中遇到交通信号灯、道路指示牌、超车等所形成的场景，即是交通场景。密歇根大学的学者曾将自然驾驶数据分为自由行驶、跟驰、变道、前车插入、前方通过人行横道和侧方通过自行车六种不同的驾驶场景库，❷ 以此来构建交通场景数据库。但该六种场景形式较为简单，只能视作初步的交通场景，完全没有涉及车与车、车与人、车与交通设施的场景库，为此国内学者刘生便提出按照本车、其他交通参与者、道路交通情况和天气、城区等环境状况这四个要素进行分类。❸ 虽该分类较前考虑更为全面，但仍不够周全，暂未涵盖到乡村道路场景以及紧急状况场景，如遇山体滑坡、泥石流等。因此，从广义上说，交通场景即指无人驾驶车辆所能遇到的一切在道路交通中可能发生的场景，狭义上说，即是当前人类可认知和处理的在道路交通中能遇到的场景。

交通场景数据即是无人驾驶汽车在交通场景中所收集到的和分析得出的数据，包括无人驾驶汽车在运行过程中初始采集的数据及初步整理分析得出的数据两种。无人驾驶汽车的驾驶关键就在于对交通场景进行准确识别并迅速作出正确的反应，这样才能在城市的道路布局开来，从而辐射到乡村及其他道路环境更为恶劣的地点。因此交通场景数据在无人驾驶技术中至关重要，理应注重对此类数据的保护。

（二）驾驶行为数据

驾驶行为，顾名思义，即是驾驶员在不同交通场景下对车辆作出的操

❶ 高振海，于桐，孙天骏，王雨蒙．面向无人驾驶的数据采集与分析系统研究综述［J］．汽车技术，2021（6）：1－11．

❷ ZHAO D，GUO Y，JIA Y J．TrafficNet：An Open NaturalisticDriving Scenario Library［C］//2017 IEEE 20th InternationalConference on Intelligent Transportation Systems（ITSC）．IEEE，2017．

❸ 刘生．智能网联汽车驾驶场景数据采集的研究及应用［J］．汽车纵横，2018（8）：74－75．

纵。在无人驾驶汽车当中，因车载驾驶系统的算法替代了驾驶员，所以无人驾驶汽车中的驾驶行为是指系统算法在应对不同的交通场景下所发出的对汽车行驶的指令，而驾驶行为数据即是在车载驾驶系统分析计算其他类型数据并作出决定的过程中所产生的数据。该数据与交通场景数据不同，交通场景数据只是进行初步的收集、筛选和整理，而驾驶行为数据是通过分析计算交通场景数据、非驾驶系统的辅助驾驶数据及其他数据而产生的数据，该数据对无人驾驶汽车的驾驶行为起着中流砥柱的作用。换言之，其他数据都是为此类数据服务的，故驾驶行为数据的重要性不言而喻。

在国内交通事故发生原因的统计显示，80%的交通事故都是人为原因造成的，车辆自身的原因不到5%，[1] 可见，驾驶行为在车辆的正常行使及事故风险控制上起着无可替代的地位。作为替代驾驶员的自主驾驶系统，在当前的技术研发中，其主要集中在汽车算法优化上，而驾驶行为的数据分析是无人驾驶汽车算法优化及个性化定制的基础。[2] 因此，对驾驶行为数据的保护应置于交通场景数据保护之上，对该类数据的入罪基础相较交通场景数据犯罪而言应该更低。

（三）非驾驶系统的辅助驾驶数据

非驾驶系统是指在完全成型的无人驾驶技术中，非放置于无人驾驶汽车上的，而是环绕在无人驾驶汽车周围的辅助驾驶系统，这与自主式驾驶辅助系统和网联式驾驶辅助系统[3]不是一个概念，自主式驾驶辅助系统和网联式辅助系统是驾驶员未被替代时的辅助系统概念，仍是辅助驾驶员驾驶的系统，而笔者提出的非驾驶系统是在高度驾驶[4]即无人驾驶阶段所产

[1] 赵学刚，魏郎．基于原始信息采集的交通事故原因分类法研究［J］．太原理工大学学报，2008（S1）：36－38．

[2] 高振海，于桐，孙天骏，王雨蒙．面向无人驾驶的数据采集与分析系统研究综述［J］．汽车技术，2021（6）：1－11．

[3] ZHANG Shuwei，ZHANG Donghao，LUO Yugong，et al. Predictive Energy Management Strategyfor Electric Vehicles based on Estimation of Preceding Vehicle Future Movements［C］//IEEE Int'l Conf on Adva Intell Mech，September 26，2016．

[4] 李克强，戴一凡，李升波，边明远．智能网联汽车（ICV）技术的发展现状及趋势［J］．汽车安全与节能学报，2017（1）：1－14．

生的其他辅助算法完美运行的辅助系统。例如智慧基站系统、智慧交通信号灯系统、智慧道路指示牌系统等，是在无人驾驶汽车技术中起辅助无人驾驶汽车驾驶作用的系统。辅助驾驶系统在收集、分析所需数据且与无人驾驶汽车进行互联的过程中，都会产生有助于无人驾驶汽车顺利行驶的数据，这类数据就是非驾驶系统的辅助驾驶数据。

这类数据相较前两种数据，在作用上略低于交通场景数据与驾驶行为数据，主要是起一个协助驾驶的作用，较少参与车载无人驾驶系统的具体进程。但此类数据并非不具有保护的价值，作为此类数据主要来源的车路协同技术可以帮助无人驾驶汽车与交通设施之间有效地优化利用系统资源，[1] 从而促进无人驾驶汽车更好地运行。把驾驶行为数据比作大脑，交通场景数据即是心脏，而非驾驶系统的辅助驾驶数据则是四肢，都是实现无人驾驶汽车良好行驶不可或缺的数据，故理当加之保护。

（四）用户数据

用户从广义上说即指某种产品、技术、服务的使用者，但基于当前无人驾驶汽车尚未完全落地这一特殊性，无人驾驶汽车的用户应当包括体验者和使用者。用户数据是指既不参与无人汽车具体驾驶行为，也不起辅助无人驾驶汽车驾驶的系统所收集、分析、存储的数据，主要是车企、平台等组织机构为发展公司无人驾驶汽车业务所收集整理的用户行驶轨迹、个人身份信息、喜爱音乐歌单等以满足用户需求为目的产生的数据。值得注意的是，用户驾驶偏好中影响无人驾驶汽车驾驶行为的数据属于驾驶行为数据，不纳入用户数据的范围。

大数据时代下用户数据的个体价值虽逐渐缩减，但并不意味着识别性的消失，[2] 甚至还隐藏着庞大的经济效益，这在无人驾驶汽车行业中也不例外。因此在无人驾驶汽车整个行业的发展过程中，用户数据如何防止被非法窃取，以及非法利用，对整个行业的进步将产生一定的影响，所以用

---

[1] 陈超，吕植勇，付姗姗，彭琪. 国内外车路协同系统发展现状综述［J］. 交通信息与安全，2011（1）：102－105.

[2] 司马航. 用户数据的知识产权属性之辩［J］. 科技与法律，2019（6）：32－40.

户数据作为第四类数据加之保护是数据犯罪法益保护的应有之义。

二、无人驾驶汽车中数据类犯罪的共同特征

（一）犯罪目的多样化

当前的数据犯罪是以非法获取计算机信息系统数据罪和破坏计算机信息系统罪构成的获取型数据犯罪和破坏型数据犯罪为主，[1] 主要的犯罪目的是为牟取经济利益，这与当下人们对计算机的认知是相匹配的。但对于未来无人驾驶汽车时代，超级计算机在无人驾驶汽车中已经演化为自主驾驶系统，再用对传统的计算机认知去看待完全自主驾驶系统下的数据犯罪的犯罪目的，是不合理的。原因之一是自主驾驶系统作为一种人工智能的产物，其所能表现出的“行为”已不同于传统计算机单纯计算、传输等，其能做出许多类人化的智能行为（这也是人工智能所追求的），而行为的智能化能帮助犯罪人实现更多样的犯罪目的，不仅仅限于追求经济利益。原因之二在于行驶中的无人驾驶汽车本身就是一个风险点，具体而言，行驶中的无人驾驶汽车相当于一个高速移动的智能计算机系统，与传统的计算机多是处于静止状态不同。因其高速移动性，在道路上所能造成的侵害就不仅仅局限于汽车本身，其还可能被利用，从而危害公共安全、危及他人生命、毁坏他人财产等，因而容易被犯罪分子以此为媒介来实现行凶杀人、伤害他人、报复社会等犯罪目的，而这些是传统计算机的犯罪目的所无法容纳的，这会使无人驾驶汽车中产生的数据犯罪的犯罪目的具有多样化的特点。

（二）犯罪手段隐蔽化

现代技术的综合发展，推动了无人驾驶的落地，但科技的双刃剑效果同样明显，21 世纪日益信息化、网络化的同时，涉及计算机的犯罪也逐渐

---

[1] 杨志琼．我国数据犯罪的司法困境与出路：以数据安全法益为中心［J］．环球法律评论，2019（6）：151－171．

增多；同理可合理推测无人驾驶汽车落地的时代，5G 通信技术及其他人工智能也已高度成熟，这将为行为人更迅速、更隐蔽地实施犯罪行为提供宽广的技术基础。

在数据犯罪方面，因“数据需依赖电子介质才能存储”这一特性，造成对数据的攻击往往是通过黑客技术破坏介质来达到收集、利用、破坏数据的犯罪目的。而存储数据的电子介质的主要类型就是计算机系统，行为人通过网络攻击计算机系统实现犯罪目的。拥有 5G 通信技术的无人驾驶汽车，在实现无人驾驶汽车安全稳定自主驾驶的同时，也带来更高的数据犯罪风险，使行为人通过网络攻击无人驾驶汽车相关系统以获取、破坏、利用数据的速度变得更快，途径变得更便捷。这将导致犯罪行为更加难以追踪，使犯罪人利用黑客技术实施数据犯罪这一手段的隐蔽化特点更为凸显。

（三）犯罪结果间接化

当前常见的非法获取计算机信息系统数据罪、侵犯个人信息罪等数据犯罪产生的犯罪结果是直接的，直接性地对数据进行了侵害，这也是犯罪分子追求的犯罪结果。但未来无人驾驶汽车时代，如前所述，因各种新科技的发展导致的犯罪目的多样化及手段隐蔽化的特点，将会导致行为人在犯罪结果的追求上也发生新的变化。

行为人在数据犯罪中不再局限于以数据为直接侵害对象，而可能衍生出以侵害数据为载体进而造成致人死亡、致人重伤、引发社会恐慌等的犯罪结果。这些新出现的犯罪结果在当下的数据犯罪中几乎无法实现，因为作为数据存储主要电子介质的计算机是静止的，但在无人驾驶汽车中，“汽车行驶时高速移动性产生的风险”和“无人驾驶汽车依赖数据才能实现自主驾驶”的这两个特性，给行为人利用数据实现上述犯罪结果提供了良好的“平台”。具体而言，行为人可以通过破坏、篡改无人驾驶汽车中的数据致使汽车失控，从而造成人员损伤甚至危及公共安全。因上述新出现的危害结果都不是行为人直接追求的，而是通过侵害数据来间接实现的，因此在新的犯罪目的下，对数据犯罪而言，犯罪结果呈现出间接化的特点。

三、无人驾驶汽车中各类型数据犯罪可能触犯的常见罪名

不同的数据类型所产生的数据犯罪触犯的罪名是有所参差的，并不完全一致，这主要与不同数据类型在无人驾驶汽车技术中所起的作用不同有关。根据对无人驾驶汽车所起的作用大小进行分类，笔者从大到小进行排序，分别是驾驶行为数据、交通场景数据、非驾驶系统的辅助驾驶数据，以及最后的用户数据。作用的大小不同，将会导致不同数据类型的入罪标准不同。同时，不同的数据类型拥有自身的数据特性，该数据特性也相应地影响数据犯罪所触犯的罪名，所侵犯的对应的法益也会不同。

（一）驾驶行为数据犯罪

在无人驾驶汽车中，驾驶行为数据是影响无人驾驶汽车驾驶行为的决定性数据，算法的指令主要是依靠该数据进行发布。原因在于驾驶行为数据与驾驶行为联系最为密切，数据与指令之间是内容与形式的关系，在车载无人驾驶系统正常运行的情况下，数据收集的完整性、准确性将直接决定指令的发布；相对其他数据而言，其他数据与驾驶行为之间是间接关系，其他数据要在无人驾驶汽车自主驾驶中发挥作用仍需通过转化为驾驶行为数据来实现。因此，在驾驶行为数据起决定性作用的情况下，由驾驶行为数据通过收集其他类型的数据和算法的运算引发的驾驶行为就类似于驾驶员通过感知器官感知到信息，然后传输到大脑来促成驾驶行为的发生。为此，针对驾驶行为数据所实施的犯罪必然会触犯到与驾驶员相关的罪名，大致包括破坏交通工具罪、劫持汽车罪、故意杀人罪或故意伤害罪、妨害安全驾驶罪、交通肇事罪。

1. 破坏交通工具罪

《刑法》第 116 条规定了破坏交通工具罪的罪状，其中提到需足以达到使交通工具发生倾覆、毁坏的危险，由此可知，破坏交通工具罪是危险

犯,❶ 这也是认定是否构成破坏交通工具罪的关键性条件。此罪不仅是危险犯，更是具体危险犯，是否达到足以倾覆、毁坏的危险需要结合具体的案情来判定，在实务中，往往是通过比较被破坏的交通工具零部件对交通工具行驶产生的危险性大小来判定，越是关键部位的零部件，其对交通工具发生倾覆、毁坏的可能性就愈大。

传统汽车的关键零部件主要包括汽车发动机、制动器、变速器、减震器、转向器等,❷ 以上除发动机、减震器外，制动器、变速器、转向器等完全由自主驾驶系统控制，传统的需要人为操作的刹车装置、挂挡装置、转向装置都将去除。为此，自主驾驶系统将成为刹车、挂挡、转向等驾驶行为的控制者和实施者，而驾驶行为数据作为决定驾驶行为的来源基础，已经融入驾驶系统当中，对重要驾驶行为数据的破坏，相当于对无人驾驶汽车重要零部件的破坏，因为两者对汽车产生的破坏效果是一致的。具体而言，传统汽车中的破坏交通工具罪常见的是破坏刹车片、方向盘、挡位等直接性的物理性破坏，但在无人驾驶汽车中，这些外露的容易被破坏的装置将不复存在，如何刹车、转向、变速已经由自主驾驶系统所控制，物理性破坏较难实现，而作为替代传统汽车装置引导驾驶行为的驾驶行为数据将成为新的犯罪对象，若恶意修改、毁损驾驶行为数据，将导致自主驾驶系统无法作出正确的指令，与传统汽车中直接被物理性破坏的装置导致驾驶员无法作出正确操作的效果是一致的，都将使汽车发生倾覆、毁坏的危险。当然，并非所有驾驶行为数据都将造成此种危险，在无人驾驶汽车中的破坏交通工具罪仍是具体危险犯，能否造成此种危险需结合具体的案情来判断，一般来说，破坏关键零部件的数据将构成此罪，非关键零部件的数据仍须具体判定。

2. 劫持汽车罪

《刑法》第122条规定，劫持汽车罪是指以暴力、胁迫或者其他方法

❶ 陈跃辉，陈德日. 重嚼“鸡肋”条款——破坏交通工具罪传统阐释的质疑［J］. 广西政法管理干部学院学报，2001（1）：34－36.

❷ 汪艺. 汽车关键零部件制造需要具有核心技术的智能装备支撑——2012汽车变速器先进制造技术及装备国际研讨会纪实［J］. 制造技术与机床，2012（8）：23－26.

强使行驶或使用中的汽车按行为人指定的路线、方向或目的地行驶，或强使汽车改变用途的犯罪行为。❶ 很显然，因无人驾驶系统是机器，无法被以暴力威胁或胁迫，所以在无人驾驶汽车中不存在因暴力威胁、胁迫构成劫持汽车罪的问题，因此劫持无人驾驶汽车只能依靠其他方法来强行改变汽车的行车路线、方向、目的或用途，而篡改、恶意操纵驾驶行为数据恰恰是一种非对驾驶员进行暴力威胁、胁迫，而是以相对平和手段破坏自主驾驶系统正常运转来达到强行改变汽车的路线、方向等的其他方法。

当然，若未来成型的无人驾驶汽车技术中，仍保留了车载人员或系统终端操作人员对汽车的驾驶功能，如必要时，乘客可以手动操控无人驾驶汽车来解决复杂情况的驾驶问题，在这种情况下，仍可能发生对人以暴力、胁迫的方式构成劫持汽车罪。但按目前的无人驾驶汽车的理论基础显示，无人驾驶系统具有超级理性，不仅在减少交通事故、提高道路通行率、降低汽车能源消耗方面有着巨大优势，而且还有非常强的深度学习能力。❷ 在信息化、智能化技术发展如此迅速的背景下，未来很有可能无人驾驶汽车技术也能解决在面对复杂情况的行驶问题，因此不保留人类驾驶功能，完全将驾驶行为交由超级无人驾驶系统的可能性更大些，如此通过破坏驾驶行为数据来实施劫持汽车的犯罪行为将成为此罪的最主要方式。

3. 故意杀人罪或故意伤害罪

故意杀人罪与故意伤害罪是耳熟能详的罪名，之所以把这两种犯罪放入驾驶行为数据犯罪范围之中，原因之一是驾驶行为数据是四种类型数据当中最重要的，发挥的作用也是最关键的，因此对无人驾驶汽车中的乘客造成伤害的可能性也是最大的，是最容易实施故意杀人、故意伤害行为的数据类型；原因之二在于无人驾驶汽车的空间是封闭的，当有目的性的针对个体所在的无人驾驶汽车的驾驶行为数据进行破坏时，将极易导致车内乘客出现重伤死亡的情形。这种不是危害公共安全法益，而是针对具体人员实施的破坏驾驶行为数据的行为，在没有造成其他更严重的危害后果

---

❶ 屈学武．劫持车船罪释析［J］．人民检察，1997（6）：21－22，39．

❷ Kockelman K，Avery P，Bansal P，et al. Implications of connected and automated vehicles on the safety and operations of roadway networks：A Final Report［R］．2016．

时，就应当定为故意杀人和故意伤害罪。

当前在传统汽车中，犯罪人也可能触犯故意杀人罪和故意伤害罪，但往往需要犯罪人亲自参与车祸中，因此发生情况较少。在未来的无人驾驶汽车中，因驾驶员已被替代，而无人驾驶汽车又是靠数据予以支撑，那通过一定的手段对数据的破坏来达到行凶的目的相对传统汽车犯罪要简单许多，将导致故意杀人罪、故意伤害罪在无人驾驶汽车中的犯罪率提高，这是值得我们警惕的。未来无人驾驶汽车中的故意杀人、故意伤害犯罪必定更加互联网化，痕迹更难追踪、证据更难收集、发生频率更高，因此把这两种罪名纳入驾驶行为数据犯罪当中，也是为提高对此类犯罪的重视程度。

4. 妨害安全驾驶罪

最高人民法院大法官胡云腾建议增设妨害安全驾驶罪之后，[1]《刑法修正案（十一）》在第133条增加之二规定：对行驶中的公共交通工具的驾驶人员使用暴力或者抢控驾驶操纵装置，干扰公共交通工具正常行驶，危及公共安全的，处一年以下有期徒刑、拘役或者管制，并处或者单处罚金。这是妨害安全驾驶罪的基本规定，初衷是为解决频繁高发的干扰驾驶员驾驶公共交通工具的行为问题。在驾驶行为数据当中，如何触犯该罪名，触犯的该罪名与其他罪名有何区别，详见如下陈述。首先，无人驾驶汽车触犯该罪名的第一条件是该汽车是行驶中的公共交通工具，包括行驶中的无人驾驶公交车，行驶中的无人驾驶的幼儿园接送车、无人驾驶的长途客车等。其次，须干扰公共交通工具正常行驶，危及公共安全。但该干扰程度并未达到以危险方法危害公共安全罪中其他方法所造成的危险程度，否则将构成以危险方法危害公共安全罪。因此并非所有的妨害行为均构成此罪，只有相对轻微的妨害行为才构成妨害安全驾驶罪，与其他危险方法相当的妨害行为则构成以危险方法危害公共安全罪。[2] 具体到无人驾

[1] 胡云腾谈公交坠江：建议增设妨害安全驾驶罪［EB/OL］.［2018－11－12］. http: news. sina. com, cn/sf/news/fzrd/2018－11－12.

[2] 何鑫. 妨害安全驾驶行为的罪名适用——兼论妨害安全驾驶罪的条文增设［J］. 上海公安学院学报，2019（4）：54－64.

驶行为数据当中，对驾驶行为数据的毁损、篡改程度同样有高低之分，而这也是区分该毁损、篡改行为是构成破坏交通工具罪还是妨害安全驾驶罪的重要依据。因侵犯的法益是相同的，均是公共安全，亦均是危险犯，但造成危险的程度、公众恐慌的程度是不一致的，与相对应，对正在行驶的无人驾驶公共交通工具，毁损、篡改程度过大，造成危险性更高的行为应当以破坏交通工具罪进行规制，而毁损、篡改程度较小的则由妨害安全驾驶罪予以处罚。

对该罪罪状前面所指的“对驾驶人员使用暴力或抢控驾驶装置”的理解，笔者认为该内容仅是列举当前常见的妨害安全驾驶罪的行为样式，并非局限于这两种典型行为，该罪的认定实质仍在于是否干扰了交通工具正常行驶，是否危及了公共安全，以及实害发生的可能性大小。[1] 特别是基于无人驾驶汽车并无驾驶员的情况下，对无人驾驶交通工具的操控干扰根本无法以这两种方式呈现，这是否意味着对驾驶行为数据轻微操控且达到妨害安全驾驶罪其他构成要件的犯罪行为就将不予处罚，这显然是不公的。因此，妨害安全驾驶罪纳入驾驶行为数据犯罪是维护刑法罪刑相适应原则的必然要求。

5. 交通肇事罪

因无人驾驶汽车由数据、算法组成的自主驾驶系统控制了驾驶环节，所以车辆驾驶人因为注意义务的责任缺失难以继续是交通肇事犯罪刑法规制的对象，[2] 这是从驾驶员的注意义务角度出发来审视无人驾驶汽车中的交通肇事罪，但并不完备，未考虑无人驾驶汽车在行驶时可能出现的交通肇事新形式。根据当前的法律法规及学界理论，交通肇事的核心确实在于驾驶员的注意义务，但在未来已完全自主驾驶的无人驾驶汽车所能造成的交通肇事罪的核心是否仍集中在驾驶员身上，值得怀疑。

笔者认为，既然由数据、算法组成的自主驾驶系统替代驾驶员完成了

---

[1] 苏珂．论妨害安全驾驶犯罪的刑法治理效度——以公交车司乘冲突型以危险方法危害公共安全罪为引例［J］．人民论坛·学术前沿，2020（7）：100－103．

[2] 廖兴存．无人驾驶汽车交通肇事过失刑事责任论纲［J］．湖南社会科学，2021（3）：122－130．

驾驶行为，未来无人驾驶汽车中的交通肇事罪的核心必然将转移到对自主驾驶系统上。但问题的核心不在于讨论自主驾驶系统是否可以成为独立的刑事责任主体，因为既然是无人驾驶汽车技术成型落地的时代，那么自主驾驶技术必然已经成熟，无论是认为自主驾驶系统拥有自主意志的“智能机器人独立刑事责任说”，[1] 还是将责任主体转向背后的产品设计者、制造者、使用者、所有者的“人工智能‘背后的人’的刑事责任说”，[2] 都不影响成熟的自主驾驶技术因自身原因所造成的交通事故率已经降到一定的低点这一客观事实，从而构罪的核心将转移到自主驾驶系统是否被过失地影响运转。

因此在未来无人驾驶汽车普及的时代，无人驾驶汽车故障导致的重大交通事故将仅占所有重大交通事故的极小的一部分，而主要的重大交通事故发生原因仍是人为原因（虽主因仍是人为原因，但事故数相对以往已大大减少），但该人为原因的形式发生了新变化，不是以往驾驶员的违法违规操作的形式，而是以一种人为的过失影响自主驾驶系统，从而导致重大交通事故发生的新形态，传统的重大人为事故形式是直接的，而未来的重大人为事故形式是间接的。这种新形态的出现也是直接与驾驶员的注意义务的消失息息相关的，未来更多的是非驾驶员的不干扰义务。特别是在数据犯罪引发的交通肇事罪，尤为突出这一特点。举个例子，对正在行驶的无人驾驶汽车进行驾驶行为数据的窃取，由于窃取时导致车载无人驾驶系统运转过载而造成系统迟缓、故障，进而发生重大人身伤亡，该例中行为人并非直接地影响驾驶系统的运作，而是间接地影响了自主驾驶系统，主观上并非有意造成交通事故的发生，而是疏忽大意或过于自信导致了重大交通事故的发生，构成交通肇事罪。上述非直接破坏性，间接过失影响性的形式将成为未来交通肇事罪的新常态，故应当将刑法资源合理利用，着力解决新形式的交通肇事罪，花费大量资源解决偶尔出现的传统形式的重大交通事故问题意义甚微。

---

[1] 刘宪权，胡荷佳．论人工智能时代智能机器人的刑事责任能力［J］．法学，2018（1）：40－47.

[2] 姜涛，柏雪淳．谁之责任与何种责任：人工智能的责任模式配置慎思［J］．河南社会科学，2019（4）：56－59.

（二）交通场景数据犯罪

交通场景数据是无人驾驶汽车周围环境的数据，以负责从辅助驾驶系统接收并通知自主驾驶系统周围的路况、交通信号、行人、车距等信息为目的，不直接决定驾驶行为的指令发布，起到帮助驾驶系统作出指令的作用。因此针对交通场景数据的直接破坏、篡改并不会直接影响驾驶行为，而是通过影响驾驶行为数据进而影响驾驶行为。但对该类数据的严重损害也会构成故意杀人、故意伤害、妨害安全驾驶及交通肇事罪，因前面已陈述，只是侵犯的数据类型不同，故不在此赘述，具体着重介绍以危险方法危害公共安全罪与故意毁坏财物罪。

1. 以危险方法危害公共安全罪

损害驾驶行为数据也可能构成以危险方法危害公共安全罪，但驾驶行为数据属于核心数据，所以往往构成的是破坏交通工具罪这一特殊罪名，而不适用兜底罪名。交通场景数据所起的作用仅次于驾驶行为数据，对驾驶行为的影响虽不如驾驶行为数据但又远大于其他数据，故往往易导致无人驾驶汽车行为的偏离，但对交通场景数据的破坏因不属于特殊部位数据的破坏，所以不属于特殊方法，而是其他危险方法，故适用以危险方法危害公共安全罪较多。

以危险方法危害公共安全罪认定的标准主要在于该危险方法造成的危险与放火、决水、爆炸、投放危险物质等方法的危险是否具有相当性，[1]因侵害交通场景数据造成的犯罪并非侵犯到无人驾驶汽车的核心数据，故在危险的相当性上对交通场景数据犯罪而言是要求更高的，入罪标准也相对更严苛。具体而言，应该以破坏、篡改交通场景数据对驾驶行为产生的偏航距离、损失程度、伤亡大小等来具体判断。

2. 故意毁坏财物罪

故意毁坏财物罪对“毁坏”的定义经历了“物质性破坏说”到“效

---

[1] 陆诗忠．论“以危险方法危害公共安全罪”中的“危险方法”［J］．法律科学，2017（5）：60－70．

用侵害说”的转变，如今被视为主流的“效用侵害说”认为：但凡妨害了所有权人对财物的使用便有构成故意毁坏财物罪的余地。❶ 故意毁坏财物罪对“毁坏”这一构成要件要素解释的转变，使损害交通场景数据但又没有造成其他严重后果的损害行为，有了构成故意毁坏财物罪的可能。“效用侵害说”的理论注重的是对财物使用价值的损害，这与交通场景数据损害恰好是相得益彰的，因为对数据的破坏不是以直接破坏负责收集、整理、传输数据的汽车零部件来实现，而是通过信息技术手段来破坏数据的准确性、完整性、有效性，因而往往表现的是虚拟的、非物质性、非物理性的毁损，但却实际影响了该零部件的效用，这恰恰与“效用侵害说”相一致。

若用“物质性破坏说”则无法解释这种破坏交通数据的行为如何入罪，因为该类破坏行为无法表现出物质性毁损的状态，“效用侵害说”更符合当前社会处于信息时代这一特点。当然，其他数据类型的数据犯罪也可能触犯这一罪名，但交通场景数据不同于核心的驾驶行为数据，与驾驶行为的关联性相对较弱，不易触发侵害公共安全法益的重罪，故其更易成为故意毁坏财物罪的犯罪对象。

（三）非驾驶系统的辅助驾驶数据犯罪

非驾驶系统的辅助驾驶数据涉及5G通信辅助系统数据、智能交通信号灯辅助系统数据、智慧道路指示牌系统数据等其他与无人驾驶系统紧密联系的系统数据。2015年9月工信部先后与浙江、京津冀、重庆等5个区域的省市政府签订《基于移动宽带物联网的智能汽车和智慧交通应用示范》合作协议，这一协议确定了我国的车路协同通信技术将以车联网技术和5G为主。❷ 因此辅助驾驶系统将以交通设施和5G通信与无人驾驶汽车之间的协同为主。而交通信号灯、道路指示牌都属于交通设施，但5G基站属于公用电信设施，故触犯的罪名将集中在破坏交通设施罪与破坏公用

❶ 张梓弦. 论故意毁坏财物罪中的“毁坏”——“有形的影响说”之提倡［J］. 法学，2018（7）：101－116.

❷ 吴建清，宋修广. 智慧公路关键技术发展综述［J］山东大学学报（工学版），2020（4）：53－68.

电信设施罪这两个罪名上。

1. 破坏交通设施罪

破坏交通设施罪与破坏工具罪一样都是侵害公共安全这一法益，入罪标准也相似，只是犯罪对象有所区别，一个是交通工具的重要零部件，另一个是交通设施的重要零部件。非驾驶系统的辅助驾驶系统如前所述，当前的一些重要交通设施在无人驾驶汽车技术成型时代将成为智能交通设施，此类系统的运行必然也涉及数据的收集与分析问题，因此对非驾驶系统达到辅助驾驶数据的破坏就将触犯破坏交通设施罪这一罪名。交通设施对汽车行驶的重要性毋庸置疑，即使在人工智能时代，依然如此。因此破坏、篡改智能交通设施系统中的数据，造成的财产损失、人身损害也是巨大的，应当一同予以重视。

2. 破坏公用电信设施罪

《刑法》第 124 条规定，破坏公用电信设施罪基本构成要件的内容是“破坏公用电信设施、危害公共安全”，其行为对象是正在使用或已交付使用等关涉公共安全的公用电信设施，包括公用电报、电话及其他通信设施，同时破坏行为必须危害公共安全。[1] 5G 基站作为电信基础设施之一，对其的破坏当然也构成破坏公用电信设施罪。

前述提到，我国的车路协同技术很大一部分将围绕 5G 展开，合理推测，未来无人驾驶汽车技术成型的时代，5G 基站系统必然也是遍布全国各地，如此庞大的数量，意味着成为犯罪行为侵犯对象的可能性也就相应增大。对该基站系统内数据的破坏，势必会影响基站与无人驾驶汽车之间的通信，从而影响驾驶，危害公共安全。当然依旧需要严格把握破坏公用电信设施罪在无人驾驶汽车中数据犯罪的入罪标准，毕竟辅助驾驶系统对驾驶行为的影响程度不如驾驶系统那么直接，因此在该罪名上需要着重把握入刑尺度。

---

[1] 叶巍，朱晓军．破坏公用电信设施罪和盗窃罪竞合关系的判断［J］．人民司法·案例，2017（14）：45－48．

（四）用户数据犯罪

用户数据犯罪在当前也是刑法学界讨论的热点，在大数据时代，既要保持刑法的谦抑性来促进数据技术的发展，又不能放任当中可能出现的违法犯罪行为，对各方的利益应当进行合理的平衡。在用户数据当中，最常见的罪名即是非法侵入计算机信息系统罪和侵犯公民个人信息罪，且常用的手段是依靠网络爬虫来爬取或窃取数据。

1. 非法获取计算机信息系统数据罪

在车企、互联网企业等关涉无人驾驶汽车技术的企业中，为自身的发展，需要留存大量的用户数据，这为滋生犯罪提供了温床。用户数据隐藏的巨大经济价值，使一些行为人把其视为牟利的工具，行为人在利用特殊手段侵入计算机收集数据来谋取利益时，将可能触犯非法获取计算机信息系统数据罪。

从刑法角度来看，立法者确立非法获取计算机信息系统数据罪，主要是针对黑客以攻击等手段，突破控制者设立的安全保护措施以获取信息数据的不法行为。[1] 但当前的互联网以共享为主题，大量的用户数据公开，且不设置有针对性的安全保护措施，这使得在判定是否构成此罪时需注意该数据的私密性及被保护性。只有该用户数据为非公开且未被保护的情形下，对该用户数据的窃取才触犯非法获取计算机信息系统数据罪这一罪名。

2. 侵犯公民个人信息罪

作为侵犯用户数据热点之一的罪名——侵犯公民个人信息罪保护的法益是个人信息安全。[2] 在无人驾驶汽车中，用户的个人信息安全同样非常重要，特别是若想实现车与互联网的通信，那用户的个人信息安全将更具有保护价值。用网络爬取的手段来收集用户的数据，是法律规制尚不明确的地带，虽实际案例中，往往认为此种行为只要达到情节严重的标准即构

---

[1] 蒋巍．恶意数据爬取行为的刑法规制研究［J］．学术论坛，2020（3）：48－54．

[2] 姜涛．新罪之保护法益的证成规则——以侵犯公民个人信息罪的保护法益论证为例［J］．中国刑事法杂志，2021（3）：37－55．

成对公民个人信息的侵犯，但理论界正逐步划分所需要保护的用户数据的界限。

对于用户同意公开和同意授权被爬取的数据，应当不属于公民个人信息的保护范畴，应尊重“用户意愿”，平衡数据的保护与开放；[❶] 而对于用户不公开或未授权而被恶意爬取的数据，在行为人的犯罪行为达到情节严重的情况下，应予以相应的惩罚。侵犯公民个人信息罪应在无人驾驶汽车数据犯罪中张弛有度，这样才能既有益于无人驾驶汽车车企的发展，又不妨碍其他需要该部分数据的企业的进步，总体上实现社会的进步。

第二节　无人驾驶汽车交通肇事类犯罪分析

人工智能高速发展的今日，使用人工智能作为发展新推力的无人驾驶汽车与我们的生活交之甚密。2017 年，北京市出台了全国第一个自动驾驶道路测试管理细则，为开展无人驾驶汽车试验提供了便利条件；2021 年 3 月，公安部公布了《道路交通安全法（修订建议稿）》，允许经测试合格的智能网联汽车生产、进口、销售及上路通行；同时深圳市公布《深圳经济特区智能网联汽车管理条例（征求意见稿）》，统一规定智能网联汽车道路测试、准入和登记、使用管理、道路运输等相关活动；4 月 7 日工信部发布《智能网联汽车生产企业及产品准入管理指南（试行）（征求意见稿）》；4 月 19 日北京市政府批复《北京市智能网联汽车政策先行区总体实施方案》设立北京市智能网联汽车政策先行区。无人驾驶汽车产业发展势头正盛，这对现有法律制度也带来了极大的挑战，在深入开展无人驾驶汽车技术研究的同时，应尽快将相关配套的法规研究提上日程。

---

❶ 李慧敏，孙佳亮．论爬虫抓取数据行为的法律边界［J］．电子知识产权，2018（12）：58－67.

一、无人驾驶汽车交通肇事刑法规制的挑战

（一）犯罪主体认定复杂

针对无人驾驶汽车的特殊性，在其构成交通肇事后，谁作为本罪的适格主体这一问题成为本罪处理路径上的第一个现实困境。在传统驾驶模式中，事故发生后对于相应责任主体的确定并不是一件难事，但是在无人驾驶的情境下，车内并无驾驶人员的存在，车内人员的身份仅等同于传统模式下的乘客。在此种情形下，谁该为交通肇事犯罪这一行为买单？无人驾驶汽车自身能成为本罪的犯罪主体吗？这一问题值得我们深究。

在传统刑法理论中，要求犯罪主体必须有自身独立的意识，对自身的行为具有辨认和控制的能力。而无人驾驶汽车是否具有自身的独立意识，这一问题的关键在于作为无人驾驶汽车发展基底的人工智能是否能够衍生出属于自身的独立意识，并在此意识的支配下辨认和控制其行为。虽然无人驾驶汽车具有超强的自主性和计算能力，能够通过大数据收集和深度学习对驾驶环境和条件实现超越自然人的感知，并基于系统程序的设定，在行驶的过程中对车辆进行精准操控，这些都是人力所不可企及的，但自主性不等于自我意识。仅因为某一专业领域或特定能力方面具有超越人的程度就将其视作法律上的主体，这一想法过于牵强。有学者主张在强人工智能阶段，无人驾驶汽车会有自身的意识。这种想法在现在看来似乎离我们的生活过于遥远。法学的研究确实应当具有一定的前瞻性，但是前瞻不等同于忽视现实实际的臆想。作为无人驾驶汽车技术基底的人工智能，在当下的发展仅是初露头角，人们对人工智能发展的未来走向目前也没有明确而清晰的认知，只是建立在当下技术发展的过程中，对未来人工智能的发展发出憧憬与展望。所以当下针对无人驾驶汽车的立法，不可忽视未来一段时间内人工智能可能发展到的阶段水平。短期来看，强人工智能的无人驾驶汽车出现可能性并不大，且真正发展至那一阶段还有很长一大段路要走，在未来道路方向还不明晰的情况下就以强人工智能为背景进行立法设计，未免有些操之过急。

刑法学发展之初，人们会以动物甚至是建筑物作为刑事责任承担的主体，随着社会的发展、意识的开化，人们逐步认识到只有自然人才能充当犯罪主体，作为刑事责任承担的对象；迈入商业时代，基于法人制度的确立，人们开始探求以法人作为刑法中犯罪主体的合理性与正当性，并围绕着以法人作为刑法中犯罪的主体制定了一系列的刑法规则。在人工智能高速发展的今日，人们又开始针对人工智能能否作为刑法中犯罪的主体展开了争论，认为人工智能在发展的过程中，系统可能会产生自身的思维，具备自我意识，可以类比人一样进行思考和推理，认为人工智能具有意思自由，[1] 可以作为法律上的主体，承担相应的刑事责任。针对这一观点，有学者提出了“工具性人格”[2] 制度等，笔者也基于自身理解提出了“电子法人”[3] 制度。

在无人驾驶汽车发展的过程中，我们的初衷并不是建立一个在法律上与人相同的法律主体，我们最初的目的仅在于通过创造一个以人工智能为内在，以汽车为物理载体的工具解放人，使人们在社会生产生活中获得更大的便利。[4] 所以，完全赋予无人驾驶汽车在法律上同人相等的主体地位，在当下看是不恰当的。

笔者认为，在今后很长一段时间内人工智能仅会在特定领域内会具有自身较为独立的自主性，无人驾驶汽车在运行的过程中必然具有双重身份：第一层身份与传统模式下一般车辆所具有和发挥的功能相同，仅作为承载、运输的工具；第二层身份，无人驾驶汽车在行驶的过程中其本身也充当着“驾驶员”这一角色，[5] 对于车辆的运行，无人驾驶汽车自身起着决定作用。无人驾驶汽车的“驾驶员”具有一定的自主性，并不属于传统意义上的物，而是一种具有“近人性”的客观存在。现实情况下，若不给

---

[1] 储陈新．人工智能时代刑法归责的走向——以过失的归责间隙为中心的讨论［J］．东方法学，2018（3）：27－37.

[2] 许中缘．论智能机器人的工具性人格［J］．法学评论，2018（5）：153－164.

[3] 张志坚．论人工智能的电子法人地位［J］．现代法学，2019（5）：75－88.

[4] 周铭川．论自动驾驶汽车交通肇事的刑事责任［J］．上海交通大学学报（哲学社会科学版），2019（1）：36－43.

[5] 邵雅靖．自动驾驶的交通肇事责任规制初探——以“人机交互”模式为视角［J］．江西警察学院学报，2019（1）：93－98.

予无人驾驶汽车以法律主体之资格，在某些情况下会导致刑事责任无人承担或承担不公的情形存在。这就要求我们建立一套适用于人工智能的刑法处置体系。因此，笔者认为可类比法人制度以“电子法人”模式设定无人驾驶汽车在法律中的主体地位。

（二）犯罪主观方面难以认定

犯罪构成的主观方面是犯罪认定的核心，客观方面仅是主观方面的现实化。我国刑法学在犯罪认定的过程中要求主客观相统一，既不能主观归罪，也不可客观归罪，仅有主观上的故意或过失而无危害结果的发生，不可构罪；虽有客观上危害结果的发生但主观上并无任何过错，也不可构罪。在新视域下的交通肇事罪，要证明客观方面造成了危害结果的发生并无现实困难，对于何种危害才属于构成犯罪的标准也与传统交通肇事罪对于危害结果的规定别无二致。认定无人驾驶汽车构成交通肇事罪的关键在于无人驾驶汽车是否有自身独立的认识因素和意志因素。

如前所述，无人驾驶汽车自身兼具“驾驶员”这一角色属性，并且会随着技术的革新与发展在车辆行驶这一专业领域内更为熟练，其与传统汽车最大的差异在于其具有深度自主学习和自主判定运行的人工智能属性。人类驾驶员的辨认与控制能力在不同情况下的能力是不同的，易受到驾驶人员年龄、情绪、经验等诸多客观因素的影响。实际上，无人驾驶汽车在驾驶这一专业领域内，不论是辨认能力还是控制能力都远超于人所能达到的程度，这就满足了刑法上对于行为主体认识因素与意志因素的要求，也使无人驾驶汽车满足犯罪主观要件的标准具备了可能性。

传统的交通肇事罪作为典型的过失犯罪，在主观方面具有两个层面的心理状态：第一层是在违反交通管理法规时驾驶人员的主观心态，此时，主观上既可以是过失也可以是故意；第二层面的心理状态要求行为人主观上对严重交通肇事的发生存在过失。单纯的违反交通运输法规仅是一般的违法行为，并不构成交通肇事罪，构成交通肇事罪的关键在于驾驶人违反交规的行为是否导致了严重的交通事故的发生。

在无人驾驶汽车这一模式下，传统的证明内容由证明驾驶人对严重交通肇事的发生存在过失转而发展至证明人工智能在控制车辆运行的过程中存在过失。这一主观方面证明内容的变化，对于传统交通肇事罪的罪责认定产生了极大冲击。对标传统领域下自然人构成交通肇事罪的心理状态，无人驾驶汽车构成交通肇事罪在主观方面也具有两个层面的心理状态，但两者存在一定的差异。针对无人驾驶汽车而言，第一层所违反的规则内容不仅包括对标自然人中的交通管理法规，同时还应当包括无人驾驶汽车软件系统所有人所给出的程序禁令。通常这些程序禁令就包含交通运输法规，但程序禁令中最为核心的内容应当是交通管理法规之外，在日常驾驶过程中人们约定俗成的驾驶习惯与驾驶规则。这些驾驶习惯和驾驶规则是人与人之间在长期生活中所形成的，无人驾驶汽车对此类规定难以准确认定，故需要生产研发者提前在程序中设定。第二层要求无人驾驶汽车其对交通事故的发生主观上存在过失。事实上，无人驾驶汽车在第一层之中对于规则的违反就已必然导致在第二层中对交通肇事的发生存在过失，其突破法律规定和程序禁令的行为就是其造成交通肇事的过失所在。

（三）因果关系证明存疑

我国刑法中认为交通肇事罪属于结果犯，对于结果犯要求必须造成实际的危害结果才构成犯罪，且行为人的危害行为与危害结果之间存在合乎规律的引起与被引起关系，即因果关系的存在。因果关系是一种人们日常生活中经验性的判断，对于因果关系的认定实际上存在相互联系的两个步骤，第一步为“条件说”，概括起来可以总结为没有前者就没有后者，前者就是后者的条件，这种也被称作事实上的因果关系；在第一层的基础之上发展而生了“相当说”的理论，要求不仅要有事实上因果关系的存在，还要求该因果关系同时符合法律上的要求，具备法律上的因果关系，即在符合第一层所要求的事实上因果关系这一先决条件的基础之上，还应当判定事实上的因果是否符合法律上因果的要求。只有同时满足这两个层面的因果关系，才能认定危害行为与危害结果之间存在刑法上的因果关系，并以此使追究危害行为主体的刑事责任具备了可能性。审视当下刑法中交通肇事罪的罪状：“违反道路交通管理法规，因而发生重大交通事故，致人重伤、死亡或使公私财产遭受重大损失……”从现行法律条文的规定来看，交通肇事罪的因果关系为违反交通管理法规这一危害行为与造成严重交通事故这一危害结果之间存在必然的联系。

在无人驾驶汽车构成交通肇事罪的情境下，其危害行为不仅包括传统意义上违反交通管理法规这一种情形，同时也包括违反无人驾驶汽车软件系统所有人所设定的程序禁令。因果关系证明的内容也由自然人违反交通管理法规→造成严重交通事故→承担刑事责任，转变为无人驾驶汽车违反交通管理法规和程序禁令→造成严重交通事故→承担刑事责任。这一因果关系内容的改变就使程序禁令成为认定无人驾驶汽车是否构成交通肇事罪的核心所在。在设计之初软件系统研发者虽已竭尽全部努力，力求在程序禁令中涵盖交通运输领域可能发生的任何情况，但是投入实际使用中，社会交通情况的复杂性使原有实验过程中的情形设计和处理方式在某些情况下总难以满足无人驾驶汽车上路行驶的实际。

具体而言，其因果关系的证明也存在两条截然不同的路径。

其一，无人驾驶汽车依照程序中规定的交通运输法规及程序禁令运行，但仍导致了严重交通事故的发生。此时无人驾驶汽车并没有主观上的过错，那对于客观上的危害，依据主客观相一致的原则，其对严重交通事故的发生也不应承担由此带来的不利责任。在管理人、使用人也无过错的情形下，谁承担相应的不利责任？此时，笔者认为应由无人驾驶汽车的软件系统所有人承担严格责任；❶ 从事实上的因果而言，其研发设计无人驾驶汽车的行为确实导致了之后交通事故的产生，虽然无法律上因果关系的存在，但是对软件系统所有人而言，处于科技高速发展的风险社会时代，对风险的事先防范成为其必须承担的任务，在享受巨大发展红利的同时，承担的责任理应与其享受的利益相一致，采用事实上的因果对社会整体而言是最为适宜的选择。❷

其二，无人驾驶汽车突破程序中预先设定的交通管理法规及程序禁令，在自主性支配下运行而导致了严重交通事故的发生。在此种情形下，部分学者认为因为在运行的过程中存在“算法黑箱”这一因素，会导致因

---

❶ 龙敏. 自动驾驶交通肇事刑事责任的认定与分配［J］. 华东政法大学学报，2018（6）：77-82.

❷ 姜涛刁，永超. 自动驾驶汽车涉罪的归责难题及其解决方案［J］. 学术界，2021（5）：149-164.

果关系的证明难以厘清，但此时因果关系证明的关键不是其“算法”作出的决定而诱发的行为与危害结果是否存在因果关系，而应当是无人驾驶汽车是否突破了法规及程序禁令的设定。就正如自然人构成交通肇事罪过程中因果关系的证明为违反交通管理法规因而导致危害发生这一内容相似，无人驾驶汽车构成交通肇事罪因果关系证明的内容除违反交通管理法规之外，还附带有程序禁令这一部分的内容。而违反这两部分内容本身就具有过失，是一种危害行为，也正是因为这种过失导致了严重交通事故的发生，自然具有法律上的因果。

二、无人驾驶汽车交通肇事的责任主体分析

在传统的交通肇事罪中，往往直接由驾驶员承担因为其违反交通管理法规而导致重大交通事故发生的刑事责任，肇事主体多限于驾驶员一人，对主体的确定也较为明晰，因果关系的确定较为简单。在无人驾驶汽车发生交通肇事后，仅因为一方的原因导致危害结果发生只是一种绝对理想化的情形，危害结果的发生通常是在多方作用力竞合下所导致，其中掺杂了过多的其他要素。因多方作用而导致的事故，在刑事责任承担这一问题上，仅对无人驾驶汽车这一主体进行苛责显然有违公平原则，同时也引起了其他主体对刑事责任的逃避，不利于无人驾驶汽车产业的发展，对社会法治建设也将产生诸多不利影响。在赋予了无人驾驶汽车法律“电子法人”的主体资格，在交通肇事罪中首当其冲的责任主体必然包括无人驾驶汽车自身，那么无人驾驶汽车的软件系统所有人、生产者、销售者、无人驾驶汽车的管理者、数据运营平台在交通肇事发生时对犯罪发生的作用力如何，是否应当作为承担相应责任的主体？

（一）无人驾驶汽车的软件系统所有人

在无人驾驶汽车技术发展的过程中，掌握核心关键的并不会是负责焊接、喷漆、组装等简易工作的生产者，仅是机械化的完成流水线式的生产，与当下汽车的生产过程并无差别，其只是充当“肉体”的创造者，只具有物像化的“肉体”而无自身自主性存在的无人驾驶汽车与传统意义上

的汽车并无实质差异，只是工具罢了。真正赋予无人驾驶汽车以“灵魂”与“生命”的必然是无人驾驶汽车软件系统所有人。制造一辆汽车并不困难，困难的是制造一辆具有自主性的无人驾驶汽车，抑或说只有掌握无人驾驶汽车核心系统技术的人，才有可能成为无人驾驶汽车交通肇事的犯罪主体。无人驾驶汽车的核心在于其软件，而不在于其硬件载体。通常情况下，无人驾驶汽车的软件系统所有人和生产者二者之间身份是高度重合的，但在软件系统所有人与生产者非同一主体的情形下，认定的关键始终是无人驾驶汽车所依靠的驾驶系统由谁研发设计。

在因果关系的证明路径中，判定无人驾驶汽车自身是否应当承担刑事责任的重要依据在于无人驾驶汽车是否突破了系统预先设定的交通管理法规及程序禁令。在软件系统所有人构成交通肇事罪的情况下，软件系统所有人主观上对自身设定程序缺失行为的主观态度只能是过失而不可是故意。若在故意的情形下，无人驾驶汽车只是作为软件系统所有人用以实施犯罪行为的工具，应当以其所触犯的具体犯罪论处，如以危险方法危害公共安全罪、故意伤害罪、故意杀人罪、故意毁坏公私财物罪、生产不符合安全标准的产品罪等，而不宜认定其构成交通肇事罪。在过失的情形下，判定软件系统所有人对于事故的发生是否具有作用力，应否承担刑事责任的重要标准在于其在预先进行的程序设定过程中是否尽到了必要的注意义务。软件系统所有人对于程序的设定未尽到注意义务具体表现为：应涵盖在程序禁令内的交通管理法规及驾驶规则与习惯应有而未有，无人驾驶汽车在应有而未有之领域的过失致损，应当由无人驾驶汽车的软件系统所有人承担因交通肇事而产生的刑事责任。同时，针对无人驾驶汽车在既有领域内符合规范的运行，但却因现实交通复杂化等原因的存在而构成的交通肇事，基于前文的论述，也应当由无人驾驶汽车软件系统的所有人承担相应的刑事责任。

（二）无人驾驶汽车的生产者、销售者

在辨析生产者可否作为无人驾驶汽车交通肇事的责任主体之前，有必要先厘清无人驾驶汽车的生产者在无人驾驶汽车产业运行中所起到的具体作用。前文所述，无人驾驶汽车的软件系统所有人在某些场合也充当车辆

生产者的角色，发生身份重合时，生产者既赋予无人驾驶汽车以“肉体”，又赋予无人驾驶汽车以意识，不在我们下面所探讨的生产者之列。这里的生产者仅仅是指对无人驾驶汽车物理上的创造。在明晰生产者的范围基础之上，我们开始探求生产者、销售者能否作为无人驾驶汽车交通肇事罪中的责任主体。

无人驾驶汽车的生产者、销售者对于某一具体的交通肇事行为和交通肇事结果的发生缺乏预见和避免的可能。根据民事法律的相关规定：因产品缺陷造成损害的责任，同样也设定了相应的免责事由。在产品未投入流通；或投入流通时，引起损害的缺陷尚不存在的；或将产品投入流通时的科学技术水平尚不能发现缺陷的存在的；生产者、销售者不承担相应的责任。这是针对民事责任上的相关规定，举轻以明重，生产者在刑事责任方面也没有承担的必要性及合理性。如果只是因为在生产制造的过程中对产品物理性的创造产生了瑕疵或者销售免责事由之内的产品就认为其构成交通肇事罪，这与人们所认知的交通肇事罪的概念有天壤之别。故此，生产者、销售者不应当作为交通肇事罪的责任主体。

（三）无人驾驶汽车的管理者

无人驾驶汽车的管理者包括无人驾驶汽车的所有者和使用者。虽然赋予了无人驾驶汽车自身以法律上的主体资格，但在某些情形下，因其所有人、使用人存在过错而导致交通肇事的发生，基于其过错行为对交通肇事发生的作用力，也可成为交通肇事罪的主体。

对无人驾驶汽车的管理者而言，不应当采用严格刑事责任的归责方式。无人驾驶汽车存在的意义在于解放人，而不是束缚人，不是赋予人更高的注意义务，在无人驾驶汽车行驶的过程中赋予管理人程度更高的注意义务有违无人驾驶汽车设计、使用的初衷。但不适用严格责任不代表无人驾驶汽车的管理者不承担任何责任，在其具有明显过失的情形下，如所有人未尽到必要的日常保养修缮义务、使用人对存在明显缺陷的车辆仍进行使用的，此时无论是无人驾驶汽车自身还是软件系统所有人均无任何过错，而交通事故的发生又是基于管理者的过失而产生的，根据责任自负原则，其承担相应的刑事责任是必须的。

（四）数据运营平台

无人驾驶汽车的数据运营平台主要是指在无人驾驶汽车运行过程中为其提供数据更新、信息交互、辅助行驶等作用的第三方平台。例如，无人驾驶汽车运行过程中所取得并使用的天气信息、道路信息、环境信息、车主信息等，这些属于无人驾驶汽车在正常运行过程中所必不可少的关键依靠，其中任何一部分的缺失或出错都有可能影响无人驾驶汽车的正常运行。通常情况下，这些数据信息来源于无人驾驶汽车以外的第三方主体，数据运营平台是否能够及时、有效、准确地提供数据，会对无人驾驶汽车的运行方式及程度造成实质性的影响。所以，数据运营平台对无人驾驶汽车运行风险也必然应承担其因自身行为缺陷而导致的不利责任，这符合人们的基本认识，也符合法律的基本原则。

（五）其他情形下责任主体的确定

以上四种情况只考虑了无人驾驶汽车相关方中其中一方因素致损的理想情况，若发生第三方故意或过失致使交通肇事情形的发生，应视第三方的主观心态来确定其是否作为交通肇事罪的责任主体。如黑客袭击无人驾驶汽车控制系统，在此种情形下，若黑客的袭击在主观心态上仅存在通过袭击系统进行破坏，因其袭击而导致无人驾驶汽车造成重大交通事故的发生，此时对无人驾驶汽车的操作造成实际影响，可成为交通肇事罪的主体。若在袭击时的主要目的是通过系统进而影响、控制无人驾驶汽车系统实施其他犯罪，则依据其构成的其他具体犯罪论处。

同时，在现实生活中，发生理想化的单一主体因素致损，按照谁行为、谁过错、谁责任的原则来处理是可行的；但是在多方因素致损的情形下，刑事责任的主体又该如何界定又成为一大问题。多方因素致损主要表现为无人驾驶汽车的软件系统所有人、管理人、无人驾驶汽车，甚至第三者等多个主体之间两者或两者以上共同过失导致交通肇事的发生。在我国刑法中认为共同犯罪的构成在主观方面的心态只能为故意，即共同故意犯罪，并不认为共同过失可以构成共犯。但是在无人驾驶汽车造成交通肇事，多方主体主观均为过失的情形下，多方主体的过失与危害结果之间存在因果关系。笔者认为此时应当依据民法中的共同侵权责任的相关规定制定刑事法律中因多方主体因素造成交通肇事的严重后果。

（六）以“电子法人”模式作为责任主体

软件系统的所有者也好，管理者、数据运营平台也罢，上述情况均是将造成损害的多方成员分别列为承担无人驾驶汽车交通肇事罪的责任主体，并在法理上分析证明了其作为责任主体的正当性或不合理性。但是无人驾驶汽车不能脱离自然人而独立存在，其无时无刻不在显现着人的影子。从形式上看，无人驾驶汽车可以先于其背后的某些自然人而产生。例如，无人驾驶汽车投入运行后才会有其使用者、才会存在黑客入侵运行系统或因数据运营平台提供信息过错等原因而造成交通肇事的发生。无人驾驶汽车作为一种特殊的存在是相对稳定的，但其背后的自然人主体却具有高度的不确定性和变更替换的随意性。这高度类似于现行的单位犯罪模式，即单位作为组织形式相对稳定，单位成员自主流动。无人驾驶汽车的背后是一种混合了多方主体之有目的性的意志和无人驾驶汽车自身无目的性的意思。将“电子法人”归类为一种特殊的法人，既保证了无人驾驶汽车背后的责任主体在事故发生后难以逃避法律的制裁，同时通过赋予无人驾驶汽车以“电子法人”的地位这一法律技术处理形式，以满足事故发生后权责承担的合理性以及法律适用的便利性之需。这也符合我国刑事法律中对于单位犯罪的要求。

三、交通肇事类犯罪新刑罚体系构想

我国的刑罚体系由主刑和附加刑组成，根据刑罚对犯罪人剥夺或限制的权益内容不同，又可分为生命刑、自由刑、财产刑、资格刑四大类。其中死刑属于主刑，也属于生命刑，是以剥夺人的生命为内容的最为严厉的刑罚种类；无期徒刑、有期徒刑、拘役、管制这四类属于自由刑，也属于主刑的范畴之内；附加刑包括没收财产、罚金、剥夺政治权利和限制出境四种；其中没收财产和罚金同属于财产刑，剥夺政治权利和驱逐出境属于资格刑。设置多种刑罚种类的目的在于针对不同的犯罪情况适用与之社会危害性、人身危险性相适应的刑罚种类，做到罚当其罪。同时通过适用刑罚以达到报应、威慑、康复和剥夺犯罪能力的目的。[1] 报应，通俗来讲适用刑法的功能是为了满足受害者以及社会公众的对于犯罪者进行惩罚的愿望，从康德的唯心主义哲学出发认为刑罚的本质在于报应，无论是康德的绝对报应，还是黑格尔的等质报应，抑或宾丁的法律报应都认为刑罚的本质在于报应。威慑，主要是针对自然人而具有的功能，因为在当下人们的认知和现实生活实际中唯有人拥有复杂的情感，威慑旨在通过使人感到恐惧而避免或阻止下一次犯罪的发生。康复，是指通过适用刑罚加以改造，使之重新回归社会。剥夺犯罪能力，指消除犯罪者的物理能力，使之不能再次进行犯罪。

（一）刑罚适用的对象

在现有的刑罚体系中，主要的刑罚手段在设计之初针对的对象都仅为自然人。随着商业的发展，法人制度的出现，我国刑法也将单位列为可能构成犯罪的主体，但是，单位的主体资格毕竟是人们在法律上拟制而生的，其全部的权益均由人们予以设定，在其背后也无处不可看到人的影子。因此，对单位犯罪的处罚以双轨制的处罚模式为原则，以仅处罚单位直接负责的主管人员和其他责任人员为例外。其原因主要在于单位犯罪中并不是基于其中的某个成员或部分成员的意志而实施的，也并非单位内所有成员意志的简单相加，单位犯罪是在单位成员的集体意志之下所实施的严重危害社会的行为。所以，一方面针对单位犯罪要对单位进行处罚，这是由单位的独立性所导致的；另一方面还要对单位犯罪直接负责的主管人员和其他直接责任人员施以刑罚，这是由单位犯罪背后处处体现着人的因素这一特性所导致的。而对无人驾驶汽车而言，将其拟制为“电子法人”，并对其构成交通肇事罪的行为加以处罚，既尊重了其在科学特质上的自主性，又在法律层面上符合责任自负的原则，同时解决了在某些情况下危害结果客观上确实已经发生而却无人承担相应责任的尴尬

---

[1] 彭文华. 哈利维的人工智能犯罪观及其启示［J］. 上海政法学院学报（法治论丛），2019（4）：70－88.

局面。

笔者认为，被拟制为“电子法人”的无人驾驶汽车构成交通肇事罪后的刑罚模式与传统法人的“以双罚制为原则，以单罚制为例外”的处罚原则在刑罚适用对象设计的内容上是不同的。针对无人驾驶汽车交通肇事罪刑罚适用的对象问题，关键在于无人驾驶汽车是否突破了程序禁令，以及研发者在设定程序禁令时是否起到了必要的注意义务。如前所述，若无人驾驶汽车在程序设定内运行，造成交通肇事，因为其在程序禁令的规定内运行，这时候的无人驾驶汽车更像是售出的免于手动驾驶的运载工具，并没有发挥其自主性的特点，在刑罚适用上产生了阻却。虽然软件系统所有人也无过错，但应当采用事实上的因果关系，依据严格责任对软件系统所有人进行追责，以平衡无人驾驶汽车软件系统所有人的利益与风险。但是其他主体有过失，而因其他主体的单一过失导致交通肇事发生的，由其他主体承担刑事责任。无人驾驶汽车突破了程序禁令运行，但是软件系统所有人在设定程序禁令时本身具有过失，未尽到注意义务，对应当涵盖在程序禁令中的内容未涵盖，此种情形下导致了交通肇事，针对无人驾驶汽车和软件系统所有人共同作为刑罚适用的对象。同时针对其他主体如管理者、驾驶系统侵入者（黑客）有过错而导致交通肇事发生的，此时应当突破传统刑法理论中认为不存在共同过失犯罪的规定，在人工智能技术高速发展的时代，刑法的理论也应当适应时代的发展。

（二）适用刑罚的差异化

适用刑罚的差异化，其主要是为了解决人工智能体区别于传统自然人的特性创设而生。因为人有生命、有自由、有财产、有资格，所以在刑罚设置的过程中，针对不同的犯罪规定了与之相适的刑罚，对单位来说其不具有与自然人一样的生命、自由和资格，但是单位具有属于自己的财产，故针对单位犯罪主要施以财产刑。有学者提出针对人工智能体的犯罪创设永久销毁这一刑罚种类，[1] 类比于对自然人施加的死刑，然而这种刑罚真

[1] 刘宪权. 人工智能时代的“内忧”“外患”与刑事责任［J］. 东方法学，2018（1）：134－142.

的有其现实意义吗？从刑罚的矫正功能来看，采用物理手段将人工智能体加以销毁确实在客观上达成了避免其再次造成危害结果发生的可能，但是这与矫正功能在内在的要求并不一致，采用销毁的手段加以处罚也是对社会资源的极大浪费。[1] 针对人工智能体施以自由刑这一观点，在笔者看来也值得商榷。对犯罪主体施以自由刑的目的在于通过限制、剥夺其自由对其加以教育、感化并避免其在恢复自由后重新走向犯罪，在非强人工智能的状态下，人工智能体不存在有被威慑、教育、感化的可能性，这些针对人才可能达成的目的，对针对人工智能体而言无非是对牛弹琴、白费功夫。所以针对被拟制为“电子法人”的人工智能体处以生命刑或自由刑都是无意义的。[2]

笔者认为，就无人驾驶汽车构成交通肇事罪而言，可以对其施以财产刑与资格刑。在无人驾驶汽车被赋予“电子法人”资格后，其背后的多方主体与人工智能致害或获益具有相关性，并通过电子法人背后的多方主体的出资，设立赔偿基金或通过无人驾驶汽车自身获取的收益等渠道使财产刑的承担具有可行性。财产刑仅是针对无人驾驶汽车适用刑罚种类的一种，同时，也可以对无人驾驶汽车适用资格刑，[3] 即限定无人驾驶汽车仅可以在特定环境、时间、条件下上路行驶；还可以通过对无人驾驶汽车适用的刑罚手段包括修缮其程序，以阻止其再度发生依照其所信赖的程序设定而实施交通肇事行为。针对软件系统所有人而言，在未来无人驾驶汽车生产的实际中，必然是以法人这一主体作为其主要的软件系统所有人，故也应当将交通肇事罪列入单位犯罪的领域之内，[4] 对软件系统所有人所适用的刑罚手段主要除了传统上针对单位犯罪所适用的罚金外，更为重要的是可责令其修复完善程序，具有严重情节的甚至可以给予程序禁用这一全新的刑罚处罚方式，这是从社会实用主义角度出发，是最为适宜的处理办

---

[1] 陈叙言．人工智能刑事责任主体问题之初探［J］．社会科学，2019（3）：110－118．

[2] 刘宪权．人工智能时代我国刑罚体系重构的法理基础［J］．法律科学（西北政法大学学报），2018（4）：47－55．

[3] 黄波．自动驾驶汽车交通肇事的刑法应对［J］．天府新论，2018（4）：112－118．

[4] 方跃平，汪全胜．无人驾驶时代交通肇事罪的立法完善［J］．齐鲁学刊，2018（6）：79－86．

法。针对无人驾驶汽车的管理者，依据其身份的不同应分别适用不同种类的刑罚，针对所有人而言，因其过失导致交通肇事的发生，依据其过错程度的大小，可采用罚金或仅对无人驾驶汽车进行没收的刑罚处罚方式。针对使用者而言，其对无人驾驶汽车并不存在可对其进行处分的权利，仅具有使用的权能，故无法对其适用没收无人驾驶汽车，但可对其适用罚金刑。

本章小结

人工智能在快速发展的同时，与传统领域之间的结合，冲击着人们对原有法律制度规定的理解，要求我们赋予法律以新的生机与活力，以此应对伴之而生的风险。但是，任何法律制度的创设与解释都不应忽视其所适用的土壤，在人工智能未来发展方向究竟向何而行还不明晰的情况下，以强人工智能为背景设计的法律制度更像是无源之水、无本之木，忽视了人工智能技术的现实根基。本书并非是站在太空云端之外的幻想，而是以当下无人驾驶汽车发展的大趋势为背景，以前瞻性的视角探讨无人驾驶汽车在交通肇事罪中作为独立主体应如何加以规制的问题。

刑法作为承载维护社会稳定最后底线的部门法律，在科技快速发展的时代，仍以闭门之态应对世界百变并非良策，顺势而为才是明智之举。具体而言，无人驾驶汽车中的数据应该以作用大小及存储位置为标准，具体分为四种类型：一是驾驶行为数据；二是交通场景数据；三是非驾驶系统的辅助驾驶数据；四是用户数据。四种数据在无人驾驶汽车中均起着不同的作用，且该四类数据已经能涵盖目前所能认知到的在无人驾驶汽车中的所有数据信息。各数据类型引发的犯罪各有不同，驾驶行为数据最为重要，因此引发的犯罪数量最多，具体有破坏交通工具罪、劫持汽车罪、故意杀人罪或故意伤害罪、妨害安全驾驶罪、交通肇事罪；而起着较大作用的交通场景数据主要引发的犯罪包括以危险方法危害公共安全罪和故意毁坏财物罪；起着辅助作用的非驾驶系统的辅助驾驶数据主要引发的犯罪包括破坏交通设施罪和破坏公用电信设施罪；对汽车行驶几乎不起作用的用户数据引发的犯罪主要是非法获取计算机信息系统数据罪和侵犯公民个人信息罪。上述大部分罪名在无人驾驶汽车领域都表现出了新的特点，如交通肇事罪表现出新形式、妨害安全驾驶罪表现出新特点等，且通过分类梳理，可以清楚地看到无人驾驶汽车的数据犯罪脉络，厘清罪与罪之间的关系，既方便立法，也方便司法。

因此，根据目前部分学者所提到的以“电子法人”的方式来认定人工智能体在法律中的地位，设想了无人驾驶汽车在交通肇事罪中的具体归责路径；同时，在人工智能背景下，对可能造成交通肇事罪的其他主体是否应当承担责任予以辨析，在刑罚适用类别方面加以创新，摒弃对无人驾驶汽车施以生命刑或自由刑，转而采用因责任主体的不同而不同的处罚方式，提前为无人驾驶汽车发展而可能导致的社会现实问题做好准备，通过先期研究与刑法规制以防止无人驾驶汽车的侵害风险问题。

第八章　无人驾驶汽车法律规制的立法建议

人工智能技术的蓬勃发展将不可避免地带来冲突矛盾，无人驾驶汽车作为一种初级人工智能，相关的行政监管、侵权责任、犯罪追究仍有所欠缺。本章探讨无人驾驶汽车在行政、民事、刑事方面的法律新问题，并对我国无人驾驶汽车有关立法提出见解。

第一节　域外立法参考考察

一、行政方面

欧盟委员会数据执行副主席玛格丽特·维斯塔格（Margrethe Vestager）曾表示："人工智能领域若想长存发展，必须重视公众信任的渗透，而建立监管规则是实现这条信任道路的捷径。如果缺乏具有一定里程碑式的监管规则，就无法确保人工智能能被大众所信任。"❶ 因此，在行政监管方面，域外主要通过承认无人驾驶技术的合法地位、设立无人驾驶准入机制、制定无人驾驶安全标准等立法规制来实施管理。

---

❶ 吴沈括，胡然. 域外法治丨欧盟委员会 2021 年《人工智能法》提案研究［J/OL］.［2021－06－15］. htpps：//m. thepaler. cn/.

（一）欧盟：高风险人工智能系统

2021 年，欧盟委员会制定关于人工智能的统一规则《人工智能法》提案（以下简称“提案”）。提案按照基于风险的方法，允许高风险人工智能系统在欧洲市场上使用，但其必须符合某些特定的强制性要求和事前合格评定。合格评定程序中，通知机构由各成员国指定设立，作为独立第三方负责建立和实施必要的程序，以指定和通知合格评定机构，并对其进行监测。同时维护、记录和实施与高风险人工智能系统相关的风险管理系统，在人工智能系统整个生命周期的连续迭代过程，需要定期更新系统，根据系统预期目的的初步定义的指标和概率阈值进行测试。[1] 为了保障法规顺利实施，各成员国违反不同的条文规定，最高行政罚款高达 3000 万欧元至 20000 万欧元，如果违法者是公司，最高可处前一财政年度全球年度营业额的 2% ~6 %，以较高者为准。此外，欧洲数据保护监管机构还可对本法规定范围内的欧盟机构和团体处以行政罚款。

在个人信息保护板块，2016 年欧盟出台了《通用数据保护条例》(GDPR)，以明确数据责任与处罚，监管企业收集与处理数据的行为。适用主体为欧盟成员或收集及处理欧盟产品与服务的自然人；适用范围采用数据联系原则，只要处理的数据为欧盟境内，便视该行为发生在欧盟，由此扩大了适用地域范围。对于数据同意的定性必须是自由作出的、明确、知情与特定的，且数据主体有权随时撤回同意，还可对数据实施删除、限制处理、反对等权利。条例还在数据类型方面明确了禁止处理个人敏感数据及例外，企业也不得利用晦涩难懂的语言或冗长的隐私政策来获得用户的数据使用。违规企业面临的罚金，最高可达 2000 万欧元（约合 1.5 亿元人民币）或者其全球营业额的 4%，以高者为准。[2]

无独有偶，美国、法国、日本等国家也出台了保护个人信息的法律，如 2011 年法国修订的《数据处理、文档和个人自由法案》明确规定，无

---

[1] 吕娜. 全球数治丨欧盟《人工智能法》的意义与缺陷 [J/OL]. [2021 - 06 - 15]. htpps：//m. thepaler. cn/.

[2] 通用数据保护条例 [EB/OL]. [2021 - 06 - 12]. https：//bAIke. bAIdu. com/.

论是何种形式的组织结构，只要数据控制者在法国境内处理数据，就受到该法案的控制；若数据控制者不在法国境内设有机构，除单纯通过法国运输数据，只要处理手段位于法国境内，同样受该法案制约。[1] 以上可以明显看出国外数据立法逐渐将扩大法律域外效力作为普遍共识。对此，展望我国无人驾驶汽车的未来，以个人信息为载体的数据将会自由流动与跨境运输，因而有必要扩大我国有关数据保护法的法律域外效力。立法技术上，宜以属地原则为基本原则，同时通过立法规定域外适用情形，以此解决域外数据纠纷问题。

（二）美国：首项无人驾驶法案

2017 年 9 月，美国众议院多票通过《联邦无人驾驶法案》，这是有关无人驾驶汽车的首项法案，承认了无人驾驶汽车上路的合法性，亮点体现在建立汽车数量豁免制与无人驾驶汽车顾问委员会。[2] 豁免权代表无人驾驶厂商在获得美国国家公路交通安全管理局（NHTSA）批准申请后，在不用满足一系列条件下，可以获得一定数量的无人驾驶汽车对外进行测试或者销售。此外，NHTSA 每年可以发放针对联邦机动车辆安全标准（FMVSS）一定数量的豁免权，这一数额随着立法逐步提高至 10 万辆。为了方便查询与核实有关豁免车辆的数据，NHTSA 会在全国范围内建立一个被豁免车辆的公共数据库。无人驾驶汽车顾问委员会成员包含汽车厂商高管、学术专家、工程师、安全专家以及消费者等，来为无人驾驶汽车立法集思广益。该委员会负责收集各方信息，制定技术方案，为 NHTSA 提供解决现实需要的建议，例如在个人隐私与网络安全、为社会弱势群体提供用车支持，以及无人驾驶汽车对汽车行业工作职位的冲击等社会问题、环境问题，以及信息分享等有关问题。

2016 ~ 2020 年，美国先后出台了 4 份政策指南，其中明确表示 NHTSA 负责制定安全性能标准，如将把防碰撞刹车系统纳入汽车安全性的评价

---

[1] 张建，张哲．个人信息保护法域外效力研究——以欧盟《一般数据保护条例》为视角［J］．重庆邮电大学学报（社会科学版），2017，（2）：36－43.

[2] U. S. Department of Transportation，Federal Motor Vehicle Safety Standards；V2V Communications：A Proposed Rule by the National Highway Traffic Safety Administration，1 December 2017.

中，要求2018年5月1日后出售的新车，都必须配备倒车摄像头等，NHTSA还需通过“报告制度”来监测道路测试情况。另外由各州负责有关保险、执照、交通安全法和责任的立法。可见联邦法案初衷在于设立一致立法监管标准，由NHTSA来统一监管无人驾驶汽车的设计、制造和性能，相关细化规则的重担则落在各州身上，❶ 但不允许各州对车辆的具体设计和性能提出要求。如美国纽约于2017年10月规定，驾驶无人汽车必须提交一份500万美元的保单和一份无人驾驶汽车测试和示范报告。❷ 汽车生产商需向内华达州政府缴纳100万~300万美元的保证金，用于政府对其进行道路测试的监管。

综合来看，美国意欲将无人驾驶汽车技术领域作为未来的科技战略要点，在立法层面赋予无人驾驶汽车更多的自由空间，联邦的统一安全标准更像约束羊群的领头羊，而其他的任由各州去尝试、发展。

（三）日本：无人驾驶公路测试标准

2017年6月，日本国家警察局公布了一份关于无人驾驶车辆公路测试的标准，并准备接受企业等机构的申请，首次实现汽车在无人驾驶下进行道路测试。该标准注重考虑行人突然冲出等情况并进行反复测试，避免系统故障。测试者向各警署提交测试申请后，由管辖公路的警署署长决定是否批准进行公路测试。在开始测试前，需要通知测试路段周围的居民，并向消防及警员提交车辆基本信息文件与材料。为了保证测试安全，须安排警务人员共同乘坐以检查系统安全运作，审查是否存在限速、交通标识等法律问题，且规定通过远程系统监控车辆的人必须拥有驾照。对于测试的道路，要求不允许在人流量大的时段或地段进行，确保道路上的无线电通信不会中断，也不会对道路其他人造成影响。❸ 此外，配备相关人员以便

---

❶ 申杨柳，朱一方．国外自动驾驶汽车准入管理探索与实践［J］．汽车与配件，2021（7）：41-43.

❷ 杨立新．自动驾驶机动车交通事故责任的规则设计［J］．福建师范大学学报（哲学社会科学版），2019（3）：75-88.

❸ 日本将首次实现无人汽车公路测试公布相关标准［EB/OL］．［2021-06-01］．http：//www.chinanews.com/.

发生紧急情况及时赶往现场，并制定针对黑客行为、远程干扰等网络攻击的应对措施。总之，日本对测试机构、参与实验的驾驶人资质、测试程序、测试时间与地点等都作出了详细的规定。

公路测试类似安全的枷锁，在无人驾驶汽车真正开始上路前，尽可能模拟现实突发情况，并进行各方位检验。这好比立于科学之上的逻辑大门，任何科学都不能保证百分之百不会带来隐患，人为地进行预防是必要且符合真理的。

在道路测试中，关于实际场景运用与监管的法律依据，可以参考 2021 年 2 月德国联邦政府发布的《德国自动驾驶法》。该法案创设了“技术监督”制度，为了在危险情形下能通过远程发布操作指令，直接停止无人驾驶汽车的运行，要求技术监督机构或有关人员远程监控无人驾驶车辆。同时，无人驾驶汽车需提出具有继续执行可能的驾驶操作方案，提高分析车辆实施情况数据的技术能力，并由技术监督人员审批系统提出的驾驶操作方案。这种设计将无人驾驶风险尽量降至最小化，体现了以人为本、安全为准的理念，我国在运用无人驾驶技术时，在系统设计的先期阶段，就应将保障系统数据与车辆安全的考虑优先体现出来，从而影响无人驾驶车辆生产的整个生命周期。监管安全从始至终都是科技发展的重要考量因素。[1]

二、民事方面

（一）美国：保证金与保险保障

美国各州在无人驾驶汽车立法中倾向设置保险门槛，在其准入市场使用时必须投入定额保险，以免在驾驶事故发生后没有第一财产可赔偿。如佛罗里达州明确了汽车保险政策的重要性，无人驾驶汽车应包含至少 100 万美元的死亡、人身伤害和财产损失的主要责任险，特别是人身伤害保险

[1] 丁恒，胡运思．简评德国《道路交通法—强制保险法》修订案——《自动驾驶法》[J/OL]．[2021-06-08]．http：//www.zhonglun.com/.

不应低于相关规定的最低额；❶ 加利福尼亚州则要求提供 500 万美元的赔付能力保证，除自保证明以外的其他多重担保方式以外，在形式上需要获得由加利福尼亚发行保险的公司发行的保险文书，或是由认可的保险人发行的担保债券；❷ 作为汽车产业大户地区的密歇根州，其制定的参议院第 644 号法案，旨在尽量限制或减少制造商的责任，规定除汽车生产中的缺陷所导致的损害外，制造商不对任何其他损害承担责任，若部件生产商在改造无人驾驶汽车的过程中，安装的智能系统等配件因缺陷造成损害，则部件生产商承担产品责任；而少有汽车产业的马萨诸塞州在 2017 年起草了一份有所不同的法案，规定制造商对于自动驾驶造成的事故承担过错责任。❸

（二）英国：保险共担风险

为处理无人驾驶事故责任问题，英国立法主要通过要求投保人为汽车强制投保责任险，拟从共同分担责任角度将人工智能带来的风险降低。2016 年英国议会拟定的有关无人驾驶汽车事故责任的议案中，提出将汽车强制险适用扩大到产品责任，为自主驾驶系统而非人为操作错误存在的隐患提供保障。❹

由英国相关法律确立的产品责任与过失原则，投保人在无人驾驶汽车投入市场前，必须为汽车强制投保责任险。这以保障性的经济支出，为事故发生提供保险共担风险的益处。2017 年，英国《汽车技术和航空法案》（“VTA 法案”）明确增加保险公司的保险范围，将无人驾驶汽车保险纳入汽车保险种类中，并由保险人对交通事故承担赔偿责任。若发生有关无人驾驶汽车交通事故，受害者应向保险公司而非制造商索赔。❺ 这种模式使受害人可以直接通过保险公司获得赔偿，而保险公司则根据现有法律规定

---

❶ The Florida Statutes, Title XXXVII, 627. 749 (2019).

❷ CAL. CODE. REGS. tit. 13, § 227. 04 (2020).

❸ 肖马克，赵新华. 无人驾驶汽车：谁来承担责任？[J/OL]. [2017 - 08 - 29]. https://www.kwm.com/zh/knowledge/insights/self - driving - cars - who - will - be - liable - 20170829.

❹ 袁曾. 人工智能有限法律人格审视 [J]. 东方法学，2017 (5)：50 - 57.

❺ 范倩倩. 我国无人驾驶汽车侵权责任主体及赔偿问题——基于比较法视野下的思考 [J]. 武汉冶金管理干部学院学报，2021 (1)：31 - 34.

向责任方追偿。VTA 法案还规定了无人驾驶汽车的责任情形。一般情况下，保险公司只对英国政府列出清单中的"无人驾驶汽车"适用新的保险制度，且车辆必须处于自动驾驶模式，保险公司才对事故承担责任，且其有权向制造商追索赔偿的费用。若事故是因驾驶人的过错、保险人擅自改装自动系统，或未按保单更换系统导致的，保险公司排除因此造成的事故责任。但受害方对损失有部分或全部责任，保险公司的赔偿责任可以减少。❶

2018 年 7 月英国通过的《自动与电动汽车法案》（"AEV 法案"）规定，已投保的自动驾驶汽车在英国的道路或其他公共场所造成事故，被保险人或其他人受到损害的，保险人对此承担责任。保险人只对两种情况下发生的交通事故免责：一是无人驾驶汽车所有者和正在使用者是公共机构；二是投保人或汽车所有人擅自修改或没有定期更新系统。❷ 此外，AEV 法案还扩大了交强险的赔付范围，不仅仅只有第三者人身损害和财产损害，还将无人驾驶汽车的驾驶员视为乘客这一身份也纳入赔付范围之内。

（三）日本：保险赔付制

日本国家警察局在《公路测试无人驾驶车辆规则》中首次提出应将无人驾驶汽车作为保险对象，❸ 且无人驾驶汽车在测试过程中发生的交通事故也应纳入保险体系中，规定测试员承担法律责任。2017 年 4 月起，受害人在发生无人驾驶汽车交通事故时，可在第一时间向日本东京海上日动火灾保险公司申请保险赔偿。由于无人驾驶系统具有复杂性，保险公司即使在未查明是系统还是人为导致的交通事故，也应先行支付保险赔偿金。在查明事故原因后，保险公司可向相关责任方进行追偿。❹ 除此之外，在日本召开关于无人驾驶损害赔偿责任的研讨会中，在"运行供用人"、生产

---

❶ 肖马克，赵新华．无人驾驶汽车：谁来承担责任？［J/OL］．［2017－08－29］．https：//www.kwm.com/zh/knowledge/insights/self－driving－cars－who－will－be－liable－20170829.

❷ Automated and Electric Vehicles Act 2018

❸ 张玉洁．论无人驾驶汽车的行政法规制［J］．行政法学研究，2018（1）：74.

❹ 黄雯．无人驾驶汽车的交强险制度研究［D］．重庆：西南政法大学，2019.

者、保险人三方主体划分责任所属。其中有建议保持“运行供用人”责任，由保险公司向生产者追偿或生产者承担部分强制保险金两种方式；也有建议由“运行供应人”与生产者共同承担责任，并由生产者成立赔偿基金。❶

不难看出，包括日本在内的许多国家都有意将无人驾驶汽车引入新型保险类型中，我国在接受并发展无人驾驶汽车的背景下，必须承认无人驾驶汽车的保险地位的合法性。保险制度将为新科技的成长提供坚定的保障。

（四）联合国：责任分担模式

2016 年 8 月，联合国教科文组织与世界科学知识与技术伦理委员会在《关于机器人伦理的初步草案报告》中对机器人的责任进行了探讨，提出：采取责任分担的解决路径，让所有参与机器人的发明、授权和分配过程中的人分担责任。❷ 通过将侵权成本内部化，可以使机器人系统过程参与方提高安全注意义务，同时权益受害的相关方也能有主体可追偿。另外，有外国学者提出一些人工智能设计者、使用者、组织者等在事故中责任相关联的建议：如人工智能设计者、开发者或组织者对其产品及产品带来的预见性后果负有道德义务，不应对使用者进行明示或暗示性欺骗，同理，特定使用者也应对其使用行为承担道德性义务。以上义务都受制于他们对人工智能产品在社会系统中的合理认知，每个人的义务都不因参与人工智能群体扩大而有所缩小。❸

所以，这种责任分担模式提供了一种新的思考路径，我们可以将人工智能拟制为电子法人，无人驾驶汽车具备存储记忆、自主生成算法的特质，既不能归类于生命体，也无法作为初阶段人工智能对待。从某种程序上而言，无人驾驶汽车作为电子法人，好比是未成年人，研发者、管理者与数据经营者就是它的监护人。在无人驾驶汽车擅长的领域，可赋予其意

---

❶ 刘翩．无人驾驶汽车侵权责任研究［D］．济南：山东大学，2020.

❷ 史雨菲．智能机器人侵权责任研究［D］．太原：山西大学，2020.

❸ Grodzinsky, F. S., Miller, K., & Wolf, M. J. Moral responsibility for computing artifacts: the rules and is－sues of trust［J］. ACM SIGCAS Computers and Society, 2012, 42 (2): 15－25.

思表示的能力，即能产生直接的法律效力，实现简化交易的目的。但是对于无人驾驶汽车不擅长的其他诸多领域，由其法定代表人履行，而法定代表人这一角色一般是由与车辆有直接接触使用的管理者来担任。通过三者的共同努力，后天完善、发展无人驾驶汽车的功能性，这一过程如同父母培养孩童一般。

所谓电子法人，属于营利性社团法人，有股东、经营场所、经营范围、法定代表人等构成要素。其可在授权范围内自为意思表示，并由研发者、管理者和数据经营者作为法定股东而强行设立的特别法人。无人驾驶汽车的硬件相当于法人的经营场所，无人车的软件（大脑）、硬件（躯体）和万物互联后形成的大数据（神经网络）的结合体（登记编号并取名称）相当于能自为一定行为的未成年人，该三个所有权人是电子法人的法定股东。

综上，基于现实需要，将人工智能拟制为法人是必要的，可以很好地解决人工智能所带来的风险收益分配难题，有利于其内部成员（股东）和相对人合法权益的保护。具体而言，对于人工智能自主行为归责问题，研发者、管理者以及数据运营者虽与受害人之间的法律因果关系被切断，但由于人工智能被拟制成了民事主体，损害行为由其实施，显然可以认定三个所有权人具有间接作用力，故可由无人驾驶汽车法人以其独立的责任财产向受害人履行赔偿义务。责任财产来源于与人工智能自主行为具有相关性的研发者、管理者和数据运营者的出资，也就是说，最终承担责任的其实是三方主体。也正是基于无人驾驶汽车法人在股东和出资方面兼有法定、限定和意定的情况，可以通过签订合同等形式收取费用加入，所以对其应采强制设立主义的原则。[1]

三、刑法方面

查找大量域外立法文件时，不难发现其多从民事归责与赔偿方面来规

[1] 国家对于法人之设立，实行强制设立法人，此种主义唯适用于特殊产业或特殊团体。梁慧星．民法总论［M］．5版．北京：法律出版社，2017：136.

制人工智能侵权事故，有关刑事责任承担方案少之又少，可寻迹的是国外学者对人工智能犯罪的学说探讨。

2017年，俄罗斯学者起草的格里申法案是该国第一部机器人草案，其基本理念是将机器人看作与动物具有特定相似性的财产，并在未来赋予机器人作为人类的自主代理人地位的可能性。这种将机器人作为准主体的定位，意味着机器人在有限的范围领域内，可以获得奴隶主体性，并将这种主体性的机器人归于法人行业。种种做法与本书探讨的人工智能电子法人有相似之处。由于机器人的特殊性，允许类推适用统一国家法人登记簿而创设机器人登记簿。对于专门研发用于犯罪的机器人、使用对人类造成损害的系统软件、具有给人类造成损害隐患的设计机器人等行为，运用刑法来调整。[1]

欧盟委员会起草的《人工智能法》提案也有类似做法，禁止人们违反欧盟价值观而不可接受的人工智能系统使用，如违背基本权利的行为。该禁止包括通过潜意识技术，即超出人们的意识或利用特定弱势群体的弱点操纵人的巨大潜在可能，如儿童或残疾人，以可能造成他们或其他人心理或身体伤害的方式对其行为进行实质性扭曲。

国外学者提出，机器人出现故障并造成严重伤害的情形下，并不是合适的刑事惩罚的接受者，主要是因为他们不能想象自己是道德上负责任的人，且不能理解报应惩罚的概念。反之，生产、编程、销售和使用机器人的人如果故意使用机器人对他人造成伤害，将被追究刑事责任。然而，机器人本身也可能引起过失责任，鉴于机器人的使用所带来的整体社会效益，主张将操作者的刑事责任限制在他们忽视采取合理措施来控制机器人，从而导致事故发生的情况下。[2]

这一理念与美国学者大卫·弗拉德克的主张类似，他认为无人驾驶汽车责任归属，分为人为干预与不存在人为因素两种情况探讨。在人为因素导致的事故中，作为与传统驾驶方式有着显著区别的无人驾驶汽车，驾驶

---

[1] 张建文. 格里申法案的贡献与局限——俄罗斯首部机器人法草案述评［J］. 华东政法大学学报，2018（2）：32－41.

[2] Sabine Gless, Emily Silverman, Thomas Weigend. If robots cause harm, who is to blame: self-driving cars and criminal liability［J］. New Criminal Law, 2016, 19（3）：412－436.

人的注意义务不应是判定责任的重点，而是设计、生产者是否尽到避免事故发生的注意义务，是否是无人驾驶汽车缺陷的直接导致方。而在无人为因素干预的情况下，对无人驾驶汽车发生交通事故，构建相对严格责任是必要的，进而基于相对严格责任实施强制补偿制度。这种机制符合补偿受害者的正义价值观念，避免因举证困难造成的起诉成本过高、诉讼过程漫长的现象。且生产者作为强势的一方，本应承担高经济效益带来的风险成本。为减少风险损失，迫使研发者、生产者从另一方面倒逼科技进步、完善。[1]

第二节　我国立法建议

人工智能领域——尤其是无人驾驶汽车，是这几年来各国投资发展的热门板块。我国也迫切抓住新兴科技带来的时代红利机会，工信部、公安部、交通运输部2018年4月于北京发布的《智能网联汽车道路测试管理规范》，内容主要为无人驾驶汽车道路测试的立法规定。[2] 但客观来说，我国无人驾驶汽车方面的立法仍然未下定论。基于无人驾驶汽车法律规制存在不足，如果不赋予无人驾驶汽车主体，将无法解决无人驾驶汽车与现行法律规范难以自洽的问题。但我们不能割裂来看是否应赋予无人驾驶汽车主体，同时赋予无人驾驶汽车主体更多的不是赋予“车辆”主体资格，而是赋予车辆背后的数据、软件和硬件等组合以法人资格，借以在已有的法律体系基础之上建立新的规则。继而，我们在处理实际问题时，可以设计多种优势方案，而非局限于是否赋予无人驾驶汽车主体资格上。因此，本节从行政、民事、刑事三方面提出有关无人驾驶汽车侵权事故的立法建议。

---

[1] 郭泽强．人工智能时代权利与责任归属的域外经验与启示［J］．国外社会科学，2020（5）：61－72．

[2] 王政．无人驾驶汽车路测新规发布［J/OL］．［2018－04－13］．http：//www. people. com. cn/．

一、行政法方面

（一）建立无人驾驶汽车国家级信息数据库

2003年，我国公布了GB/T 19056—2003汽车行车记录仪的国家标准，行车记录仪由此在市场普及开来，[1]为记录和认定交通事故原因发挥举足轻重的作用。无所例外，对无人驾驶汽车应同样配备“黑匣子”，对汽车行驶的时间、速度、环境等信息状态进行记录、存储。基于“黑匣子”的数据分析，可以定性无人驾驶汽车交通事故类型：（1）人为操作失误或恶意违背规则导致事故；（2）由于汽车系统自主过失引发事故。[2]毋庸置疑，定性事故类型是处理侵权责任问题的基石与前提。

由于自主驾驶系统具有一定的专业性与复杂性，应特别设立无人驾驶汽车数据中心部门，专门负责无人驾驶领域的重要数据收集、存储、处理与分析，如行车记录仪数据收集与分析，汽车研发者、管理者、数据控制人的资格信息登记，汽车事故次数与处理结果，等等。数据中心部门的设立目的是让行政部门掌握管理主动权，在无人驾驶汽车关键信息板块掌握第一手数据，从而提高行政处理效率，更具实操性。而数据中心部门与数据控制人看似有功能交叉，实则后者只是为管理者提供使用汽车的中介平台。为取得管理者信任，数据控制人一般会分享平台资格认证证书、汽车型号与系统类型、车辆使用年限等基本信息。

另外，无人驾驶汽车的核心构成要件：软件、硬件和数据分别归软件所有权人、硬件所有权人和数据所有权人所有，而且三者的所有权一般是保留的，只让渡出使用权。一般数据所有权人出于保护公共及私人利益的考虑，会保留数据的所有权，软件所有权人及硬件所有权人包括部分数据运营平台仅享有数据使用权。出于利益最大化的考虑，软件所有权人也会

---

[1] 梁野．面向行车记录仪突发事件监测的图像处理与识别［D］．哈尔滨：哈尔滨工业大学，2019．

[2] 陈晓林．无人驾驶汽车致人损害的对策研究［J］．重庆大学学报（社会科学版），2017（4）：79－85．

保留软件的所有权，硬件所有权人对系统仅享有使用权。硬件所有权人可以自有资金出资，也可以其购买的无人驾驶汽车硬件的价值为限进行出资，当硬件所有权人以自有资金出资时，其让渡的就只是汽车硬件的使用权。在一般情况下，无人驾驶汽车电子法人是由软件所有权人、硬件所有权人和数据所有权人共同加入成立的，无人驾驶汽车是无人驾驶汽车法人的载体和经营基础。

（二）明确无人驾驶汽车准入立法规制

要发展无人驾驶汽车，立法也应关注提高无人驾驶汽车的安全系数，从源头保障人工智能的严格安全性，而这主要从“技术规制”和“无人驾驶汽车市场准入许可”两方面来规制。[1]“技术规制”是指对无人驾驶汽车系统、软件、数据设备设定安全标准［安全标准的制定可参考国际标准化组织（International Standards Organization）与美国国际自动车工程师学会（SAE International）制定的安全标准与指导］，保证制造的无人驾驶汽车非“有缺陷的”，减少因系统或车辆外壳等存在研发与制造方面的缺陷而导致事故发生的频率。“市场准入许可”即给予无人驾驶汽车在公共道路通行的许可，包括对汽车管理者资格准入的审查和登记。无人驾驶汽车在解放人类双手的同时，也对汽车管理者在技术知识储备、良好的用车素养、注意义务等提出了严格要求。此外，无人驾驶汽车获得上路许可前还须由测试员进行道路安全测试，测试规制涉及的主要内容有：进行测试的路段、不同驾驶环境下车况测试、测试事故风险承担等。其中，我国的现有法律规范规定由测试主体交付保险凭证并承担测试风险责任，但笔者认为若是无法归责于任何一方的系统自主行为但确是由无人驾驶汽车方存在过错而导致事故的情况，在研发者及测试者并非为同一者时，应由研发者与测试者共同分担责任，即研发者对于上路测试的无人驾驶汽车也需要先行提交一定份额保单及责任框架。值得提醒的是，无人驾驶汽车的道路安全测试也须进行资格审核，并不是任何主体都能申请。如美国的内华达州，无人驾驶汽车在上路测试前须向专门管理部门申请资格，提交先前在封闭状态

[1] 杨杰，张玲. 无人驾驶汽车的法律障碍和立法思考［J］. 电子政务，2018（8）：99－111.

下检测无人驾驶汽车的记录文件，记录内容与道路测试内容相似。

当无人驾驶汽车正式进入市场，在公共道路上行驶时，交通部门应对无人驾驶汽车与管理者进行登记公示制度，增强大众对新兴技术的信任度。同时对无人驾驶汽车客体采取累计计分制，一旦扣分即通知其研发者、数据控制人与管理者，并处以相应的行政处罚以提高各方对安全性能的注意义务。[1] 针对发生重大交通事故、风险系数大的无人驾驶汽车，可借鉴美国做法，进行必要强制销毁或研发者、生产销售方及时召回处理。[2]

（三）确立无人驾驶汽车监管机构

国家发展与改革委员会于 2018 年发布的《智能汽车创新发展战略（征求意见稿）》明确将国家智能汽车创新发展领导小组作为领域内统筹实施与安排的组织，但我国仍缺乏自上而下、权责统一明确的监管主体。美国于 2017 年 9 月发布《自动驾驶系统 2.0：安全愿景》（简称 AV2.0）中，授权 NHTSA 对无人驾驶汽车的监管地位，以及详细规定了其职责义务。具体而言，NHTSA 要求各公司在参与其测试之前，提交保证其系统及汽车安全性的证据；制定无人驾驶车辆安全评估标准，并及时作出；审查废除对无人驾驶车辆发现造成阻碍的交通法规；本着技术中立原则，不阻碍其他竞争主体进入无人驾驶汽车市场等。[3] 美国各州则分别成立监管委员会，如美国的加利福尼亚州设有专门的道路交通管理机构，定期收集和公布无人驾驶汽车的行车数据信息；负责当地无人驾驶汽车的注册、登记与上牌工作；监管上路的无人驾驶汽车资质有无等。[4]

因此，我国应明确无人驾驶汽车的专门监管主体与详细的职业分工，为无人驾驶汽车的发展保驾护航。国家交通主管部门可单独创设无人驾驶汽车专门监管机构，提供统一立法标准与原则，协调各地方政府制定有关无人驾驶汽车交通法规的差异；地方交通局可在中央层面设立的无人驾驶

---

[1] 秦国伟. 无人驾驶汽车的交通事故侵权责任研究［D］. 太原：山西财经大学，2019.

[2] 李欲晓. 物联网安全相关法律问题研究［J］. 法学论坛，2014（6）.

[3] 周丽. 监管阻碍创新——美国交通部自动驾驶政策 3.0 解读［J］. 智能网联系汽车，2018（1）：22－25.

[4] 张栋华. 无人驾驶汽车法律监管制度研究［D］. 南宁：广西大学，2019.

汽车的专门监管机构下设分属监管主体，以紧要实现当地自主驾驶技术的普及，缓解交通拥堵等问题。同样，我国可参考美国设置自主驾驶汽车顾问委员会，由专家、立法人员、公司高管等人员组成，在保险费用与承担、道路测试规制、交通事故责任分配等疑难问题上为交通部门提出意见与方案建议。

（四）维护数据隐私安全

当今网络技术飞速发展，人工智能是大数据运用、算法等运算技术发展的阶段性成果，离不开“大数据”“云计算”等大量数据基础分析，难以在取得分析对象同意下进行，冲击了传统法律对个人信息权益保护的机制，同时人工智能的运算与决策可能受到“算法歧视”“算法黑箱”等影响。尤其是人工智能可以进行数据计算、推理决策与行为控制，能脱离研发者与管理者具有意识与自控能力，易与大数据滥用结合，引发算法安全、系统安全、数据信息与安全等问题。[1]

以无人驾驶汽车来说，缺乏统一的数据安全立法文件来保护管理者的隐私权益。作为自主决策机制的系统算法实质上包含着价值立场与判断，因此数据控制人具有将无人驾驶汽车系统算法程序公开并解释的义务。[2]公开内容包括算法运算数据与源代码，同时公开内容可以作为知识产权予以保护，避免被抄袭的问题；算法解释要求必须使数据主体经过终端用户理解其含义，公开才具有意义。立法应禁止算法对性别、职业等不同的群体区别对待，以防止恶意歧视或大数据杀熟等问题。

数据控制人对于每辆无人驾驶汽车都记录了大量数据信息，诸如管理者身份、行驶记录、处罚次数，等等。这些数据该如何保护？基于这一认识，《深圳经济特区数据条例》首先提出“数据权益”，表示自然人对个人数据享有人格权益；自然人、法人、非法人组织对其合法数据形成的产品和服务享有法律法规规定的财产权益。[3] 因此，无人驾驶汽车中与管理者

---

❶ 庞云霞，张有林．大数据时代网络犯罪的刑法应对——兼论人工智能犯罪的规制［J］．重庆大学学报（社会科学版），2020（4）：1－8.

❷ 丁晓东．论算法的法律规制［J］．中国社会科学，2020（12）：138－159.

❸ 深圳经济特区数据条例［DB/OL］．［2021－06－24］．https：//bAIke. bAIdu. com/.

有关的数据信息应作为个体数据，赋予管理者个人数据权。个人数据权原则上要求数据所有者与控制者维护个人数据安全与质量等责任，[1] 管理者对自我数据拥有知情选择权、更正权、访问权、知情权等一系列权利。而数据控制人在处理个人数据时，具有告知义务，且需要征得自然人同意。此外，关于数据的存储、利用，2017 年修订的《德国道路交通法》第 63 条规定，当驾驶操作者切换到人工智能系统时，卫星导航系统将自动储存确定的地点和时间信息，同样当系统提出接管汽车驾驶的要求，或者出现故障时，也会保存相应信息。对于无人驾驶汽车收集的数据，以交通违法事故为例，执法机关基于执法的合法需要，以及第三人因人员伤亡或财产损失等正当理由，可以获取车辆相关信息，车主也有义务提供必要数据给以上主体。我国可以参考德国利用卫星在某些情形下自动存储数据的做法，作为无人驾驶汽车数据管制手段。法律就系统的数据也非设定完全保护的霸王条款，应当提供合理条件下的正当获取、使用情形。[2] 我国《网络安全法》《个人信息保护法》都规定了对个人信息的保护制度，无人驾驶汽车作为蕴含海量数据算法的新兴领域，需要对该板块下个人信息给予专门立法的特殊保护。立法可从加重数据控制人注意与保护个人信息责任出发，在收到管理者等人投诉后立即处理，造成严重后果的处以罚金，可比照“拒不履行网络信息安全管理义务罪”等设置具体条文。对于未落实数据安全保护责任或非法处理数据，致使国家重大利益受损的，人民检察院或有关行业组织可以提起公益诉讼。

二、民法方面

无人驾驶汽车在交通侵权事故的民事责任分配上一直众说纷纭，有产

---

[1] 丁晓东. 论个人信息法律保护的思想渊源与基本原理——基于“公平信息实践”的分析[J]. 现代法学，2019 (3).

[2] 张韬略，蒋瑶瑶. 德国智能汽车立法及《道路交通法》修订之评介 [J]. 德国评价，2017 (3)：68 – 80.

品责任缺陷说、[1] 替代责任说、[2] 无过错责任说[3]等，但仍缺乏合适的标准来确定责任主体与分配份额，故笔者在此提出自己的看法。

将无人驾驶汽车交通侵权事故转化为产品责任，一方面，是将无人驾驶车辆视为产品，通过无过错形式增加生产者努力保证产品安全的注意义务。如 2016 年，联合国教科文组织通过的《关于机器人伦理的初步草案报告》中，明确指出智能产品（机器人）应为一般意义上的科技产品，由智能产品及其技术导致的伤害，可采取产品责任的有关措施来处理。[4] 另一方面，人工智能产品责任中的免责事由则与替代责任说类似，[5] 规定了由用户等非生产者承担其疏忽或故意等过错情形下的侵权责任。以上制度虽具有一定可行性，但在无人驾驶汽车领域应用过程中仍有弊端。无人驾驶汽车由硬件、数据、软件等综合系统构成，性能上与目前的人为操作的汽车本质上来说有明显区别，前者存在由人工智能系统算法自主而产生的侵权情况，在此情境下任何一方都没有可归责事由，无法以产品责任或替代责任来解决。何况即使无人驾驶汽车由于自主行为发生交通事故，受害者或管理者会立即试图通过产品缺陷来归责生产者，以寻求最大救济。然而，由于证明产品缺陷、因果关系的诉讼成本较高等，导致过程复杂冗长，一旦得到不归责于任何一方的鉴定结果，势必给受害者维权增加难度，进而损害受害者的合法权益。

在人工智能高级阶段，系统算法会在无他人干涉下自行学习、自主进化并自动解决问题，这种纯粹技术结构方式易导致计算结果跳出社会规范，传统法律上的“行为—结果”与“行为—主体”的侵权判定规则将变得极为困难。[6] 因此，局限在不赋予人工智能主体地位下，难以处理其自

---

[1] 殷秋实．智能汽车侵权法问题与应对［J］．法律科学（西北政法大学学报），2018（5）：42－51.

[2] 司晓，曹建峰．论人工智能的民事责任：以自动驾驶汽车和智能机器人为切入点［J］．法律科学（西北政法大学学报），2017（5）：166－173.

[3] 刘小璇，张虎．论人工智能的侵权责任［J］．南京社会科学，2018（9）：105－110，149.

[4] 张新宝，任鸿雁．我国产品责任制度：守成与创新［J］．北方法学，2012（3）：5－19.

[5] 郑志峰．自动驾驶汽车交通事故责任的立法论与解释论——以民法典相关内容为视角［J］．东方法学，2021（3）：156－170.

[6] 李文静，栾群．人工智能时代算法的法律规制：现实、理论与进路［J］．福建师范大学学报（哲学社会科学版），2020（4）：148－157.

主行为造成的侵权后果难题。

（一）保险赔偿制与保证金制度

1. 保险赔偿制

无人驾驶汽车保险应当包含在机动车强制责任险、产品责任险与无人驾驶汽车强制意外保险中。由无人驾驶汽车自行作出的反应行为而导致的交通事故，应视为“意外事件”。除了将机动车强制责任险与产品责任险纳入无人驾驶汽车立法考量范围内，[1] 在其投入市场使用之前，生产者、研发者与管理者三方还应缴纳一份“无人驾驶汽车强制意外保险”，最后由保险公司来承担严格责任。这种意外险实质上是为了解决事故中难以归责的问题。

当无人驾驶汽车出现非一般侵权情形，即自主行为侵权事故时，应将无人驾驶汽车视作“财产”，但这类“财产”性质特殊且价值与损害后果大，它具有程序设计、数据输入、分析并作出计算结果等线性流程的算法外观，能够基于数据形成的概率统计模型对数据的客观关联性进行解析和预测，从而作出与具备高阶段认知能力的人在同等情境下一致或类似的结论与反应。[2] 所以它不应等同于民法上的财产含义，并采用由财产所有人承担损害责任的普遍处理方法。反之，应由与无人驾驶汽车有关的三方，分别向保险公司缴纳“无人驾驶汽车强制意外保险”这种特殊的保险方式来保障受害者的合理受偿。“无人驾驶汽车强制意外保险”赔付应具备以下条件：一是无人驾驶汽车处于自主驾驶模式；二是在车辆发生事故时已投保“无人驾驶汽车强制意外保险”；三是该事故是无人驾驶汽车算法自主行为导致的；四是被保险人或第三人因事故受到损失。因此，在事故发生的第一时间，受害者可以有方向、有目标、有对象地向保险公司寻求赔偿，而保险公司也应无差别实行赔付制度。事后查明具体原因后，保险公

[1] 张建文，贾章范. 无人驾驶汽车致人损害的责任分析与规则应对［J］. 重庆邮电大学学报（社会科学版），2018（4）：31－37.

[2] 崔聪聪，许智鑫. 机器学习算法的法律规制［J］. 上海交通大学学报（哲学社会科学版），2020（2）：35－47.

司再进行相应追偿或自行承担，避免因调查因果链条而使受害者的求偿过程一拖再拖。需要考虑的是，为了防止保险公司责任承担过重，立法可根据盈利、财力等适当规制生产者、研发者、管理者的不同保额。如遵守道路交通规则的主体以及投保主体就是无人驾驶汽车法人，并能实现其自主行为获利和责任的合理分摊，以及上述多方主体对无人驾驶汽车自主行为承担有限责任，也有利于法律关系的明晰，[1] 简化事故（尤其是大规模侵权中）受害人赔偿程序，保障受害人利益。

具言之，对于人工智能侵权行为责任和获益的分配问题，作为具有记忆与自主算法能力的无人驾驶汽车，理论依据在于其三要件中的所有权分属。即使无人驾驶汽车自主行为切断了法律上的因果关系，但是管理者、研发者与数据运营者三方所有权人均有间接作用力。因此，三方理应基于公平原则分摊责任。尤其是后两者可以通过签订合同的形式，缴纳保险费用解决侵权赔偿问题。

可以说，此种保险方式将人工智能自主行为引发的事故情景独立出来，使各个相关方以较低的经济支出，获得保险共担风险的机会。而对保险公司适用严格责任则是出于保护受害者的目的，况且机器人自主侵权行为发生概率较低，且保险公司赔付也是基于每辆无人驾驶汽车有关三方的保额，根本来说不会损失过大，能合理实际地解决此类情形最主要的赔偿问题。

2. 保证金制度

关于保证金制度，要求研发者、生产者、管理者向无人驾驶汽车专门管理机构分别缴纳第一份对应数额保证金，以获得汽车准入、使用的资格。保证金缴纳时间须在无人驾驶汽车进行道路测试前，来验证车辆能否自主驾驶并符合交通安全上路标准，这份保证金性质上是对无人驾驶汽车安全性能的承诺。专门管理机构作为监管无人驾驶汽车的主体，可对每辆注册的无人驾驶汽车进行投保最低的“无人驾驶汽车强制意外保险”，用于缓解前述情形下的保险负担，增大受害者的足额受偿可能性。除此之

[1] 王雷．我国民法典编纂中的团体法思维［J］．当代法学，2015（4）：70.

外，每年三方还应缴纳作为监管费用的少量履行义务保证金，如不履行则从保证金中扣除相应比例，直至低于最低保证金而撤销无人驾驶汽车的准入使用资格。[1] 无人驾驶汽车发展前景可观，能带来巨大的经济效益，但也蕴含着不确定风险，应尽可能增加保障途径来促进新事物的成长。

（二）专项基金与互保协会

1. 基金赔偿制度

欧洲议会于 2017 年 2 月通过的《机器人民事法律规则》第 58 条称，如强制保险存在无法覆盖的情形下，应对人工智能建立专有的基金项目，来保证保险不足或没有保险情况时仍能赔偿损失。[2] 因此，从政府角度出发，我国无人驾驶汽车专门管理机构可发展特别基金，[3] 通过对社会大众公开募集的市场化运作方式或政府投资定额资金（投资来源可以为财政预算、审批费用及保证金的一部分），来建立无人驾驶汽车意外事故赔偿基金，同时限定该基金在事故中的赔偿数额。赔偿基金实质上是一种再保险基金，一方面可以对冲生产者等三方投保的相关保险负担，覆盖保险空白之处以转嫁部分风险压力。另一方面在拥有实力与信誉的政府的引导下，可以拉动保险行业在收益不确定情形下主动增加险种的积极性。专门管理机构在收到书面申请赔偿时，应审核证明无人驾驶汽车自主行为导致事故的证据材料，并在规定的工作日内拨款至指定账户。

从无人驾驶汽车客体出发，将研发者、生产者及管理者积极引入基金计划，为其研发、生产及使用的每辆无人驾驶汽车单独注册基金。基金来源有研发者、生产者及管理者投保时缴纳的保费的一定比例，或者主动提供的资金。为了让接触无人驾驶汽车的主体能了解汽车基金属性、责任限度、赔偿方名称或姓名等信息，应对不同无人驾驶汽车的不同基金类型使用独立的登记注册号，并收录在无人驾驶汽车专门管理机构的登记册中，

---

[1] 陈晓林. 无人驾驶汽车致人损害的对策研究［J］. 重庆大学学报（社会科学版），2017(4)：79－85.

[2] 袁昭江. 欧盟机器人民事法律规则研究［D］. 长沙：湖南师范大学，2020.

[3] 崔俊杰. 论自动驾驶事故责任救济中的政府机制［J］. 江苏大学学报（社会科学版），2020(5)：96－106.

受害方可以根据登记注册号了解基金信息以便维权。

2. 无人驾驶汽车互保协会

可参考《海商法》中“船东互保协会”的设置经验，基于受益人共摊风险的原则，由研发者、生产者、管理者等多个利益相关方建立无人驾驶汽车互保协会。互保协会由无人驾驶汽车专门管理机构审批成立，各利益相关方应缴纳足额会费获得会员资格。为应对无人驾驶汽车无因事故风险，协会应将其自主侵权行为纳入承保范围。当发生协会保赔下的侵权情形时，被侵权人可向协会申请赔偿。此外，互保协会可将每年度保费的溢价根据无人驾驶汽车风险暴露程度确定共同基金，该共同基金既可以弥补会员的经济损失，也可用于对被侵权人的赔偿；互保协会也可附设投资业务，将共同基金用于投资，以巩固协会运营能力。

如面对人工智能致害责任承担难题，欧盟法律事务委员会在2017年提出了强制保险和设立赔偿基金的立法建议，[1] 这种赔偿基金要求与人工智能致害有关的多方人类主体参与，并对该基金的设立出资，这种运作模式类似于法人。其实海商法中的船舶互保协会也是将与船舶有关的多方人类主体集合到一起共同担责，有的甚至是被强行要求加入协会，成立这种互保协会是为了分散风险，美国的航空行业和医疗行业也都有类似的实践。[2] 互保协会这种模式为解决人工智能法律地位问题提供了较好的参照，它属于社团法人。电子法人的定位其实也是社团法人，但与传统社团法人相比，其在意思表示、股东（成员）构成和设立方面具有特别之处，所以应归类为特别法人。电子法人实质上与俄罗斯《格里申法案》中的既可自为意思表示，又可由他人代为意思表示的机器人—代理人存在相似之处，[3]

---

[1] 曹建峰．十项建议解读欧盟人工智能立法新趋势［J/OL］．［2020－03－10］．https：//www.tisi.org/4811．

[2] 美国航空行业协会的各部门，包括政府机构、制造商、航空公司以及劳工组织。这种方式在过去十年中将商业航空旅行的致命率降低了83%，提升了航空业的安全性。在美国医疗行业协会中，政府机构、认证组织、付款人、提供商（医院、医生群体、独立医生）、其他专业人士（护士）、病人代表以及市场主体开发者和销售者，共同评估风险，达成结论，制定并执行标准。See：Amanda Swanson. The Legal Challenge of Incorporating Artificial Intelligence into Medical Practice［J］．Health & Life Sci. Law，2012（1）：90－119．

[3] 张建文．格里申法案的贡献与局限——俄罗斯首部机器人法草案述评［J］．华东政法大学学报，2018（2）：32－41．

法案提出的“代理人”概念，表明机器人可以以所有权人或占有人的名义作为代理人活动，从而解决机器人自主情况下的法律责任归属问题。就好比在家庭社会中，家长是完全民事行为主体，儿童做出的超出其意思表示能力范围的行为，其法律效果归属于家长，机器人也如此。尤其是通过所有人或占有人强制交付一定财产而形成机器人的责任财产，使机器人成为民事主体更加充分与必要。法案强调的责任主体是人而非机器人，并为未来可不断学习的机器人能作为法律主体，保留了更大范围的权利。

三、刑法方面

在讨论无人驾驶汽车的刑法规制前，需注意刑法领域中犯罪主体只有自然人与单位，其实施的行为虽是一种应受刑罚处罚的犯罪行为，但具有人的一般行为和意志体现的特征。行为在某种意义上是与生命体紧密联系的，[1] 而人工智能不具有以上属性，不能成为刑事责任承担的主体，但这不代表对无人驾驶汽车就不能进行刑法规制，尤其是在相关主体利用智能技术犯罪时，亟须制定刑法条文予以严厉打击。以下通过无人驾驶汽车交通肇事（自主犯罪）与无人驾驶汽车网络犯罪（人为故意）两个案例，来讨论刑法规制方法。

（一）无人驾驶汽车交通肇事

若无人驾驶汽车交通事故是因研发者未尽安全保障义务、管理者忽视安全管理义务、黑客侵入系统实施犯罪等情况导致的，基于现行刑法归责原则，可分别追究犯罪主体的刑事责任。[2] 但值得注意的是，人工智能是基于算法程序而获得理性自治，通过无干预下自主学习，并生成新规则，从而作出决断。[3] 从某种程度上来说，人工智能可以产生类似人的思维与自主意志。尽管人工智能客观上实施了自主行为造成损害，但有关主体难

---

[1] 陈兴良. 刑法哲学（上）[M]. 北京：中国政法大学出版社，2009：82.

[2] 陈结淼，王康辉. 论无人驾驶汽车交通肇事的刑法规制 [J]. 安徽大学学报（哲学社会科学版，2019 (3)：116 - 123.

[3] 彭文华. 人工智能的刑法规制 [J]. 现代法学，2019 (5)：135 - 151.

以预料与控制，缺乏主观过错归责原则，无法承担责任。如果将刑法对犯罪主体的惩罚与预防目的适用于人工智能，无论如何都令人倍感蹊跷。事实上，我们应跳出人类中心主义的桎梏来寻求对人工智能的可罚性措施，反之以人类刑罚方式作为参考，针对系统与机械实体的特征来对人工智能进行规制，是具有实践意义的。

哈佛大学法学院教授莱西希认为通过立法影响网络空间的底层代码（结构程序），网络空间难以管理的开放世界是可控的，他提出的结构程序规制对机器人立法具有借鉴意义。[1] 机器人的源代码与基础代码能对自主行为产生约束力，当人工智能基于算法自主作出一些错误行为，表明其系统具有相当危险性，将机器人与编码连接进行结构性规制可以作为特殊的处罚方式。因此，可以对造成事故的无人驾驶汽车系统加入计算机编码，限制超出正常行驶范围的自主性行为。更进一步，传统意义上对人执行的“死刑”诸如采取枪决、注入毒剂等不可能适用在人工智能上，而且消除其实体形态的措施，具体表现为对系统进行永久性删除、将实体彻底毁损等。[2]

为了方便实行以上措施，刑法应增设有关无人驾驶汽车交通事故方面的罪名，以避免无人驾驶汽车自主行为引发交通事故因无法主观归责而不了了之，同时严格设定此罪的适用条件。该罪在客观方面适用无人驾驶汽车交通事故领域，保护的客体是公共交通安全与受害者的人身权和财产权，且客观行为表现为无人驾驶汽车肇事致使行人、管理者等多人死亡或重大财产损失，或对公共安全造成恶劣影响。在主体方面本罪为单位犯罪，无人驾驶汽车本身具备不确定危险性，利益相关方在发展科技领域获得巨大收益的同时，应承担其带来的风险损失可能，而无人驾驶汽车自主风险行为也应归类于此。为防止事故各方以无过错为由逃避刑事处罚，保护被害人的权益，应对专门管理机构、数据控制人、研发者、管理者及生产者等主体适用相对严格的刑事责任，以维护中国特色社会主义法治社会

---

[1] Lawrence Lessig. The Law of the Horse：What Cyber Law Might Teach［J］. Harvard Law Review，1999，113（2）：507－508.

[2] Lawrence Lessig. The Law of the Horse：What Cyber Law Might Teach［J］. Harvard Law Review，1999，113（2）：507－508.

的稳定，提升无人驾驶汽车领域的安全系数。考虑本罪为特殊的单位犯罪，其刑罚方式可以为对单位及主要责任人员适用罚金，而非刑罚处罚措施可以是前述系统删除、程序修改、永久销毁等。[1]

（二）无人驾驶汽车网络安全

网络安全与无人驾驶汽车的发展休戚相关。无人驾驶汽车与网络互相联系，通过互联网技术与外界环境交互信息从而控制车辆。在“网络 1.0 时代”，网络安全主要保护系统、数据与应用安全，表现为一维单一法益。而网络犯罪 AI 化的今天，网络安全成为复合概念，涉及财产安全、个人隐私保护与社会秩序。如人工智能侵入系统往往直指个人隐私、财产，甚至危害国家安全。[2] 人工智能可以利用网络漏洞，在公民上网留下痕迹时，趁机窃取大量个人信息，进行识别与简化信息，犯罪分子从而有针对性地寻找猎物目标，进行勒索、诈骗。因为人工智能犯罪成本低，效率高，所以近年来利用 AI 技术实行网络犯罪越发肆意，并形成一条互相联系的网络犯罪链条。

而现有的刑法规则在解决此类问题时已不够适用，如网络犯罪中帮助犯的行为通常是独立的，也是获益较多的，在查不到主犯情况下难以对其比照主犯定罪量刑，且处罚最高刑仅有 3 年有期徒刑，罪刑不相适应。所以，对无人驾驶汽车而言，刑法应提出新解释，以适应不断变化的技术发展。

从客观方面出发，现今的网络虽是信息技术构成的虚拟空间，但与人类现实生活搭建起紧密联系的桥梁，人类的起居生活离不开网络的帮助，也为犯罪分子实施犯罪提供了虚拟平台。无人驾驶汽车犯罪的客观原因来自系统、信息安全技术存在的漏洞，相关管理措施并未延及无人驾驶汽车的许多领域，使效率高、成本低的犯罪手段越发猖獗、危害性倍增。而大部分网络犯罪都需要个人信息作为准备，以人工智能获得公民数据隐私的

---

[1] 房慧颖．涉人工智能犯罪刑法规制问题研究［D］．上海：华东政法大学，2020.

[2] 安柯颖，陆红．人工智能时代网络安全的刑法保护——基于网络犯罪 AI 化为视角［J］．云南民族大学学报（哲学社会科学版），2018（6）：145－156.

优势为例，黑客进行网络攻击一般分为“脱库”[1]“洗库”[2]“撞库”[3]几个阶段，再将数据进行整合、筛选，通过贩卖数据或诈骗获得经济利益。与客观表现的特殊性结合，在人工智能将犯罪从客观现实伸向虚拟空间时，将网络解释为犯罪空间更为合理。换言之，无人驾驶汽车在网络空间的加持下，运用范围广阔，不再是传统模式下单纯的数据传输，它既丰富、连接了巨大的网络空间，也离不开作为传播媒介的互联网。从犯罪客体来看，无人驾驶汽车犯罪属于科技发展产物下的新型犯罪现象，但它侵害的客体权益仍然涵盖在刑法分则规定的十类客体之中。[4]如犯罪主体采用 AI 技术实行网络窃取信息，通常侵害到公民的人身安全、财产权，甚至危害到公共安全、国家安全。

从主观方面出发，针对无人驾驶汽车网络犯罪领域，AI 技术已经具有筛选、决策的自主能力，帮助犯罪分子自动处理海量信息。但无人驾驶汽车本质是人类设定算法程序下的产物，须借助客观实体才能发挥作用。它无法像人类一样产生犯罪动机或拥有自然客体，获取个人信息的外在表现是人为操控与利用的结果。而数据本身是信息的承载与表现形式，信息是数据的内涵。数据记载着文字、符号、声音等众多信息，[5]无人驾驶汽车单纯获取数据的行为没有实际意义，只有人为地进行转换、利用，才使数据有了经济利益和安全含义。实际上，无人驾驶汽车是自然人犯罪动机的实施手段，或者是网络环境下诱发犯罪动机的因素，但不可能作为犯罪主体来承担刑事责任。这某种程度类似单位犯罪，其背后是自然人的意志体现，即人类自我意识的表现。只是无人驾驶汽车具有相当程度的自由性，但人工智能自创立之初，便以软件开发者植入程序为使用基础，体现的是开发者的意志。无论是开发者，还是管理者等其他人故意或过失使用无人驾驶汽车犯罪，都可以追究到责任主体。当下刑法可从增设无人驾驶汽车

---

[1] “脱库”即黑客入侵有价值的网络站点，把注册用户的资料数据库全部盗走的行为。

[2] “洗库”即对数据库中的资源进行层层利用，把里面的资源进行全方位的剥夺利用。

[3] “撞库”即黑客通过收集互联网已泄露的用户和密码信息，生成对应的字典表，尝试批量登录其他网站后，得到一系列可以登录的用户。

[4] 唐亚南. 如何从刑法的维度对人工智能进行规制［J］. 法律适用，2021（4）：157.

[5] 王倩云. 人工智能背景下数据安全犯罪的刑法规制思路［J］. 法学论坛，2019（2）：30.

网络安全罪的角度来预防、应对，并根据侵害法益类型归类至分则同类客体条文后。至于利用无人驾驶汽车的其他领域犯罪，可参照前述数据犯罪进行处理，在此不做赘述。

本章小结

通过对无人驾驶汽车的域外立法考察，不难发现，美国、日本、英国等国家为了能占据无人驾驶汽车的发展时机，利用道路安全测试、安全标准制定，设立准入机制等途径来提高无人驾驶技术的安全性能。在无人驾驶汽车的侵权事故方面试图利用多方保险分担、保证金等方式保障受害方的受偿权。而我国在无人驾驶汽车领域的尝试还在初步阶段，但这不意味着我国在立法层面不需要进行前瞻性思考。因而，面对技术之争，国家应遵循依法治国方略提前布局，在立法层面从行政监管、民事赔偿、刑法规制三方面进行讨论，加强行政监管，以保障无人驾驶汽车的安全运行；民事立法方面则通过设立无人驾驶汽车电子法人型主体，利用保险、保证金、基金与互保协会，以保证事故中被侵权人得到及时救济；刑法方面则通过创新无人驾驶汽车交通肇事与网络安全的刑罚适用类别，以应对人工智能新型犯罪。

第九章　无人驾驶汽车立法条文设计及理由

本章讨论的无人驾驶汽车是区别于自动驾驶汽车，且处于初级人工智能发展阶段的无人驾驶汽车，尚未拥有自我意识，但具有一定的算法理性。虽然2017年2月16日欧洲议会表决通过的《就机器人民事法律规则向欧盟委员会的立法建议［2015/2013（INL）］》（以下简称“机器人民事法律规则”）面对最复杂的自主智能机器人提出了可以考虑赋予其法律地位，承认其为“电子人”的建议。[1] 但本章讨论的无人驾驶汽车尚与强人工智能具有一定的差距，赋予无人驾驶汽车主体地位，在法律上为其拟制法律人格，仍存在法理上对无人驾驶汽车人格、伦理，以及立法上是否需要法律必须满足人类利益的“人类中心论”这一命题的争议。在实践中，也存在是否有赋予无人驾驶汽车主体地位的必要性，是否能通过赋予无人驾驶汽车法律主体地位使人类获得更好的生存发展条件，无人驾驶汽车是否具有责任能力承担等问题。除此之外，面对无人驾驶汽车技术的不断发展应用而法律却缺乏相应规制的情况，长此以往，将会陷入想控制却难以控制的科林格里奇困境（Collingridge's dilemma）。[2] 有鉴于此，为适应社会的高速发展，同时考虑到社会整体接受度及研究前瞻性，仍需在现有的法律框架的基础上建立一套科学合理的条文设计。

---

[1] 智能机器人还不能成为法律上的人［EB/OL］.（2019－06－19）［2021－07－21］. http：//m. toutiao. com/li/N2SABUu/.

[2] 科林格里奇困境展示了人类对技术进行规制面临的信息和能力困境。技术在被广泛应用前，由于难以认知其有害社会后果，此时可以对其控制却不知如何控制；随着技术发展，当不可欲的后果发生时，技术已经根深蒂固，成为整个社会结构的一部分，已经很难对其进行控制。参见：David Collingridge. The Social Control of Technology［M］. London：Frances Printer，1980：19.

第一节　刑法条文设计及理由

随着无人驾驶技术不断发展，无人驾驶汽车作为一种未来帮助人们出行的驾驶工具，针对传统刑法对交通运输安全、计算机信息系统安全等客体的保护提出了挑战。因为无人驾驶汽车技术涉及的往往为公共安全领域，具体到刑法管制的公共安全问题，牵涉较大，社会危害性较严重，公众对于此类技术也有着更高的要求和期待，因此刑法设计规制无人驾驶汽车犯罪至关重要。同时，新型的涉无人驾驶汽车网络犯罪手段的出现等，导致传统的刑法因果关系、共同犯罪理论都可能因新型的无人驾驶汽车技术而产生变动与革新。在现有的刑法框架上，对无人驾驶汽车的刑法条文设计，一方面要面对的是规制重要性及必要性，另一方面则是规制的困难性和复杂性，因此涉及无人驾驶汽车造成的犯罪，需要分别根据刑法以及具体情况作出具体认定。由于刑法中存在大量的不成文的构成要件要素，为了维持刑法的稳定性，同时也因为建立封闭的刑法体系的不现实性，[1]应尽量通过解释论将无人驾驶汽车犯罪纳入现行刑法框架体系之中，在无法容纳的情况下再另行立法。

一、刑法总则

（一）与无人驾驶汽车相关的犯罪问题

第一，在主体方面，难以赋予无人驾驶汽车主体地位的主要原因是其会导致刑法中应有的刑罚功能的降低，尤其是从特殊预防的角度出发，对无自我意识的无人驾驶汽车适用刑罚对于防止其本身再犯罪并无意义。但

[1] 刘艳红．实质刑法的理论与实践：基于三部曲的整体思维［J］．东南学术，2021（2）：56－68．

鉴于并未到达强人工智能阶段，此时单纯要求车辆承担法律责任既缺乏可能性也缺乏科学性，在初级人工智能发展阶段，赋予其主体地位后，实际承担刑事责任的实则是无人驾驶汽车背后的“人”，而非单纯的车辆。而追责无人驾驶汽车背后的主体，对实现刑罚的惩罚和预防功能显然更为有利，尤其是在特殊预防方面，可以督促无人驾驶汽车背后的责任人严格履行注意义务以防止犯罪的再发生。因此，不论是否赋予无人驾驶汽车主体，无人驾驶汽车刑事责任的主要落脚点仍应是自然人和单位，即便对拟制为电子法人的无人驾驶汽车进行处罚，其最终承担责任的实际上仍是电子法人背后的人类主体。

在无人驾驶汽车犯罪中，一般情况下涉及的主体主要有三者：即前述的软件所有权人、数据所有权人以及硬件所有权人。其中软件所有权人开发相应软件，数据所有权由数据运营者所有，但根据无人驾驶汽车发展阶段的不同及数据类型的不同可能涉及不同的具体主体，主要包括无人驾驶汽车运营平台、国家数据平台以及个人。而硬件所有权人则主要有以下三种类型：一是购买无人驾驶汽车作为个人使用的无人驾驶汽车车主；二是将无人驾驶汽车作为共享汽车投入交通市场使用的商用平台；三是将无人驾驶汽车纳入道路公共交通系统负责运营的国有企业。除此之外，根据案件具体情况，还可能会涉及生产者、销售者、第三人、无人驾驶汽车管理、监督部门等潜在责任主体，如其行为构成犯罪，则以其触犯的相应刑事犯罪科以刑罚。无人驾驶汽车犯罪必须要确认责任主体，这是承担刑事责任的前提。同时，参考前述的电子法人模式，可以将以上均对无人驾驶汽车的“个体”发展起着必然的间接作用力的三者固定为电子法人的股东，电子法人同样属于法人，可以纳入单位犯罪中考虑。

第二，犯罪主观方面，在现行刑事立法框架的基础上，无人驾驶汽车相关的刑事犯罪的行为主体应具有相应刑事犯罪的故意或过失。对于犯罪主体的主观方面的判断，应当在具体案情之上，结合犯罪时无人驾驶汽车运行中的日志记录，涉及该犯罪的无人驾驶汽车的质量评定结果等认定相关犯罪主体的主观过错。因为无人驾驶汽车犯罪的特殊性，一方面无人驾驶汽车犯罪对公共安全利益危险较大；另一方面无人驾驶汽车涉及的犯罪可能出现单位犯罪，乃至单位过失犯罪。在此种情形下，除去能找到直接责任人根据具体情况对其科以自由刑或是故意犯罪的情况，在过失犯罪时，如该无人驾驶汽车犯罪造成了严重后果，却因为法律为其在主观上设立的注意义务标准过低而造成可谴责性降低，罪刑失衡，难以满足社会对刑法的期待与要求。例如，在交通肇事罪中，公众对于无人驾驶汽车的安全会具有更高的期待。其背后蕴含的思维逻辑约是：无人驾驶汽车需要比传统的人为操控汽车具有更高的安全性，人们会将其作为一种产品看待，而非真实的人看待，而无人驾驶汽车具有比人更高的“理性”（不会如传统驾驶员在特殊情况下丧失理智），因此一旦涉及人身安全，对于无人驾驶汽车（也就是其背后的责任主体单位），公众基于合理信赖以及“支配原则”，[1] 会被要求负担更高的注意义务以避免犯罪结果的发生。

因此，与传统的刑法解释中对过失犯的注意义务，不作为犯的作为义务的判断相对比，刑法在实际解释适用中应当为无人驾驶汽车的软件所有权人、数据所有权人及硬件所有权人设立高于传统标准的注意义务，这种注意义务不仅包括原本刑法解释框架下所要求的注意义务，同时还应包括无人驾驶汽车应遵循的无人驾驶汽车管理法以及专业技术委员会经技术评估针对具体行为人所要求的注意义务等。但是，当无人驾驶汽车背后的责任主体未违反这种注意义务标准时，即便在客观上造成了严重危害社会的结果，但由于不是出于故意或过失，该危害结果的发生是在当时现有的无人驾驶汽车科学技术条件下不能避免和克服的困难，则可认定为不可抗力，而当该危害结果的发生是不可预见的，则可认定为意外事件。“为了成立过失，不注意是必要的。所谓不注意，指违反法律上认为必要的注意义务。”[2] 虽然可能导致相应的危害结果无人负责，但若一味要求责任主体承担无人驾驶汽车犯罪的全部风险，不仅不利于无人驾驶汽车技术的发展，也破坏了刑法的谦抑性平衡，面对无人驾驶汽车犯罪，刑法应当承认“被允许的危险”存在。

第三，犯罪客观方面，对于危害行为，笔者认为目前对无人驾驶汽车涉及的犯罪应当尽量在原有的刑法罪名框架下通过解释论进行规制。无人

---

[1] 劳东燕. 过失犯中预见可能性理论的反思与重构［J］. 中外法学，2018，30（2）：304-326.

[2] 马克昌. 比较刑法原理：外国刑法学总论［M］. 武汉：武汉大学出版社，2002：257-258.

驾驶汽车可以说是人工智能技术与汽车领域相结合产生的技术成果，而无人驾驶汽车犯罪涉及的领域也主要集中于交通与网络，对具体的行为解释将会在分则部分具体分析。对于危害结果，笔者认为不宜将无人驾驶汽车犯罪立案门槛中的危害程度标准降低。一方面是因为会导致刑法和民法的大量重合，有失刑法的严肃性和谦抑性；另一方面是因为虽然此举一定程度上可以促进预防目的的实现，然而注意义务和危害结果所强调的方面还是具有差别。无人驾驶汽车的责任主体对于注意义务的承担履行是相对可控的，但其责任主体毕竟不是如传统驾驶方式一般的直接操作车辆的人，无法对犯罪危害结果的轻重达到相对可控的状态，如过度降低入罪门槛，罪名泛用，反而会导致刑法原本的威慑功能的降低。

而对危害行为与危害结果之间的因果关系认定，则是一个难以明确的问题。在一般情况下，即危害行为与危害结果之间的因果关系清晰、无技术问题时，可以结合无人驾驶汽车运行时的自动记录日志，无人驾驶汽车在投入市场前登记的责任框架，相关监督管理部门对无人驾驶汽车登记技术文件和信息的记录，无人驾驶汽车的软件所有权人、数据所有权人及硬件所有权人或具体涉及的其他责任主体提供的资料证明以及相关的专家鉴定意见来认定其中的因果关系，找到具体主体承担刑事责任。此时的因果关系认定，应当在相当因果关系说的基础上，坚持结果的客观归责，将禁止的危险行为作为其基础，这种禁止的危险区别于前述的刑法上“被允许的危险”，如在被允许的危险的范围内发生了法益侵害的结果，则该行为也不具有犯罪构成要件的该当性。[1] 同时，由于无人驾驶汽车技术的专业性与技术性，社会一般人与普通人难以对其形成科学的专业认识，因此不能适用客观相当因果说，另外，因为无人驾驶汽车技术中的系统大多是一个“黑箱”，他人并不能明确洞悉行为人的具体认识及主观认识能力，因此也不能采用主观相当因果说作为标准。所以，对于如何认定因果关系的相当性，笔者认为应当结合无人驾驶汽车技术的特点在主观相当因果说与客观相当因果说中取一个折中说，即确立一个在无人驾驶汽车行业内共同承认的因果关系标准，刑法应参考此种标准认定因果关系。

---

[1] 李海东．刑法原理入门（犯罪论基础）［M］．北京：法律出版社，1998：53－54．

然而，从目前的技术预见来看，未来的无人驾驶汽车系统似乎不可避免地会出现“算法黑箱”的情况，此时责任归属变成一团迷雾，缺乏直接证据证明其中的因果关系，无法找到具体责任人的情况该如何处理？此时主要会面临责任归属不清及难以认定因果关系两个问题。面对第一个问题，笔者谨提出两种模式以供参考：一是通过引入共同过失犯罪的共同犯罪理论来解决；二是通过引入电子法人模式来解决。面对第二个问题，则可以考虑参考推定的因果关系理论。❶

在第一种模式中，刑法应承认过失的共同正犯，对这一理论刑法学界早有探讨，例如张明楷教授就认为“在不可能判明各个人的行为与结果之间的因果关系，而各个人又都有义务防止结果发生的情况下，只有认定为共同犯罪，适用部分实行全部责任的原则才可能定罪量刑，否则就不能分别定罪量刑”。并论述了刑法肯定过失的共同正犯的主张的合理性。❷ 此时如无人驾驶汽车方明确主观存在过失，且有义务防止危害结果的发生，则可将软件所有权人、数据控制人以及硬件所有权人必然涉及“算法黑箱”的三者固定为共同犯罪主体，根据部分实行全部责任的原则，由三者成立过失的共同正犯。而在第二种模式中，可以不用引入过失共同犯罪的理论，因为此时刑法主体已从条文上简化为一电子法人，系单独过失犯罪，其背后的三者主体理应共同承担刑事责任，而无须论证“部分实行全部责任”。面对第二个问题，则可以参考推定的因果关系理论，因为无人驾驶汽车犯罪往往涉及公共利益及单位犯罪，且其行为与结果之间因果关系存在特殊性。在行为与结果不能得到百分之百的证明，但通过前述对数据资料的判断可以得出行为与结果之间具有高度盖然性的联系，且可确保并无其他原因导致这一结果时，可以推定两者之间存在刑法上的因果关系。

（二）与无人驾驶汽车相关的刑罚问题

现行的刑罚体系适用于无人驾驶汽车犯罪中存有一定的局限性。现行的《刑法》中规定的刑罚种类主要包括了生命刑、自由刑、财产刑以及资

---

❶ 大塚仁. 犯罪论的基本问题［M］. 冯军，译. 北京：中国政法大学出版社，1993：105.

❷ 张明楷. 共同过失与共同犯罪［J］. 吉林大学社会科学学报，2003（2）：39－46.

格刑，而对犯罪单位只能适用财产刑中的罚金刑。在未发展到强人工智能时代，承认强人工智能具有财产权利、政治权利乃至生命权利之前，对赋予无人驾驶汽车主体地位并对其科以除财产刑以外的其他刑罚仍较为困难。而在无人驾驶汽车可能会导致巨大的社会危害性的情况下只对其导致的犯罪行为适用财产刑可能会造成罪责刑不相适应的问题。有学者认为："在我国刑法体系中，罚金刑是附加刑，然而在单位犯罪中，罚金刑是对构成犯罪的单位适用的基本刑罚和唯一的处罚方法。这种单一的刑罚处罚方法与目前我国单位犯罪的多样性、复杂性、严重性等特点极不适应，有必要加以完善。"❶ 我国目前的刑罚体系虽然可以适应目前的经济社会发展的需求，但在人工智能时代，面对新出现的刑事风险，为契合无人驾驶汽车犯罪的特征，应重构我国的刑罚体系，以适应新时代的需求。

在立法上，《刑法》第 34 条可以明确将从业禁止列为一种新的刑罚种类，即将第 34 条修改为："附加刑的种类如下：（一）罚金；（二）剥夺政治权利；（三）没收财产；（四）从业禁止。"将从业禁止作为刑罚列入《刑法》的此种立法模式在他国并非没有实践，例如意大利、法国及俄罗斯都有先例。❷ 我国也有学者倾向于将从业禁止确定为刑罚处罚措施。❸ 为实现刑罚的功能与目的，对涉及无人驾驶汽车的单位犯罪根据其危害性相较现行立法适用更为严苛的罚金刑的同时，应当视情况科以资格刑。在现行《刑法》中，交通事故犯罪可能导致终身禁止驾驶，而面对无人驾驶汽车的主要责任人，可以根据其犯罪行为的严重性剥夺其在无人驾驶汽车上的部分权利，对犯罪单位其无人驾驶汽车所享有的权利进行有期剥夺和终身剥夺。如此，可以强化刑罚的报应目的和预防目的，达到二者的统一，

---

❶ 转引自黎宏. 完善我国单位犯罪处罚制度的思考［J］. 法商研究，2011，28（1）：80－87.

❷ 《意大利刑法典》第 19 条、第 30 条规定"禁止从事某一职业或技艺"是违警罪的附加刑，期限为 1 个月以上 5 年以下。《法国新刑法典》第 131－3 条、第 131－6 条规定"禁止从事某种职业或社会活动"是轻罪的刑罚，最长期限为 5 年。《俄罗斯联邦刑法典》第 44 条、第 45 条、第 47 条规定"剥夺担任一定职务或从事某种活动的权利"既可以作为犯罪的主刑适用，也可以作为犯罪的附加刑适用；作为主刑为 1 年以上 5 年以下，作为附加刑为 6 个月以上 3 年以下。转引自欧阳本祺. 我国刑法中的"从其规定"探究——以《刑法》第 37 条之一第 3 款的规定为分析对象［J］. 法商研究，2017，34（3）：104－112.

❸ 陈兴良.《刑法修正案（九）》的解读与评论［J］. 贵州民族大学学报（哲学社会科学版），2016（1）：121－134.

既有利于实现刑罚正义，也有利于防止犯罪人一而再地犯罪，对其他潜在犯罪人产生一定的威吓，防止其犯罪。同时，此种刑罚的适用不能超出必要限度，“只要犯罪带来的好处小于刑罚带来的恶果，刑罚就可以起到应有的效果。超出这一限度的刑罚都是多余的、暴虐的。”[1] 虽然将从业禁止制度作为非刑罚处罚措施同样可以起到预防再犯罪的作用，但在可以预见的人工智能时代单位犯罪增多的情况下，为符合罪责刑相适应原则，将刑事处罚与行政处罚相区分，以强调刑事犯罪的严重性，显然对强化刑罚目的，避免从业禁止制度的架空起到了更有利的作用。

除此之外，也需要在现行《刑法》规定的从业禁止制度框架下重新对其进行解释。其中，第 37 条之一第 1 款[2]规定的“因利用职业便利实施犯罪，或者实施违背职业要求的特定义务的犯罪被判处刑罚的”是否可以适用于无人驾驶汽车犯罪中的犯罪单位？单位本身就具有特定的营业范围与性质，即具有其特定的职能与义务，[3] 所以构成无人驾驶汽车犯罪的单位应当属于“违背职业要求的特定义务”，适用从业禁止制度。而“刑罚执行完毕之日”中的“刑罚”，一般情况下是指主刑执行完毕，而因为犯罪单位只能被科以罚金刑，此时的刑罚应当既包括主刑也包括附加刑。因为无人驾驶汽车必须设立交通事故责任保险以及无人驾驶汽车互保基金协会，因此一般不需担忧因罚金执行不力而导致的从业禁止无法执行的问题。同时，虽然刑法中规定的从业禁止时限为 3 ~ 5 年，但根据第 37 条之一第 3 款[4]的规定，刑法同样可以突破该时限规定，援引其他法律、行政法规的规定对犯罪单位作出刑罚处罚。考虑到犯罪主体回归社会的可能性以及从业禁止作为单位犯罪刑罚的严厉性，还需要赋予从业禁止相应的救济途径，可以考虑对从业禁止单位设立与“假释”“缓刑”类似的有条件地不执行原判刑罚的制度，此部分有赖于后续的详细讨论解释。

---

[1] 切萨雷·贝卡利亚. 论犯罪与刑罚［M］. 黄风，译. 北京：北京大学出版社，2008：63.

[2] 《刑法》第 37 条之一第 1 款：“因利用职业便利实施犯罪，或者实施违背职业要求的特定义务的犯罪被判处刑罚的，人民法院可以根据犯罪情况和预防再犯罪的需要，禁止其自刑罚执行完毕之日或者假释之日起从事相关职业，期限为三年至五年。”

[3] 陈庆安. 单位适用从业禁止问题研究［J］. 法学，2017（4）：184 – 192.

[4] 《刑法》第 37 条之一第 3 款：“其他法律、行政法规对其从事相关职业另有禁止或者限制性规定的，从其规定。”

二、刑法分则

（一）与交通事故相关的刑法规制

无人驾驶汽车因其智能化的技术手段，区别于传统汽车驾驶中人与车辆紧密结合在一起的特征，呈现出人车分离的特点，此时人对于车辆的行驶的实时影响相较于传统汽车驾驶大大降低。在此特点基础上，需要对现行的交通肇事罪等涉及道路交通安全的犯罪构成进行再解释。此部分的法条主要集中于危害公共安全罪，将依照现行《刑法》规定顺序进行解释与修改。

对于《刑法》第114条及第115条，[1] 笔者认为应当在第114条第1款及第115条第2款后各增设一款："单位犯前款罪的，对单位判处罚金，对其直接负责的主管人员和其他直接责任人员，依照第一款的规定处罚；情节严重的，并处从业禁止。"如此，对于软件所有权人故意研发设计具有安全隐患的无人驾驶汽车，足以危害公共安全，此时软件所有权人就可以考虑构成以危险方法危害公共安全罪。对于软件所有权人过失研发设计具有安全隐患的无人驾驶汽车，已经造成了危害公共安全的严重后果，则构成过失以危险方法危害公共安全罪。在可以确定或推定涉案无人驾驶汽车的危害行为与危害结果之间存在因果关系，但由于技术原因无法找到具体责任主体的情况下，如可根据前述标准推定无人驾驶汽车运行的必要负责者（软件所有权人、数据所有权人及硬件所有权人）或电子法人主观存

---

[1] 《刑法》第114条【放火罪】【决水罪】【爆炸罪】【投放危险物质罪】【以危险方法危害公共安全罪】放火、决水、爆炸以及投放毒害性、放射性、传染病病原体等物质或者以其他危险方法危害公共安全，尚未造成严重后果的，处三年以上十年以下有期徒刑。

第115条【放火罪】【决水罪】【爆炸罪】【投放危险物质罪】【以危险方法危害公共安全罪】放火、决水、爆炸以及投放毒害性、放射性、传染病病原体等物质或者以其他危险方法致人重伤、死亡或者使公私财产遭受重大损失的，处十年以上有期徒刑、无期徒刑或者死刑。

【失火罪】【过失决水罪】【过失爆炸罪】【过失投放危险物质罪】【过失以危险方法危害公共安全罪】过失犯前款罪的，处三年以上七年以下有期徒刑；情节较轻的，处三年以下有期徒刑或者拘役。

在过失，则可适用前述的过失共同犯罪理论或电子法人模式。

对于《刑法》第116条和第117条,❶ 笔者认为无需改动，仅需在现行框架下解释即可，如第三人利用其技术能力侵入无人驾驶汽车系统或公共道路交通系统，改变或替代操纵正常的无人驾驶汽车程序和操作系统或交通道路标识的行为，在具有相当危险性的情况下，可根据其犯罪构成成立破坏交通工具罪与破坏交通设施罪。如其故意针对侵害的客体是不特定多数人，可能构成以危险方法危害公共安全罪，针对的是特定车辆，故意使特定车辆发生事故，根据其情节则可能构成故意杀人罪、故意伤害罪或故意毁坏财物罪。如此根据其实际犯罪构成要件成立相应犯罪。而对第119条,❷ 同理，应在第2款后增设单位过失犯罪的条款。

之后便是《刑法》第133条关于交通肇事罪的规定,❸ 现行《刑法》中是将违反道路交通管理法规，导致发生重大交通事故的车辆驾驶员及相关交通参与人作为主体进行刑事归责的。然而在人车分离的情况下，无人驾驶汽车背后的软件所有权人、数据所有权人及硬件所有权人乃至电子法人模式下的电子法人，同样有必要纳入无人驾驶汽车引发交通事故，需以《刑法》规制的交通肇事罪的犯罪主体范围内。因此，在交通肇事罪后，需要明确单位可以构成交通肇事罪，具体条文同前。此时，车辆交付给硬件所有权人后，如软件所有权人在道路交通情况变化后未能履行车辆必要的软件更新维护义务，数据所有权人未能履行保证无人驾驶汽车正常运行

---

❶ 《刑法》第116条【破坏交通工具罪】破坏火车、汽车、电车、船只、航空器，足以使火车、汽车、电车、船只、航空器发生倾覆、毁坏危险，尚未造成严重后果的，处三年以上十年以下有期徒刑。

第117条【破坏交通设施罪】破坏轨道、桥梁、隧道、公路、机场、航道、灯塔、标志或者进行其他破坏活动，足以使火车、汽车、电车、船只、航空器发生倾覆、毁坏危险，尚未造成严重后果的，处三年以上十年以下有期徒刑。

❷ 《刑法》第119条【破坏交通工具罪】【破坏交通设施罪】【破坏电力设备罪】【破坏易燃易爆设备罪】破坏交通工具、交通设施、电力设备、燃气设备、易燃易爆设备，造成严重后果的，处十年以上有期徒刑、无期徒刑或者死刑。

【过失损坏交通工具罪】【过失损坏交通设施罪】【过失损坏电力设备罪】【过失损坏易燃易爆设备罪】过失犯前款罪的，处三年以上七年以下有期徒刑；情节较轻的，处三年以下有期徒刑或者拘役。

❸ 第133条【交通肇事罪】违反交通运输管理法规，因而发生重大事故，致人重伤、死亡或者使公私财产遭受重大损失的，处三年以下有期徒刑或者拘役；交通运输肇事后逃逸或者有其他特别恶劣情节的，处三年以上七年以下有期徒刑；因逃逸致人死亡的，处七年以上有期徒刑。

的数据收集分析协助出行义务或硬件所有权人未能履行遵守无人驾驶汽车正常运行所必需的管理义务等情况，其行为即违反了交通道路管理法规，因此造成重大交通事故，构成交通肇事罪。此罪同样可以适用过失共同犯罪理论或电子法人模式。

对于交通肇事逃逸的情节，笔者认为不适用于无人驾驶汽车，由于无人驾驶汽车中的人车分离趋势特征，无人驾驶汽车的主要责任者并不能及时对交通事故现场作出反应，按程序运作的无人驾驶汽车本身也不存在故意或是过失的主观意识，并不能够认知“逃逸”，在发生事故后很可能并不是由具体的人控制其运行状态（如继续行驶、停止行驶、靠边等操作），而是依靠程序运行，并无逃逸的意识。因此对于设计交通肇事逃逸这一情节以及时救治受害者防止损害结果进一步扩大的目的来说，将无人驾驶汽车纳入规制并无太大作用。但这并不意味着其背后的软件所有权人、数据所有权人以及硬件所有权人不能对此类问题提前规制，通过数据监控车辆及乘车人异常状态等行使合理义务防止危害结果的发生，笔者认为应当将此类义务列入对无人驾驶汽车条文的必要设计，作为交通法规设计的一部分，当无人驾驶汽车背后的软件所有权人、数据所有权人及硬件所有权人违反此项义务时，同样以交通肇事罪规制，主观上可以为过失，但不构成交通肇事逃逸的情节。

对于危险驾驶罪，因无人驾驶汽车不具有主观上故意“追逐驾驶”“醉酒”等行为，因此不作讨论。

（二）与网络类犯罪相关的刑法规制

因为无人驾驶汽车系人工智能技术与交通领域的结合，无人驾驶汽车除了涉及公共交通安全，还涉及的另一大方面就是网络及信息安全。此方面与交通领域更多的是挑战刑法理论相比，笔者更难以规制的是其实践中因为技术可能出现的更多行为方式。

关于涉无人驾驶汽车网络安全类犯罪，现行《刑法》主要可能涉及的罪名有：非法侵入计算机信息系统罪、非法获取计算机信息系统数据罪、破坏计算机信息系统罪、非法利用信息网络罪、帮助信息网络犯罪活动罪及破坏公用电信设施罪等。在无人驾驶汽车所处的人工智能时代，网络安全犯罪行为仍会存在通过攻击、非法侵入无人驾驶汽车中的计算机信息系统安全的手段，导致其中的重要数据泄露，从而造成人身、财产、政治等损失的情况发生。此时可以根据现行的《刑法》规定对其罪行进行规制，根据不同罪名的犯罪构成相应的犯罪。在这种情况下，网络攻击侵害的法益不是孤立存在的，尽管各个法益的表现形式不尽相同，但都是以侵害计算机信息系统安全为基础进行后续的法益侵害。[1] 而在人工智能时代，无人驾驶汽车成为公共网络秩序的组成部分之一，与传统的黑客通过攻击网络从而获取某种非法利益不同，此时的网络安全本身就成为需要刑法予以保护的重要客体，网络完成了从犯罪工具、犯罪对象到犯罪空间的转变。[2] 而对网络安全的保护也应当逐步转化到对空间安全的保护。有鉴于此，有必要在人工智能时代为保护无人驾驶汽车在网络空间的正常运行制定一套更为完善的保护体系。在未来的人工智能时代，网络安全将会与车辆在现实中的通行息息相关，因为此种犯罪行为具有同时侵害公共网络安全与公共交通安全的特质，是为复合法益，其所造成的危害相较于现行《刑法》所规制的破坏交通运输安全的行为也更大，即便并未直接损害人们的生命健康安全，但破坏了人们的正常生产生活，使社会秩序陷入混乱瘫痪。虽然《最高人民法院关于审理破坏公用电信设施刑事案件具体应用法律若干问题的解释》中专门为破坏公用电信设施罪作出了扩张解释，包含电信网计算机信息系统中存储、处理或者传输的数据和应用程序等，但其并不能完全体现交通信息网络安全保护的必要性。《刑法》应考虑专门设置一个破坏交通网络的罪名对此种侵害复合性法益的犯罪行为予以规制。因此，参考《刑法》第116条、第117条、第119条以及第124条，[3] 笔者认为应在危害公共安全罪中增设破坏交通信息网络罪与过失损坏交通信息网络罪，其侵犯的客体是交通运输安全及计算机信息系统安全等综合而成的公

---

[1] 于志刚. 传统犯罪的网络异化研究［M］. 北京：中国检察出版社，2010：72.

[2] 安柯颖，陆红. 人工智能时代网络安全的刑法保护——基于网络犯罪AI化为视角［J］. 云南民族大学学报（哲学社会科学版），2018，35（6）：145－156.

[3] 第124条【破坏广播电视设施、公用电信设施罪】破坏广播电视设施、公用电信设施，危害公共安全的，处三年以上七年以下有期徒刑；造成严重后果的，处七年以上有期徒刑。

【过失损坏广播电视设施、公用电信设施罪】过失犯前款罪的，处三年以上七年以下有期徒刑；情节较轻的，处三年以下有期徒刑或者拘役。

共安全，“破坏交通信息网络，危害公共安全，尚未造成严重后果的，处三年以上十年以下有期徒刑”，第119条修改为：“破坏交通工具、交通设施、电力设备、燃气设备、易燃易爆设备、交通信息网络，造成严重后果的，处十年以上有期徒刑、无期徒刑或者死刑。”“过失犯前款罪的，处三年以上七年以下有期徒刑；情节较轻的，处三年以下有期徒刑或者拘役。”

除去对复合性法益的保护，无人驾驶汽车还有可能涉及新型的网络攻击手段的出现。因初级人工智能的发展，此时人工智能技术相较于现在的犯罪手段将会得到大量技术的支持。综合大数据、区块链等新技术，未来对无人驾驶汽车所链接的网络安全的攻击将会具备更广、更深的危害性。人工智能技术既能用于提升网络空间安全能力，也能引发新的安全问题，即人工智能的“赋能效应”和“伴生效应”。[1] 人工智能技术使网络犯罪的增长速度迅速，但同时刑事制裁的速度难以匹配快速发展的人工智能技术，普通公民的防范犯罪意识在这种快速发展且专业性强的犯罪技术面前也呈现落后趋势，因此导致无人驾驶汽车受到网络安全攻击后将会比传统的汽车驾驶受到更广范围的影响。此种人工智能技术呈现的高效性和便捷性便成为一柄既能便利人类生活又能危害人类生活的双刃剑。因此，《刑法》还需要对此种层出不穷的新型犯罪手段提高警惕，在能够利用现行《刑法》予以规制时，通过解释进行适用，在难以用现行《刑法》进行规制时，有必要增设罪名对此种网络犯罪行为进行打击，保护无人驾驶汽车在网络空间及现实空间的安全性。此外，由于人工智能技术的专业性，传统的刑事司法人员的培养方式可能难以熟悉此种更为发达的犯罪手段，可以通过推动计算法学等综合法律学科的发展以及复合型司法人才的培养以适应未来的人工智能时代。

关于数字化升级下的数据安全保护，如前文所述，当网络转变为一种公共空间，人类跨越了物理地域的限制，社会活动被逐渐数字化，传统人权在未来的人工智能时代将会被赋予新的人权内容。有学者就此呼吁应将

---

[1] 贾焰，方滨兴，李爱平，顾钊铨. 基于人工智能的网络空间安全防御战略研究［J］. 中国工程科学，2021，23（3）：98－105.

"数字人权"作为一种新型人权。[1] 虽然就是否能将数字人权作为一种新型人权看待存有争议，但对无人驾驶汽车的刑法规制应涉及新兴的人权内容是必然的。同时，无人驾驶汽车算法所带来的数据以及算法，也将具有更大的保护价值。以下将主要讨论无人驾驶汽车主要会涉及的数据保护及算法规制。

无人驾驶汽车因驾驶行为数据、交通场景数据以及非驾驶系统的辅助驾驶数据受到侵害而成立的犯罪已有讨论，本部分主要涉及用户数据犯罪。为实现交通运输的目的，会收集许多的个人信息，[2] 其中就包括个人姓名、住址、电话号码、个人的生物特征信息和个人行踪信息等，而个人为使用无人驾驶汽车不可避免会将自己的个人信息与平台共享。因此，侵犯个人信息的犯罪主体，除了第三人通过无人驾驶汽车非法篡取其所含有的个人信息外，还包括了数据所有权人、作为硬件所有权人的商用平台及国有企业等疏于管理或故意侵犯存储于其上的个人信息。通过非法利用、剽窃、篡取个人数据，一方面侵犯了个人隐私权，另一方面此种个人信息的泄露也会引发其他诸如网络诈骗犯罪以及盗窃虚拟财产犯罪的泛滥。目前对侵犯公民个人信息罪的规定，[3] 笔者认为尚可以在其框架内运用解释论进行适用，例如平台违法爬取用户个人信息数据、非法违约留存用户个人信息数据等行为，可以适用第 253 条之一第 3 款，成立侵犯公民个人信息罪。但对具体犯罪行为可以考虑根据技术的发展以及个人信息认定范畴的扩展，细化现行《刑法》对侵犯公民个人信息罪的规定，制定更详细的司法解释。同时，因人工智能技术导致的危害性的扩大应根据实际情况适

[1] 龚向和. 人的"数字属性"及其法律保障［J］. 华东政法大学学报，2021，24（3）：71－81.

[2] 《最高人民法院　最高人民检察院关于办理侵犯公民个人信息刑事案件适用法律若干问题的解释》于 2017 年 6 月 1 日施行后，"个人信息"的内涵才丰富起来，该解释规定的"个人信息"是指除了传统的识别自然人身份信息以外的，以电子或者其他方式记录的，能反映特定自然人活动情况的各种信息，包括：网络账号、登录密码、网上银行 信息、行为轨迹等。

[3] 《中华人民共和国刑法》第 253 条 之一【侵犯公民个人信息罪】违反国家有关规定，向他人出售或者提供公民个人信息，情节严重的，处三年以下有期徒刑或者拘役，并处或者单处罚金；情节特别严重的，处三年以上七年以下有期徒刑，并处罚金。

违反国家有关规定，将在履行职责或者提供服务过程中获得的公民个人信息，出售或者提供给他人的，依照前款的规定从重处罚。

窃取或者以其他方法非法获取公民个人信息的，依照第一款的规定处罚。

单位犯前三款罪的，对单位判处罚金，并对其直接负责的主管人员和其他直接责任人员，依照各该款的规定处罚。

当扩展侵犯公民个人信息犯罪的刑法评价的范围。第三人通过人工智能技术还能够直接窃取平台的商用信息，包括其中的商业秘密，当此种商业秘密可能造成巨大危害时，《刑法》同样需要对此种犯罪行为予以关注。

2018 年 4 月英国发布的《人工智能发展的计划、能力与志向》明确指出人工智能技术发展在训练数据、数据处理、算法设计者等方面都可能导致算法歧视。[1] 运用人工智能技术的无人驾驶汽车也无法逃避算法歧视的问题，尤其是无人驾驶汽车与人类的公共安全息息相关，算法歧视可能会导致严重的危害结果，是对人类平等原则的挑战。因此有必要提出对算法安全的法益保护，如不加限制的滥用算法权力，在资本驱动下，势必导致利益被架构于人权之上。“决定人工智能是否符合有益性，规范人工智能算法应当是人工智能安全立法的重要内容。”[2] 无人驾驶汽车涉及的算法安全规范在未来必然是需要纳入《刑法》规制的内容。国内已有学者就人工智能的算法安全进行讨论并设计了人工智能犯罪的五种具体罪名。[3] 笔者认为无人驾驶汽车的算法安全规范可以纳入人工智能算法安全中一并讨论。

综上，除交通事故相关的及网络类犯罪相关的刑法规制，无人驾驶汽车还常涉及贪污贿赂罪以及生产、销售伪劣产品罪和生产、销售不符合安全标准的产品罪，前者追责的主要是无人驾驶汽车可能涉及的国家工作人员及国有单位。后者追责的则主要是无人驾驶汽车的生产者及销售者。此类罪名一般没有超出现行《刑法》框架，但困难在于构成此类罪名的前提是需要明确各主管部门在无人驾驶汽车问题上的职能分工以及无人驾驶汽车的产品标准，此部分主要依靠行政法条文明确。

三、建议修改或新增的刑法法条及司法解释

笔者对无人驾驶汽车刑法条文设计如下：

---

[1] 洪丹娜. 算法歧视的宪法价值调适：基于人的尊严［J］. 政治与法律，2020（8）：27－37.

[2] 皮勇. 人工智能刑事法治的基本问题［J］. 比较法研究，2018（5）：149－166.

[3] 包括“设计、制造、销售、使用不符合算法安全标准的人工智能产品罪”“非法设计、制造、持有、买卖、运输、使用人工智能武器罪”“擅自改变人工智能产品算法与用途罪”“滥用人工智能罪”及“人工智能肇事罪”。参见：魏东. 人工智能算法安全犯罪观及其规范刑法学展开［J］. 政法论丛，2020（3）：107－120.

1.【主体】无人驾驶汽车犯罪的直接责任人应承担相应的刑事责任。同时，在特殊情况下，无人驾驶汽车的软件所有权人、数据所有权人以及硬件所有权人可以作为一电子法人纳入单位犯罪主体考虑。

2.【主观方面】在刑法禁止的危险行为范围内，无人驾驶汽车犯罪的犯罪主体应具有相应刑事犯罪的故意或过失，且面对犯罪单位此种注意义务标准由于无人驾驶汽车的特殊性应较传统标准稍高，具体标准应参考具体的无人驾驶汽车技术发展水平、国家标准、行业标准、地方标准以及具体实践情况等。

3.【客观方面】针对无人驾驶汽车犯罪中的因果关系认定，一般情况下应当在相当因果关系说的基础上，坚持结果的客观归责，可以结合无人驾驶汽车技术的特点在主观相当因果说与客观相当因果说中取折中说。

而在“算法黑箱”情形下，面对责任归属不清的问题可以参考两种模式：(1)【共同犯罪】共同犯罪是指二人以上共同故意犯罪。二人以上共同过失犯罪，成立共同正犯的，以共同犯罪论处；(2)即【主体】中提到的电子法人模式，具体更改于具体法条中。

面对难以认定因果关系的问题，可以参考推定的因果关系理论。如果由于无人驾驶汽车责任主体的业务活动使无人驾驶汽车具有相当危险性，致使公众的生命和健康受到严重危害，并且认为在发生严重危害的此类无人驾驶汽车中正发生由于无人驾驶汽车车辆问题对公众的生命和健康的严重危险，并确保并无其他原因导致这一结果时，此时便可推定此种危害纯系该责任主体所致。

4.【刑罚】附加刑的种类如下：(一)罚金；(二)剥夺政治权利；(三)没收财产；(四)从业禁止。

5.【以危险方法危害公共安全罪】放火、决水、爆炸、投毒或者以其他危险方法破坏工厂、矿场、油田、港口、河流、水源、仓库、住宅、森林、农场、谷场、牧场、重要管道、公共建筑物或者其他公私财产，危害公共安全，尚未造成严重后果的，处三年以上十年以下有期徒刑。

单位犯前款罪的，对单位判处罚金，对其直接负责的主管人员和其他直接责任人员，依照第一款的规定处罚；情节严重的，并处从业禁止。

6.【过失以危险方法危害公共安全罪】过失犯前款罪的，处三年以上七年以下有期徒刑；情节较轻的，处三年以下有期徒刑或者拘役。

单位犯前两款罪的，对单位判处罚金，对其直接负责的主管人员和其他直接责任人员，依照第一款的规定处罚；情节严重的，并处从业禁止。

7.【破坏交通工具罪】【破坏交通设施罪】第三人利用其技术能力侵入无人驾驶汽车系统或公共道路交通系统，改变或替代操纵正常的无人驾驶汽车程序和操作系统或交通道路标识的行为，在具有相当危险性的情况下，可根据其犯罪构成成立破坏交通工具罪与破坏交通设施罪。

【破坏交通信息网络罪】破坏交通信息网络，危害公共安全，尚未造成严重后果的，处三年以上十年以下有期徒刑。

破坏交通工具、交通设施、电力设备、燃气设备、易燃易爆设备、交通信息网络，造成严重后果的，处十年以上有期徒刑、无期徒刑或者死刑。

8.【过失损坏交通工具罪】【过失损坏交通设施罪】【过失损坏交通信息网络罪】过失犯前款罪的，处三年以上七年以下有期徒刑；情节较轻的，处三年以下有期徒刑或者拘役。

9.【交通肇事罪】违反交通运输管理法规，因而发生重大事故，致人重伤、死亡或者使公私财产遭受重大损失的，处三年以下有期徒刑或者拘役；交通运输肇事后逃逸或者有其他特别恶劣情节的，处三年以上七年以下有期徒刑；因逃逸致人死亡的，处七年以上有期徒刑。

单位犯前款罪的，对单位判处罚金，对其直接负责的主管人员和其他直接责任人员，依照第一款的规定处罚；情节严重的，并处从业禁止。

第二节　行政法条文设计及理由

相较事后救济，以事前预防方式规制无人驾驶汽车，显然能最小化风险。而在对我国行政法条文设计中，对道路交通法律的再设计尤为重要。虽然在公安部公布的《道路交通法（修订建议稿）》中已经开始关注自动驾驶汽车与传统驾驶模式的衔接，尤其是第155条[1]已开始明确自动驾驶汽车道路通行测试的要求。但鉴于本书讨论的系无人驾驶汽车，需要在自动驾驶汽车的基础上，设计更为完整的条文框架，较之该修改稿更为深远。以下将参考《深圳经济特区智能网联汽车管理法（征求意见稿）》《道路交通安全法》《智能网联汽车生产企业及产品准入管理指南（试行）（征求意见稿）》《北京市智能网联汽车政策先行区总体实施方案》《德国道路交通法》《深圳经济特区数据法（征求意见稿）》以及布鲁塞尔2021年4月21日的人工智能法欧洲议会和理事会法提案[2]等文件给出具体的条文设计予以参考，此部分法律仅适用于无人驾驶汽车。

笔者对无人驾驶汽车行政法条文设计如下：

第一章　总　则

第一条　为了规范无人驾驶汽车应用，维护道路交通秩序，保障道路交通有序、安全、畅通，保护公民、法人及其他组织的人身财产安全和其他合法权益，促进无人驾驶汽车产业高质量、可持续发展，制定本法。本条是关于立法目的和依据的规定。

第二条　中华人民共和国境内与无人驾驶汽车交通活动有关的单位和个人，应当遵守本法。本条是关于适用范围的规定。

---

[1] 《道路交通法（修订建议稿）》第155条：具有自动驾驶功能的汽车开展道路测试应当在封闭道路、场地内测试合格，取得临时行驶车号牌，并按规定在指定的时间、区域、路线进行。经测试合格的，依照相关法律规定准予生产、进口、销售，需要上道路通行的，应当申领机动车号牌。

具有自动驾驶功能且具备人工直接操作模式的汽车开展道路测试或者上道路通行时，应当实时记录行驶数据；驾驶人应当处于车辆驾驶座位上，监控车辆运行状态及周围环境，随时准备接管车辆。发生道路交通安全违法行为或者交通事故的，应当依法确定驾驶人、自动驾驶系统开发单位的责任，并依照有关法律、法规确定损害赔偿责任。构成犯罪的，依法追究刑事责任。

具有自动驾驶功能但不具备人工直接操作模式的汽车上道路通行的，由国务院有关部门另行规定。

自动驾驶功能应当经具有相应资质的从事汽车相关业务的第三方检测机构检测合格。

[2] Brussels, 21.4.2021 COM（2021）206 final 2021/0106（COD）, Proposal for a REGULATION OF THE EUROPEAN PARLIAMENT AND OF THE COUNCIL LAYING DOWN HARMONISED RULES ON ARTIFICIAL INTELLIGENCE（ARTIFICIAL INTELLIGENCE ACT）AND AMENDING CERTAIN UNION LEGISLATIVE ACTS, [SEC（2021）167 final] - [SWD（2021）84 final] - [SWD（2021）85 final].

第三条　本法所称无人驾驶汽车，是指配置无人驾驶系统，全程由无人驾驶汽车系统完成所有的驾驶操作，提供舒适安全的乘坐体验的一种人工智能汽车。

本法所称无人驾驶汽车交通活动有关的单位和个人，是指无人驾驶汽车的软件所有权人、数据运营平台、硬件所有权人以及乘车人。

第四条　无人驾驶汽车管理应当坚持以人为本、安全发展，遵循开放创新、审慎包容、协同共治的原则。

第五条　无人驾驶汽车取得相关准入、列入国家无人驾驶汽车产品目录或者地方无人驾驶汽车产品目录后，可以销售；经公安机关交通管理部门登记，可以载人行驶；经交通运输部门许可，可以从事道路运输经营活动。

第六条　各级人民政府应当保障无人驾驶汽车管理工作与经济建设和社会发展相适应。设区的市以上人民政府因车路协同设施建设及地区特殊路况，有需要的，可以依据法律、行政法规制定地方性法规。

各级人民政府应当建立健全无人驾驶汽车管理协调机制，并组织各有关部门依法履行无人驾驶汽车安全管理和监督职责。

第七条　国务院公安部门主管全国无人驾驶汽车安全管理工作。县级以上地方各级人民政府公安机关交通管理部门负责组织实施本行政区域内的无人驾驶汽车登记和道路交通安全管理工作。

县级以上各级人民政府交通运输部门负责组织开展本行政区域内无人驾驶汽车道路测试工作，承担无人驾驶汽车道路运输管理工作。

县级以上各级人民政府工业和信息化部门负责组织制定无人驾驶汽车产品地方标准，承担无人驾驶汽车产品准入管理工作。

县级以上各级人民政府市场监管部门负责批准和发布无人驾驶汽车产品地方标准，承担无人驾驶汽车汽车认证、检测及缺陷产品召回等监督管理工作。

互联网信息部门负责统筹协调无人驾驶汽车网络安全、数据安全和相关监督管理工作。

其他有关部门在各自职责内开展无人驾驶汽车监督管理工作。

（因为《道路交通法》规定各级人民政府应当根据其道路交通发展的

需要制定道路交通安全管理规划，并建立健全道路交通安全工作协调机制，因此不同地区的具体细化职能分工可能有所不同。但大体不应脱离各自的职责范围。无人驾驶汽车各相关职能部门应明确职能分工，理顺职责关系，解决职责交叉的问题，才能确保在监督管理工作推进过程中有据可循、有法可依，在发生事故后可以具体追究行政责任乃至刑事责任。因此，在条文设计中应该对无人驾驶汽车涉及的各部门职责进行阶段性的划分，任何一个职能部门都不能单独控制掌握整体的无人驾驶汽车规制的监管权力，而是通过每个职能部门发挥其作用来实现交叉检查或交叉控制。无人驾驶汽车只有取得相关准入、列入国家汽车产品目录或者当地汽车产品目录后，才可销售；经公安机关交通管理部门登记，可以上道路行驶；经交通运输部门许可，可以从事道路运输经营活动。明确各个职能部门的职能权限，从而形成相互监督、相互制约的有效制衡机制及推动无人驾驶汽车产业高效率、可持续发展的协同配合机制。）

第二章　车辆和乘车人

由于无人驾驶技术使“车辆”成为“驾驶人”，因此在无人驾驶汽车的道路行驶过程中，参与者主要就是车辆方（包括软件所有权人、数据所有权人及硬件所有权人）及乘客。虽然缺乏驾驶人使传统的行驶证看似并无用处，但考虑无人驾驶汽车同样可以通过电子行驶证实现积分累计管理制度或行政处罚，同时乘客及交通部门也可以通过电子行驶证来查验车辆处罚情况等，实现车辆行驶安全记录的公开透明化，笔者建议还是保留无人驾驶汽车的行驶证，但可以对行驶证的具体样式及内容根据无人驾驶汽车的具体情况进行更改。第十二条及后部分对于车辆运行状况的记录主要参考了德国法律对无人驾驶汽车必须装载“黑匣子”的要求。同时，对于乘车人是否需要有一定要求？从理论上说，乘车人最低程度需要做到的应是不干扰无人驾驶汽车的正常行驶，遵守无人驾驶汽车乘坐须知，按照无人驾驶汽车的操作需求正常使用无人驾驶汽车，在交通警察就无人驾驶汽车行为询问时如实陈述，发生事故后如有能力立即报警等。

第八条　国家实行无人驾驶汽车生产许可、进口许可制度。具体办法由国务院有关主管部门规定。

第九条　国家对无人驾驶汽车实行登记制度，无人驾驶汽车经公安机关交通管理部门登记后，方可上道路通行。尚未登记的机动车，需要临时上道路通行的，应当取得临时通行牌证。

第十条　准予登记的无人驾驶汽车应当符合无人驾驶汽车国家安全技术标准，列入无人驾驶汽车产品目录，并按规定安装电子标识并申领相应电子证明、凭证。申请无人驾驶车登记时，申请人应当到无人驾驶汽车安全技术检验机构进行检验，并向公安机关交通管理部门提交检验报告。

第十一条　无人驾驶汽车上道路通行，应当随车配有无人驾驶汽车登记证书、号牌与行驶证，放置审验合格标志、保险标志。

无人驾驶汽车登记证书、号牌与行驶证应当按照规定放置并保持清晰、完整，不得遮挡、污损、修改或者使用影响识别的装置或者材料。

公安机关交通管理部门以外的任何单位或者个人不得收缴、扣留无人驾驶汽车号牌与行驶证。

第十二条　无人驾驶汽车车载设备应当按规定连续记录和存储车辆运行状态、驾驶模式等数据。

第十三条　根据车辆型号、用途、使用年限等不同情况，无人驾驶汽车的硬件所有权人应当按照市公安机关交通管理部门的相关要求，定期对无人驾驶汽车进行安全技术检验。

列入无人驾驶汽车产品目录的产品更新升级无人驾驶系统和其他涉及汽车安全的设施设备，应当向工业和信息化部门备案。

无人驾驶汽车软件所有权人及数据运营平台应当对无人驾驶系统、数据库以及其他涉及无人驾驶汽车安全的设施设备进行定期维护。

对符合无人驾驶汽车国家安全技术标准的，公安机关交通管理部门应当发给检验合格标志。对无人驾驶汽车的安全技术检验实行社会化。具体办法由国务院规定。

第十四条　国家实行无人驾驶汽车强制报废制度，根据无人驾驶汽车的安全技术状况和不同用途，规定不同的报废标准。

应当报废的无人驾驶汽车必须及时办理注销登记。

达到报废标准的无人驾驶汽车不得上道路行驶。报废的大型无人驾驶汽车及其他营运车辆应当在公安机关交通管理部门的监督下解体。

第十五条　任何单位或者个人不得有下列行为：

（一）拼装无人驾驶汽车或者擅自改变无人驾驶汽车已登记的结构、构造或者特征；

（二）改变无人驾驶汽车型号、发动机号、车架号、软件号或者车辆识别代号；

（三）伪造、变造或者使用伪造、变造的无人驾驶汽车登记证书、号牌、行驶证、检验合格标志、保险标志；

（四）使用其他无人驾驶汽车的登记证书、号牌、行驶证、检验合格标志、保险标志。

第十六条　国家实行无人驾驶汽车强制保险制度，设立道路交通事故社会救助基金。具体办法由国务院规定。

第十七条　乘车人应当按照道路交通规则及无人驾驶汽车乘坐须知的要求，乘坐无人驾驶汽车。

第三章　道路通行条件

道路是无人驾驶汽车能安全行驶的重要组成部分，在道路其上的道路交通设施是确保无人驾驶汽车交通能够安全、有序、畅通的重要保障。现提出的此部分立法远不够满足无人驾驶汽车对道路通行条件的需求。道路交通设施作为无人驾驶汽车的“眼”与“耳”，一旦发生问题，无人驾驶汽车可能面对因无反馈而造成的车辆失灵，所导致的后果可能十分严重。因此，对此部分还需要更加细化的规定。同时，笔者建议无人驾驶汽车可划分专门的道路智能化分级实施标准。其中，最高级别的公路仅允许行驶无人驾驶汽车且配备有最完善的车路协同设施，最高级别之下的公路则可无人驾驶汽车与传统驾驶汽车共同行驶，但对无人驾驶汽车的鲁棒性、与车辆之间的交互性应当有相应的要求，而缺乏相应基础设施的道路则不应允许无人驾驶汽车在其上行驶。无人驾驶汽车涉及的例如无人驾驶汽车与传统驾驶汽车是否需要区分车道等道路通行问题，仍需进一步讨论。

第十八条　无人驾驶汽车应在具有车路协同基础设施的道路上通行。

车路协同基础设施及其设置应当符合道路交通安全、畅通的要求和国家标准，并保持正常使用与运行。[1]

第十九条　无人驾驶汽车可通行的区域应具有道路感知和通信系统、云控平台等数字化基础设施，建设有新型通信网络，并具有无人驾驶汽车基础地图应用。

第二十条　各级人民政府应当结合无人驾驶汽车通行需要，统筹规划、配套建设通信设施、感知设施、计算设施等车路协同基础设施。

无人驾驶汽车相关企业可以向交通运输、公安机关交通管理、城管等主管部门申请在其管理的公用基础设施上搭建车路协同基础设施，符合城市规划且安全可行的，相关主管部门应当予以支持。

第二十一条　交通运输管理部门、市公安机关交通管理部门可以在无人驾驶汽车通行路段设置特有的交通信号，无人驾驶汽车上道路行驶应当按相关交通信号的指示通行。

第二十二条　鼓励开放共享车路协同基础设施的数据信息、通信网络等资源，但涉及个人隐私、公共安全、国家安全的除外。

第二十三条　车路协同基础设施中涉及通信技术的设施设备应当按规定取得国家工信部门的入网认证，涉及人身、财产安全的设施设备应当按国家相关强制性标准或者要求取得可靠性认证报告。

第二十四条　各级人民政府应当统筹建设无人驾驶汽车大数据云控平台，实现车路云一体化的自动驾驶和交通监管和控制，记录无人驾驶汽车、基础设施等运行数据，保障交通安全。

第二十五条　根据通行需要，应当及时增设、调换、更新无人驾驶汽车所需的道路交通设施。增设、调换、更新道路交通设施，应当提前向社会公告。

第二十六条　无人驾驶汽车应在相应智能化等级的道路上通行。

第二十七条　交通信号灯、交通技术监控设备由公安机关交通管理部门负责维护和管理，道路管理部门或者道路经营单位负责无人驾驶汽车行

[1] “车路协同基础设施”是指通过车与路、车与车的无线信息交互共享，实现车辆与路侧基础设施之间、车辆与车辆之间协同控制的相关基础设施。无人驾驶汽车所需的具体交通安全设施需要等待技术发展明确，应对其中所需的车路协同基础设施建立完善、明确的技术标准。

驶所需的其他交通设施建设、维护管理。

公安机关交通管理部门、道路管理部门的维护和管理经费纳入本级财政预算。

第四章　准入和登记

道路测试及准入和登记部分皆是为了解决无人驾驶汽车目前不具有道路通行权的问题，为使无人驾驶汽车能够切实根据法律规定上路行驶，有必要制定完善的道路测试规定及准入和登记标准。本部分的立法因立足于人工智能时代背景，可假设车路协同基础设施已形成相当规模。鉴于立法篇幅，对于无人驾驶汽车道路测试的规定可以参考附件《无人驾驶汽车道路测试管理规范》。而针对准入和登记部分，我国的无人驾驶汽车产业因其具有一定的社会风险，同时涉及公共安全，因此无人驾驶汽车技术必然在一定程度上需要政府的干预，从而把控其风险。因此，笔者综合行政规制章节，认为应综合国家限制经营和特许经营制度，对无人驾驶汽车产品建立准入管理制度，可参考“PPP”模式进行公私合作经营，[1] 将符合无人驾驶汽车产品地方标准或者团体标准的产品（地方标准和团体标准必然先须符合国家标准），列入无人驾驶汽车汽车产品目录后，才允许登记上路。无人驾驶汽车汽车产品目录包括符合产品地方标准和符合团体标准的无人驾驶汽车。

在国外，多国都选择建立了专门的无人驾驶汽车机构。例如，在美国，无人驾驶法案要求美国交通部长在法案生效之后的6个月内，在NHTSA内组建自动驾驶汽车顾问委员会。同时，在监管部门上，《自动驾驶法案S. 1885》建议成立无人驾驶汽车技术委员会，[2]《自动驾驶法案 H. R. 3388》

---

[1] PPP（Public－Private Partnership）即公私合作模式，是公共基础设施中的一种项目融资模式。该模式鼓励私营企业、民营资本与政府进行合作，参与公共基础设施建设，让非公共部门所掌握的资源参与提供公共产品和服务，从而实现合作各方达到比预期单独行动更为有利的结果。陈阵香，陈乃新．PPP特许经营协议的法律性质［J］．法学，2015（11）：24－29.

[2] 陈燕申，陈思凯．美国国会《自动驾驶法案》探讨与启示［J］．交通与运输（学术版），2017（2）：50－55.

赋予 NHTSA 无人驾驶汽车监管权限，并提出设立高度自动汽车咨询委员会。[1] 我国可以参考国外建立专门的无人驾驶汽车机构及技术委员会的模式建立无人驾驶汽车行业协会，从而使专业技术与行政部门相衔接。同时，针对未来推动无人驾驶汽车技术普及发展的要求，参考美国《自动驾驶法案》中的豁免权制度，可以考虑设计相应的豁免要求与办法。

第二十八条　工业和信息化部门应根据技术成熟度和产业发展需要，组织制定无人驾驶汽车产品国家标准，国务院标准化行政主管部门对外通报后，国务院依法批准、发布无人驾驶汽车汽车产品国家标准。

在符合国家强制性标准的前提下，地方工业和信息化部门可以组织制定无人驾驶汽车产品地方标准。地方市场监管部门依法批准、发布无人驾驶汽车产品地方标准。

第二十九条　建立无人驾驶汽车行业协会，鼓励行业协会借鉴国际先进标准，结合实际，组织无人驾驶汽车及相关行业的重点企业、机构、院校的专业人员，制定统一的无人驾驶汽车产品团体标准，报市政府工业和信息化部门备案，并向社会公布。无人驾驶汽车产品团体标准，应当符合下列基本要求：(一) 能够满足产品安全、智能、环保、节能等基本要求；(二) 具有可检测性；(三) 不排斥不同发展路径的技术；(四) 产品已完成规定里程的道路测试和模拟测试，且安全可靠，风险在可接受范围。无人驾驶汽车产品团体标准应当根据技术发展情况适时更新。

第三十条　产品地方标准和团体标准需要有其特定的标识，符合相应标准的无人驾驶汽车产品应当在其车辆附上标识，能够明确向公众表明该无人驾驶汽车产品符合法律规定的要求。

第三十一条　无人驾驶汽车生产企业应当将产品送至工业和信息化部门认可的无人驾驶汽车安全技术检验机构，按照无人驾驶汽车产品地方标准或者团体标准进行检验检测，取得产品检验检测合格报告后，可以向政府工业和信息化部门申请产品准入。

此类检验检测机构应由工业和信息化部门建立一批符合标准的无人驾

[1] 曹建峰，祝林华. 多国出台政策法规：为自动驾驶创新发展保驾护航［J］. 机器人产业，2018 (2)：101 - 108.

驶汽车安全技术检验机构名单。

第三十二条　符合产品地方标准或者团体标准的无人驾驶汽车产品，由工业和信息化部门列入无人驾驶汽车产品目录，并向社会公布。列入目录的无人驾驶汽车产品，方可在该行政区域范围内销售、登记。

第三十三条　在无人驾驶汽车产品地方标准和团体标准制定公布前，无人驾驶汽车因采用新技术、新工艺、新材料等原因，不能满足道路无人驾驶汽车产品准入条件的，无人驾驶汽车生产企业可以向省级以上工业和信息化部门提出产品相关准入条件豁免申请。工业和信息化部门可以组织专业技术委员会对无人驾驶汽车产品相关准入条件豁免申请进行技术评估，产品需要进行测试验证的，由申请企业委托工业和信息化部门认可的检验检测机构按照专业技术委员会的评估意见进行检验检测。工业和信息化部门结合评估意见及检验检测报告，作出是否同意相关准入条件豁免的决定。同意相关准入条件豁免的产品，列入该行政区域无人驾驶汽车产品目录，并向社会公告，适时更新。具体准入条件豁免办法由省级以上工业和信息化部门另行制定。

第三十四条　工业和信息化部门应当对准入的无人驾驶汽车产品设置明确的准入有效期、无人驾驶功能及其设计运行条件。设计运行条件应包括设计运行范围、车辆状态、乘车人员状态及其他必要条件；设计运行范围应包括但不限于道路、交通、电磁环境、天气等限制性措施。

（联系前文所述的无人驾驶汽车的专业保险制度，保险制度作为无人驾驶汽车发生事故或意外时不可或缺的救济制度之一，对保障公共安全与私人利益有重要作用。某细条也会在民法条文设计一章节以叙述其中根据无人驾驶汽车的特性，又主要包括无人驾驶汽车车辆损失险、交通事故责任强制保险和第三者责任保险。与传统的车辆损失险相比，无人驾驶汽车中较为不同的是对网络安全保险的设计。而与传统的机动车责任强制保险制度相比，❶ 无人驾驶汽车背后实际并不只有一个权利人，投保主体由单

❶ 我国《机动车交通事故责任强制保险法》第2～3条规定，国家强制机动车的所有人或者管理人投保机动车，被保险机动车发生道路交通事故后，造成除本车人员、被保险人以外的受害人的人身伤亡、财产损失，由保险公司在责任限额内予以赔偿。

一变得复杂，因此就投保主体产生了颇多争议。一是英国政府于2017年2月出台的全球首部无人驾驶汽车保险法案《汽车技术和航空法案》提出了强制规定由车主购买交强险的制度。[1] 有学者就此提出了“双轨制”的保险模式，即强制责任险的投保人和被保险人系所有人和生产商共同构成。[2] 同时也有学者认为应由生产者承担智能机器人的保险责任。[3] 笔者在前文的基础上提出可以通过设立电子法人的模式，由电子法人作为投保主体，保险公司先行赔付，后根据单位责任框架及车辆记录确认具体责任，再行追偿。在这种模式之下，一方面简便了复杂的主体关系；另一方面也能避免因算法黑箱因果责任不清而导致的受害者难以得到赔偿的结果，此时，保险公司在赔偿后可以要求成立电子法人的三者主体就该责任平均分担。而第三者责任保险则与交通事故责任强制保险所要求的严格责任不同，其中的主体可以就车辆自行投保，对其数额的要求有利于保障受害者充分得到赔偿。此外，还可以：(1) 考虑建立无人驾驶汽车基金对责任不清、赔付不够等情况进行补充，如国家救助赔偿基金。(2) 借鉴船东互保协会，建立无人驾驶汽车互保协会，由构成电子法人的三者主体根据实际情况的不同约定预先缴纳会费加入协会，被保险人则可根据其合同要求互保协会从会费中对其予以赔付。而其中的单位责任框架，应参考链式分配责任体系，[4] 在严格责任的基础之上，明确各环节的责任分配体系，明确责任架构，结合车辆记录技术，最大限度地避免责任不清的问题。

第三十五条　实行无人驾驶汽车登记制度。符合无人驾驶汽车产品地方标准和团体标准并列入无人驾驶汽车产品目录的无人驾驶汽车经公安机关交通管理部门登记取得无人驾驶汽车登记证书、号牌和行驶证，方可上道路行驶。尚未登记、需要临时上道路行驶的，应当按道路测试规定取得临时行驶车号牌。申请办理无人驾驶汽车登记，除提交申请无人驾驶汽车

---

[1] 沈雨岑，郑仁荣. AI时代下无人驾驶汽车交强险制度设计——兼评无人驾驶事故侵权责任归属［J］. 广西警察学院学报，2021，34（3）：42－52.

[2] 刘云江，李保元. 论无人驾驶汽车强制责任险［J］. 财会月刊，2020（24）：130－138.

[3] 杨立新. 人工类人格：智能机器人的民法地位——兼论智能机器人致人损害的民事责任［J］. 求是学刊，2018，45（4）：84－96.

[4] 袁曾. 无人驾驶汽车侵权责任的链式分配机制——以算法应用为切入点［J］. 东方法学，2019（5）：28－39.

登记所需的证明、凭证外，还应当符合下列条件：（一）列入国家汽车产品目录或者本行政区域无人驾驶汽车产品目录；（二）安装有符合相关技术标准的车载设备，包括车辆行驶数据记录设备、车载视频设备、车辆位置设备和车联网设备等；（三）车辆车载设备相关数据应当按要求接入市政府监管平台；（四）已投保无人驾驶汽车交通事故责任强制保险和保险金额不少于五百万元的无人驾驶汽车第三者责任保险（已投保无人驾驶汽车交通事故责任强制保险并成立不少于五百万元会费的无人驾驶汽车互保协会）；（五）单位责任框架，列出管理层和责任分配体系。无人驾驶汽车控制人或者所有人办理车辆登记、核发检验合格标志、处理道路交通安全违法行为或者交通事故等交通管理业务时，应当向公安机关交通管理部门提供真实有效的通讯地址、移动电话号码等信息；提供的信息变更的，应当自变更之日起十日内向公安机关交通管理部门申请变更登记。

第三十六条　公安机关交通管理部门应当自受理申请之日起五个工作日内完成无人驾驶汽车登记审查工作，对符合前款规定条件的，应当发放无人驾驶汽车登记证书、号牌和行驶证；对不符合前款规定条件的，应当向申请人说明不予登记的理由。

公安机关交通管理部门以外的任何单位或者个人不得发放无人驾驶汽车号牌或者要求无人驾驶汽车悬挂其他号牌，本法另有规定的除外。

无人驾驶汽车登记证书、号牌、行驶证的式样由国务院公安部门规定并监制。

第三十七条　无人驾驶汽车产品的软件所有人应当对其研发、设计的产品质量安全负责，建立完善产品质量安全追溯机制。

第三十八条　无人驾驶汽车的软件所有权人、数据运营平台以及硬件所有权人获知其无人驾驶汽车产品可能存在缺陷的，应当立即组织调查分析，并如实向市场监管部门报告调查分析结果；确认无人驾驶汽车产品存在缺陷且经系统调试或者升级仍无法消除缺陷的，应当立即停止生产、销售、进口、租赁、使用缺陷产品，并实施召回或协助责任人实施召回。如明知其无人驾驶汽车存在缺陷，仍不召回，依照有关法律、法规规定予以处罚。构成犯罪的，依法追究刑事责任。

第五章　算法规制及数据监管

无人驾驶汽车作为初级人工智能的一类典型代表，其中的算法和数据不仅对无人驾驶汽车的正常运作至关重要，更是因为其中的潜藏风险对社会秩序的危害已见雏形，是人工智能发展中不可避免的立法挑战。

在算法规制之中，较为重要的是算法伦理问题，对于算法伦理，一些计算机科学家与工程师提倡以价值敏感性设计（value－sensitive design）为实现算法伦理的内部进路。[1] 价值敏感性设计是将人类价值特别是伦理道德价值与行为方式嵌入设计中，以弥补技术设计与人类伦理价值关切之间的差距。[2] 因此，如何选择置于算法伦理之中的价值，如何解决在冲突的情况下的价值排序，无人驾驶汽车技术所能实现的伦理保障程度等问题，都有待于进一步的讨论和解决。已有学者开始关注无人驾驶汽车在碰撞算法上的伦理立场和法律治理，呼吁应将人工智能的伦理思考与法律思考结合起来。[3] 而德国在2017年6月德国交通部下属的伦理委员会发布的《自动和联网驾驶》报告中提出了全球首个自动驾驶汽车伦理原则。[4] 从上述材料可以看出，在对无人驾驶汽车算法的讨论中，主要强调了算法安全性和反对算法歧视的问题，[5] 此外对于算法公开的两面性及限度也有涉及。对于安全性、伦理价值以及监督指导等，在前述章节已有提及，本部分针对算法歧视及数据规制展开部分立法建议。

---

[1] 郭林生．论算法伦理［J］．华中科技大学学报（社会科学版），2018，32（2）：40－45.

[2] Mary Cummings. “Integrating Ethics in Design Through the Value－Sensitive Design Approach”，Science and Engineering Ethics，2006，12（4）：701－715．转引自郭林生．论算法伦理［J］．华中科技大学学报（社会科学版），2018，32（2）：40－45.

[3] 李飞．无人驾驶碰撞算法的伦理立场与法律治理［J］．法制与社会发展，2019，25（5）：167－187.

[4] 1．安全是自动驾驶的准入前提；2．危险面前，生命至高；3．法律对技术的规制方式是在个人自由与他人自由及他人安全之间取得平衡；4．公共部门的监督指导原则是避免事故发生；5．责任主体扩大至系统制造商和设计者；6．自动驾驶汽车的软件和技术必须被设计成已经排除了突然需要驾驶员接管的紧急情况的出现；7．人机交互程序下，实时存储驾驶信息以便界定责任，将驾驶任务交接纳入驾照学习中；8．发生不可避免的事故时，严禁根据行车者的个人特征（年龄、性别、身体或心理体质等）进行差别认定；9．用户必须能够对自己的驾驶数据具有自主的决定权，用户是数据权利人。参见：曹建峰，祝林华．多国出台政策法规：为自动驾驶创新发展保驾护航［J］．机器人产业，2018（2）：101－108.

[5] 李成．人工智能歧视的法律治理［J］．中国法学，2021（2）：127－147.

第三十九条　无人驾驶汽车在发生不可避免的事故时，严禁根据道路交通参与者的个人特征进行差别对待。

（相较于算法，对于数据的立法管理与目前的现实接轨程度更深，深圳已就数据问题提出了《深圳经济特区数据条例（征求意见稿）》。而无人驾驶汽车作为一种人工智能，对于数据的运用程度和影响范围显然要比目前的技术更广更深，其中对于个人信息和数据的保护需要引起重视。可以考虑建立国家级无人驾驶汽车数据库，以便于对数据的管理和运用。）

第四十条　本法所称的数据，是指无人驾驶汽车以电子或者非电子形式对信息的记录。

本法所称数据处理，是指无人驾驶汽车数据运营平台对数据的收集、存储、加工、使用、提供、开放、交易等活动。

第四十一条　应当建立国家级无人驾驶汽车数据库，健全数据治理制度和标准体系，统筹推进个人数据保护、公共数据开放共享利用、数据市场培育发展及数据安全管理工作。

无人驾驶汽车主管部门应当按照公共数据资源体系整体规划和相关制度规范要求，规划无人驾驶汽车行业公共数据资源体系，建设并管理数据库。

第四十二条　本法所称个人数据，是指数据运营平台载有自然人个人信息的数据，包括载有个人身份信息、生物特征信息和其他敏感个人信息的数据，但是不包括匿名化处理后的数据。

本法所称敏感个人数据，是指一旦泄露、非法提供或者滥用，可能导致自然人受到歧视或者人身、财产安全受到严重危害的个人数据，包括种族、民族、宗教信仰、个人行踪、生物特征、医疗健康、金融账户等数据。

本法所称生物识别数据，是指对自然人的相关身体、生理、行为等生物特征进行技术处理而得出的能够识别自然人独特标识的个人数据，包括自然人的基因、指纹、声纹、掌纹、耳郭、虹膜、面部识别特征等数据。

本法所称匿名化处理，是指通过对个人数据进行技术处理使个人数据主体无法被识别，且处理后的数据不能被复原的活动。

第四十三条　数据运营平台应当依照相关法律、法规规定以及国家标准的要求，对所收集的个人数据进行去标识化或者匿名化处理，并与可恢复识别的个人数据分开存储。

第四十四条　处理个人数据应当符合下列要求：（一）严格遵守法律、法规规定，处理个人数据的目的和方式合法、正当；（二）限于实现处理目的所必要的最小范围、采取对个人权益影响最小的方式，不得进行与处理目的无关的个人数据处理；（三）遵循公开、透明的原则，明示个人数据处理的目的、方式、范围和规则等；（四）保证个人数据的准确性和必要的完整性，避免因个人数据不准确、不完整给当事人造成损害；（五）确保个人数据安全，积极维护自然人合法权益。

前款所称处理个人数据应当限于实现处理目的所必要的最小范围，采取对个人权益影响最小的方式，具体包括但是不限于下列情形：（一）处理的个人数据的种类、范围应当与处理目的有直接关联，不处理该个人数据则处理目的无法实现；（二）自动处理个人数据的频率应当是实现处理目的所必需的最低频率；（三）处理个人数据的数量应当是实现处理目的所必需的最少数量；（四）存储的期限应当为实现处理目的所必需的最短时间，超出存储期限的，应当对个人数据进行删除或者匿名化处理，法律、法规另有规定或者自然人另行同意的除外；（五）应当建立最小授权的访问控制策略，使被授权访问个人数据的人员仅能访问职责所需的最少的个人数据，且仅具备完成职责所需的最少的数据操作权限。

第四十五条　数据运营平台保证无人驾驶汽车系统在使用个人数据时，是在征得自然人或者其监护人的同意下完成的，但是法律、行政法规以及本法另有规定的除外。

本法所称同意，是指当事人自主、明确地表示允许处理其个人数据的意思表示。

第四十六条　自然人对数据运营平台对其个人数据的处理享有知情权、决定权，有权限制或者拒绝数据运营平台处理其个人数据。法律、行政法规另有规定的，从其规定。

第四十七条　自然人有权向数据运营平台要求查阅、复制其个人数据，数据运营平台应当按照有关规定提供。

第四十八条　自然人发现其个人数据不准确或者不完整的，有权要求数据运营平台补充、更正，数据运营平台应当予以核实，并及时补充、更正。

第四十九条　有下列情形之一的，自然人有权要求数据运营平台删除其个人数据，数据运营平台应当删除其个人数据：（二）处理个人数据的目的已经实现或者不再必要；（三）自然人撤回处理其个人数据的同意；（四）数据运营平台违反法律、法规的规定处理数据；（五）法律、法规规定的其他情形。

第五十条　自然人撤回处理其个人数据的同意，要求数据运营平台删除其个人数据的，数据运营平台可以留存告知和同意的证据，但是不得超过其履行法定义务、应对诉讼或者纠纷的必要限度。

第五十一条　数据运营平台应当建立自然人行使权利申请和投诉举报的受理处理机制，并采用足以引起注意的特别标识等易获取的方式提供有效的行使权利和投诉举报的途径。

数据运营平台收到相关行使权利申请或者投诉举报的，应当及时受理，并依法采取相应处理措施；拒绝申请事项的，应当说明理由。

第五十二条　自然人发现数据运营平台违反法律、法规规定或者双方处理其个人数据的约定的，可以向市网信部门投诉举报，市网信部门应当及时依法处理。

自然人认为数据运营平台违反法律、法规规定或者双方约定处理其个人数据并造成损害的，可以依法向人民法院提起诉讼。

第五十三条　数据运营平台应当通过全国无人驾驶汽车数据库平台开展数据共享。

可以通过共享方式获得数据的，不得向自然人、法人和非法人组织重复收集。

第五十四条　公共数据依照法律、法规规定开放，不得收取任何费用；法律、行政法规另有规定的，从其规定。

第五十五条　数据运营平台合法处理数据形成的数据产品和服务，可以依法交易，但是具有下列情形之一的除外：（一）交易的数据产品和服务包含个人数据而未经相关权利人同意的；（二）交易危害国家安全、公共利益的；（三）法律、法规规定禁止交易的其他情形。

第五十六条　数据运营平台应当通过依法设立的数据交易平台进行数据交易。

第五十七条　数据运营平台应当记录其收集数据的合法来源，保障数据来源清晰、可追溯。

数据交易平台应当建立安全可信、管理可控、可追溯的数据交易环境，制定数据交易、信息披露、自律监管等规则，并采取有效措施保护个人数据、商业秘密和国家规定的重要数据。

第五十八条　数据运营平台应当落实数据安全管理责任，按照数据的级别实施必要的安全管理策略和保障措施，不断提升技术手段，防止数据泄露、毁损、丢失、篡改和非法使用，确保数据安全。

数据运营平台因合并、分立、收购等方式变更的，由新的数据运营平台继续落实数据安全管理责任。

第五十九条　处理敏感个人数据或者国家规定的重要数据，应当按照规定设立数据安全管理机构或者明确数据安全管理责任人，并实施特别技术保护。

第六十条　数据运营平台应当针对敏感个人数据、国家规定的重要数据制定去标识化或者匿名化处理安全措施，并对数据去标识化或者匿名化处理过程进行记录。

第六十一条　数据运营平台应当对数据存储进行分域分级管理，选择安全性能、防护级别与其安全等级相匹配的存储载体，对敏感个人数据和国家规定的重要数据还应当进行加密存储、授权访问或者采取其他更加严格的安全保护措施。

第六十二条　数据运营平台应当对数据处理过程实施数据安全技术防护，并建立重要系统和核心数据的容灾备份制度。

第六十三条　数据运营平台开放、共享数据的，应当建立数据开放、共享安全管理制度，建立和完善对外数据接口的安全管理机制。

第六十四条　数据运营平台应当建立数据销毁规程，对需要销毁的数据实施有效销毁，并对数据销毁过程的相关操作予以记录。

数据运营平台终止或者解散，没有数据承接方的，应当及时有效销毁其控制的数据；法律、法规另有规定的除外。

第六十五条　数据运营平台委托他人代为处理数据的，应当负保密义务。

受托方完成处理任务后，应当及时有效销毁其存储的数据，但是法律、法规另有规定或另有约定的除外。

第六十六条　数据运营平台向境外提供个人数据或者国家规定的重要数据的，应当按照有关规定申请数据出境安全评估。但是，经自然人明示同意，仅为自然人或者其家庭生活目的向境外提供其个人数据的除外。

第六十七条　数据运营平台应当落实与数据级别相适应的监测预警措施，对数据泄露、毁损、丢失、篡改等异常情况进行监测和预警。

监测到可能发生数据泄露、毁损、丢失、篡改等数据安全事件的，数据运营平台应当立即采取预防补救措施。

第六十八条　数据运营平台应当建立应急处置机制，制定数据安全应急预案。数据安全应急预案应当按照数据安全事件的危害程度、影响范围等因素对数据安全事件进行分级，并规定相应的应急处置措施。

第六十九条　发生数据泄露、毁损、丢失、篡改等数据安全事件的，数据运营平台应当立即启动应急预案，采取相应的应急处置措施，及时告知相关权利人，并按照有关规定向网信部门等主管部门报告。

第七十条　自然人、法人和非法人组织不得实施下列侵害行为：（一）使用非法手段破坏数据运营平台所采取的保护数据的技术措施；（二）违反行业惯例收集或者利用数据运营平台数据；（三）利用非法收集的他人数据提供替代性产品或者服务；（四）未经同意，使用数据；（五）法律、法规规定禁止侵害数据的其他行为。

第七十一条　网信部门应当依照有关法律、行政法规以及本法规定负责统筹协调数据安全和相关监管工作，会同有关部门建立健全数据安全监督机制，组织对数据安全进行监督检查。

第七十二条　公安机关应当加强数据安全风险分析、预测、评估，收集相关信息；发现可能导致较大范围数据泄露、毁损、丢失、篡改等数据安全事件的，应当及时发布预警信息，提出防范应对措施，指导、监督相应主体做好数据安全防范工作。

第七十三条　网信部门以及其他履行数据安全监督职责的部门可以委

托第三方机构，按照法律、法规规定和相关标准要求，对数据运营平台开展数据安全管理认证以及数据安全评估工作，并对其进行安全等级评定。

第七十四条　网信部门以及其他履行数据安全监督职责的部门在履行职责中，发现数据运营平台未按照规定落实安全管理责任的，应当按照规定约谈数据运营平台，督促其整改。

第七十五条　网信部门以及其他依法履行数据安全监督职责的部门及其工作人员，应当对在履行职责过程中知悉的个人数据、商业秘密和技术秘密严格保密，不得泄露、出售或者非法向他人提供。

第六章　交通事故处理

行政法律关系首先需要确认行政主体及行政相对人，而在无人驾驶汽车时代，行政法首先需要面对的问题就是涉无人驾驶汽车行政法律关系中行政相对人的认定。以交通行政处罚为例，在传统的交通行政处罚中，需要由公安机关交通管理部门及其交通警察对道路交通参与人作出行政处罚决定书，对于行人、乘车人、非无人驾驶汽车驾驶人的规定自然可以依照现行行政法的规定，然而对于无人驾驶汽车驾驶人的行政处罚该如何规制？无人驾驶汽车自然是不存在实体的无人驾驶汽车驾驶人的，也因此导致了行政责任主体不明的问题。笔者认为，应与前部分的保险制度相衔接，分别提出几种方案以供参考。一是先处罚硬件所有权人、数据运营平台及软件所有权人中的一者，事后该责任承担者可以向有责任一方追责。二是采用电子法人模式，将软件所有权人、数据运营平台以及硬件所有权人固定为一电子法人，出于行政管理的高效便民要求，此时可以第一时间确认行政处罚对象。交通警察在向电子法人发出电子罚单后可以暂扣无人驾驶汽车号牌，根据其违法行为的严重性及复杂性，给予三者一定期限的确认处罚时间，同时软件所有权人、数据运营平台以及硬件所有权人应在此期限内出具一份事故分析报告。如此，可以运用人工智能时代的电子技术，实现即便无人驾驶，仍然有人追责的目的。

第七十六条　车辆发生故障、不适合驾驶或者有其他影响交通安全的异常情况时，无人驾驶汽车应当立即开启危险报警闪光灯，移动至不妨碍交通的地方停放或者采取降低速度、远程接管等其他降低运行风险的有效措施。

第七十七条　无人驾驶汽车发生交通事故的，车辆的软件所有权人、数据运营平台以及硬件所有权人应当保存事故过程信息。

第七十八条　未造成人身伤亡，当事人对事实及成因无争议的，可以即行撤离现场，恢复交通，自行协商处理损害赔偿事宜，不即行撤离现场的，应当迅速报告执勤的交通警察或者公安机关交通管理部门；造成人身伤亡的，应当立即组织抢救受伤人员，并采取措施，尽快恢复交通。

第七十九条　交通警察应当对交通事故现场进行勘验、检查，收集证据；因收集证据的需要，可以扣留事故无人驾驶汽车，但是应当妥善保管，以备核查。

第八十条　公安机关交通管理部门应当根据交通事故现场勘验、检查、调查情况和有关的事故分析报告、检验、鉴定结论，及时制作交通事故认定书。交通事故认定书应当载明交通事故的基本事实、成因和责任构成，并送达硬件所有权人、数据运营平台及软件所有权人。

第八十一条　无人驾驶汽车发生交通违法行为的，由公安机关交通管理部门依法对该车辆的硬件所有权人进行处罚；发生交通事故且无人驾驶汽车一方负有责任的，该车辆的硬件所有权人应当承担相应的损害赔偿责任；车辆的硬件所有权人依法承担损害赔偿责任后，可以向无人驾驶汽车交通事故的责任人追偿。无人驾驶汽车发生交通违法行为的，由公安机关交通管理部门依法对该车辆的电子法人进行处罚；发生交通事故且无人驾驶汽车一方负有责任的，该车辆的电子法人应当承担相应的损害赔偿责任。

无人驾驶汽车因车辆管理、使用、维护不当引发的交通违法行为及事故，由车辆的硬件所有权人承担相应的法律责任。

第八十二条　无人驾驶汽车发生交通事故，无人驾驶汽车一方负有责任的，由保险公司在保险责任限额范围内予以赔偿；不足部分，由硬件所有权人先行支付赔偿，硬件所有权人有权向交通事故责任人追偿/不足部分，由无人驾驶汽车互保协会支付赔偿；软件所有权人/无人驾驶汽车互保协会未支付赔偿的，由无人驾驶汽车国家救助赔偿基金垫付救助、赔偿费用，无人驾驶汽车国家救助赔偿基金管理机构有权向交通事故责任人追偿。

第八十三条　无人驾驶汽车发生交通事故造成人身伤亡、财产损失的，由保险公司在保险责任限额范围内予以赔偿；不足的部分，按照下列规定承担赔偿责任。(一) 无人驾驶汽车之间发生交通事故的，由有过错的一方承担赔偿责任；双方都有过错的，按照各自过错的比例分担责任。(二) 无人驾驶汽车与手动驾驶机动车、非机动车驾驶人、行人之间发生交通事故，手动驾驶机动车、非机动车驾驶人、行人没有过错的，由无人驾驶汽车一方承担赔偿责任；有证据证明手动驾驶汽车、非机动车驾驶人、行人有过错的，根据过错程度适当减轻无人驾驶汽车一方的赔偿责任；无人驾驶汽车一方没有过错的，承担不超过百分之十的赔偿责任。

交通事故的损失是由手动驾驶汽车、非机动车驾驶人、行人故意碰撞机动车造成的，无人驾驶汽车一方不承担赔偿责任。

第八十四条　无人驾驶汽车在道路以外通行时发生的事故，参照本法有关规定办理。

第七章　法律责任

第八十五条　公安机关交通管理部门及其交通警察对道路交通安全违法行为，应当责令无人驾驶汽车方及时改正。对于情节轻微，未影响道路通行的，指出违法行为，给予警告后放行。

第八十六条　对无人驾驶汽车道路交通安全违法行为的处罚种类包括：警告、罚款、暂扣或者吊销无人驾驶汽车号牌与行驶证、暂扣车辆、责令返厂、责令销毁。

对无人驾驶汽车道路交通安全违法行为的行政强制措施种类包括：扣留车辆、扣留无人驾驶汽车号牌与行驶证、强制检测。

第八十七条　公安机关交通管理部门对无人驾驶汽车方作出处罚决定的，应当出具行政处罚电子决定书。行政处罚电子决定书应当载明违法车辆的违法情况、行政处罚的依据、处罚内容、时间以及处罚机关名称。

(需要注明的是，公安机关交通管理部门需要在当事车辆的违法情况中载明违法事实、现场情况以及车辆情况等，以配合无人驾驶汽车方提交事故分析报告。无人驾驶汽车方提交的事故分析报告中至少应有事故发生时的车辆日志、状态记录、存储及监控、违法原因、责任认定结果及完整的事故分析报告等相关材料。)

第八十八条　公安机关交通管理部门在出具行政处罚电子决定书后，无人驾驶汽车方/电子法人应在48小时内予以确认并向公安机关交通管理部门提交违法车辆的事故分析报告；无人驾驶汽车方/电子法人对提交事故分析报告有困难的，可以依法申请延期提交。

第八十九条　在造成重大人员伤亡、财产损失的无人驾驶事故后，未提交完整事故报告并排除问题前，公安机关交通管理部门应当暂扣该违法无人驾驶汽车号牌与行驶证，本法另有规定的，依照规定。

第九十条　违法车辆的软件所有权人、数据运营平台以及硬件所有权人凭借事故分析报告说明对道路交通安全违法行为无责任的，可以在确认行政处罚电子决定书前提出异议，公安机关交通管理部门经核对事故分析报告无误后应当撤销该行政处罚电子决定书。

第九十一条　核对后的事故分析报告显示违法车辆无产品质量问题，无再次发生道路交通安全违法行为风险，公安机关交通管理部门应当归还无人驾驶汽车号牌与行驶证，本法另有规定的除外；核对后的事故分析报告显示违法车辆确存在产品质量问题，有再次发生道路交通安全违法行为风险的，公安机关交通管理部门应责令责任主体对违法车辆返厂或销毁。

(此规定在给予无人驾驶汽车方足够的时间提交调查责任报告的同时，防止无人驾驶汽车方推诿责任，确保上路的无人驾驶汽车对交通安全产生危害降低到最小风险。)

第九十二条　无人驾驶汽车责任人违反道路交通安全法律、法规规定的，处警告或者五十元以上二百元以下罚款。本法另有规定的，依照规定处罚。

第九十三条　对违反道路交通安全法律、法规关于无人驾驶汽车停放、临时停车规定的，予以警告，通知其软件所有权人、数据运营平台以及硬件所有权人令无人驾驶汽车立即驶离；软件所有权人、数据运营平台以及硬件所有权人拒绝立即驶离，妨碍其他车辆、行人通行的，处警告或者五十元以上二百元以下罚款。

第九十四条　违反道路交通安全法律、法规关于无人驾驶汽车停放、临时停车规定，公安机关交通管理部门根据无人驾驶汽车登记信息中的联系方式予以告知后仍未驶离，处警告或者五十元以上二百元以下罚款。

第九十五条　违反道路交通安全法律、法规关于无人驾驶汽车停放、临时停车规定，妨碍其他车辆、行人通行的，可以将该无人驾驶汽车拖移至不妨碍交通的地点或者公安机关交通管理部门指定的地点停放。公安机关交通管理部门应当及时告知硬件所有权人停放地点。拖移无人驾驶汽车产生的拖车费用和停车费用由责任人承担。

（因无人驾驶汽车不会产生醉酒、吸食、注射毒品等问题，未来无人驾驶汽车可能会产生怎样的具体道路交通违法行为仍有赖于技术的发展与验证，因此，此处仅列举部分无人驾驶汽车可能会产生的道路交通违法行为。）

第九十六条　无人驾驶汽车软件所有权人、数据运营平台以及硬件所有权人及其工作人员不按照技术标准进行检验或者出具虚假事故分析报告的，由市场监管部门责令停业改正，对责任单位处五万元以上二十万元以下罚款，对直接负责的主管人员和其他直接责任人员处一万元以上五万元以下罚款，有违法所得的，并处没收违法所得；情节严重的，由市场监管部门撤销无人驾驶汽车经营许可证并吊销营业执照。构成犯罪的，依法追究刑事责任。经市场监管部门确认整改完毕前，公安机关交通管理部门暂停采信其出具的事故分析报告。

第九十七条　公安机关交通管理部门发现无人驾驶汽车软件所有权人、数据运营平台以及硬件所有权人及其工作人员不按照技术标准进行检验或者出具虚假调查结果的，应当暂停采信其出具的事故分析报告，并通报市场监管部门。

第九十八条　无人驾驶汽车安全技术检验机构在无人驾驶汽车检验以及交通事故检验、鉴定中出具虚假检验报告、鉴定意见的，由鉴定机构主管部门依照有关法律、法规规定予以处罚。构成犯罪的，依法追究刑事责任。公安机关交通管理部门暂停委托其开展检验、鉴定，并向社会公告。

（在无人驾驶汽车涉及的道路交通安全违法行为中，对其原因认定及车辆检验十分关键与重要，因此需要严格调查主体与鉴定机构责任。）

第九十九条　对违反道路交通安全法律、法规的行为，除依法给予行政处罚外，实行累积记分制度。对无人驾驶汽车相关方作出处罚的同时对违法车辆行驶证予以记分。公安机关交通管理部门对记分达到规定分值的，扣留无人驾驶汽车号牌与行驶证，责令返厂，经道路测试合格，重新列入无人驾驶汽车产品目录并进行登记后，重新发还。记分管理具体办法由《机动车驾驶证申领和使用规定》规定。

（笔者认为，对无人驾驶汽车的车辆号牌记分管理应当比传统的无人驾驶汽车驾驶证要更为严苛，例如，将无人驾驶汽车的行驶证设置为6分。由于无人驾驶汽车本就是用于替代传统驾驶模式以减少交通事故，降低交通拥堵，便利人类生活。[1] 加上当其违反道路交通安全法律、法规时，可能会造成更大的危害。因此，对无人驾驶汽车造成的违法行为是有必要严格管控的。）

第一百条　违反本法第五十七条的规定，生产、销售未列入无人驾驶汽车产品目录的产品，由市场监督管理部门责令依法处理其非法持有、销售的无人驾驶汽车及零部件，没收违法所得，并处以违法所得三倍以上五倍以下的罚款；没有违法所得或者违法所得不足一百万元的，处以一百万元以上一千万元以下的罚款。

隐瞒有关情况或者提供虚假材料办理无人驾驶汽车产品准入的，工业和信息化部门不予办理，给予警告，并处五十万元以上一百万元以下的罚款；申请人在一年内不得再次申请无人驾驶汽车产品准入。

以欺骗、贿赂等不正当手段取得无人驾驶汽车产品准入的，工业和信息化部门应当撤销产品准入，给予警告，并处五十万元以上一百万元以下的罚款；申请人在三年内不得再次申请无人驾驶汽车产品准入。

第一百零一条　违反本法第五章的规定，未依法采取措施保护网络安全，违法采集、使用涉及国家安全的数据、个人隐私或者信息的，依据相关法律、行政法规处罚。

---

[1] 汪全胜，宋琳璘．无人驾驶汽车与我国道路交通安全法律制度的完善［J］．中国人民公安大学学报（社会科学版），2020，36（3）：107－115．

附件：无人驾驶汽车道路测试管理规范

道路测试及准入和登记部分皆是为了解决无人驾驶汽车目前不具有道路通行权的问题，为使无人驾驶汽车能够切实根据法律规定上路行驶，有必要制定完善的道路测试规定及准入和登记标准。本部分的立法因立足于人工智能时代背景，可假设车路协同基础设施已形成相当规模。道路测试是无人驾驶汽车正式准入前不可或缺的部分，在此部分的主体、申请要求、管理以及事故处理都与无人驾驶汽车正式上路的规定有所不同，本章主要详述与正式上路的无人驾驶汽车不同的立法设计，对于与正式上路相同的设计则会于后解释。首先，无人驾驶汽车道路测试工作应由工业和信息化部、公安部、交通运输部联合负责，制定道路测试的准入条件和配套规定，并定期联合发布无人驾驶汽车道路测试相关信息。

一、测试主体及测试车辆

第一条　无人驾驶汽车测试应实行实行无人驾驶汽车道路测试申报管理制度，申请参与测试的包括测试主体及测试车辆。

第二条　无人驾驶汽车道路测试主体是指提出无人驾驶汽车道路测试申请、组织道路测试并承担相应责任的单位，应符合下列条件：（一）在中华人民共和国境内登记注册的独立法人单位；（二）具备无人驾驶汽车及无人驾驶汽车零部件制造、技术研发或试验检测等无人驾驶汽车相关业务能力；（三）对无人驾驶汽车测试时可能造成的人身和财产损失，具备足够的民事赔偿能力；（四）具有无人驾驶汽车无人驾驶功能测试评价规程、风险管理系统及企业安全保障能力要求；（五）具备对测试车辆记录存储、数据治理分析和实时远程监控的能力；（六）法律、法规规章规定的其他条件。

此时，测试主体一般是软件所有权人、数据运营平台和硬件所有权人的三者合一。其中，“风险管理系统”是指单位应当具有识别和分析其研发设计的无人驾驶汽车相关的已知和可预见的风险；对无人驾驶汽车按照其预期用途和在可预见的合理误用的情况下使用时可能出现的风险进行评估；根据收集数据进行分析，评估其他可能产生的风险；按照规定采取适当的风险管理措施的能力，以达到最小风险状态。“企业安全保障能力要求”具体见《无人驾驶汽车生产企业及产品准入管理指南（试行）》（征求意见稿）[1]。而“记录保存”则是指无人驾驶汽车具有运行时自动记录事件的能力，其中至少应包括无人驾驶系统运行状态、乘车人员状态、行车环境信息、车辆控制信息等，并应满足相关性能和安全性要求，保证车辆发生事故时设备记录数据的完整性使事件发生后可追溯、还原，同时能够监测无人驾驶汽车系统的运行，避免数据被人为覆盖、修改。“实时远程监控”是指具有对车辆系统运行状态、乘车人员状态的实时监控能力。以上皆是为最大程度防止风险意外发生，推动无人驾驶汽车产业发展的测试主体必要要求。在正式上路的车辆要求之中，由于可能面对更大的风险，无人驾驶汽车在上述基础之上，可能需要建立相对更高的标准，主要参考具体国家标准、地方标准及行业标准。

第三条　测试车辆是指申请用于道路测试的无人驾驶汽车，包括乘用车、商用车辆，不包括低速汽车、摩托车，应符合以下条件：（一）未办理过无人驾驶汽车注册登记。（二）满足对应车辆类型除耐久性以外的强制性检验项目要求；对因实现无人驾驶功能而无法满足强制性检验要求的个别项目，测试主体需证明其未降低车辆安全性能。（三）具备车辆状态记录、存储及在线监控功能，能实时回传下列第1、2、3项信息，并自动记录和存储下列各项信息在车辆事故或失效状况发生前至少90秒的数据，数据存储时间不少于3年：1. 车辆控制情况；2. 车辆位置；3. 车辆速度、加速度等运动状态；4. 环境感知与响应状态；5. 车辆灯光、信号实时状态；6. 车辆外部360度视频监控情况；7. 反映测试乘坐人和人机交互状态的车内视频及语音监控情况（如有）；8. 车辆接收的远程控制指令（如有）；9. 车辆故障情况（如有）。（四）满足无人驾驶汽车安全技术道路测试其他基本要求。

在道路测试中，对无人驾驶汽车的安全技术要求至少应包括人机交互、自动记录、满足功能安全、预期功能安全规范和设计以及具有准确

---

[1] 无人驾驶汽车生产企业应满足企业安全保障能力要求，针对车辆的软件升级、网络安全、数据安全等建立管理制度和保障机制，建立健全企业安全监测服务平台，保证产品质量和生产一致性，具体可参考《无人驾驶汽车生产企业安全保障能力要求》。

性、鲁棒性和网络安全性等，其中的具体规则仍需要进一步讨论。但对测试车辆的要求相较于正式准入的无人驾驶汽车要求可以在符合合理的可接受的风险准则的基础上根据其所测试的项目及道路等进行相应放宽，从而推动无人驾驶汽车技术的进一步完善。

二、测试道路

第四条　省、市级政府相关主管部门在辖区内道路选择若干典型路段用于无人驾驶汽车道路测试并向社会公布。相关主管部门应当在保障公共安全的前提下选择路段、区域、时段，供无人驾驶汽车开展道路测试。

第五条　市政府可以选择车路协同基础设施较为完善的行政区全域开放无人驾驶汽车道路测试。在全域开放的行政区开展无人驾驶汽车道路测试，道路测试主体应当依照规定向该区域相关主管部门提出申请，经批准后方可开展相关活动。具体办法由全域开放的区人民政府另行制定。

第六条　测试车辆应在封闭道路、场地等特定区域进行充分的实车测试，道路测试的路段、区域、时段应当向社会公布，并适时更新。

无人驾驶汽车开展测试的道路应当具有最基本的车路协同基础设施，符合相应的无人驾驶汽车道路建设和交通安全设施标准。公布测试路段和区域内容应包括车路协同基础设施建设情况。在无人驾驶中，驾驶行为是由测试主体，无人驾驶汽车及道路共同完成的，对测试道路的规定与分级，有利于降低风险，细化无人驾驶汽车分工。

三、测试申请及审核

第七条　测试主体向拟开展测试路段所在地的省、市级政府相关主管部门提出道路测试申请。申请材料应至少包括：（一）测试主体和测试车辆的基本情况；（二）属国产无人驾驶汽车的，应当提供无人驾驶汽车整车出厂合格证，但未进入公告车型的应当提供出厂合格证明和国家认可的第三方检测实验室出具的相应车型强制性检验报告；属进口无人驾驶汽车的，应当提供进口无人驾驶汽车辆强制性产品认证证书、随车检验单和货物进口证明书；（三）无人驾驶功能说明、设计运行条件及其未降低车辆安全性能的证明；（四）无人驾驶汽车安全技术检验合格证明；（五）测试主体在封闭道路、场地等特定区域进行实车测试的证明材料；（六）获得国家或省市认可的从事汽车相关业务的第三方检测机构出具的无人驾驶功能委托检验报告；（七）测试方案，包括测试路段、测试时间、测试项目、测试规程、风险分析及应对措施；（八）单位责任框架，列出管理层和责任分配体系；（九）交通事故责任强制险凭证，以及每车不低于五百万元人民币的交通事故责任保险凭证或不少于五百万元人民币的自动驾驶道路测试事故赔偿保函。

第八条　省、市级政府相关主管部门负责组织受理、审核测试申请，为审核通过的测试车辆逐一出具无人驾驶汽车道路测试通知书，定期报工业和信息化部、公安部和交通运输部备案并向社会公布。

第九条　无人驾驶汽车可按规定搭载所需的人员或货物，提前告知搭载人员及货物拥有者相关风险，并采取必要安全措施。

在此种搭载人员或货物的情况下，测试主体还应提交“风险告知书”以及“相应级别的保证车辆安全性能的证明”。

第十条　测试通知书应当注明测试主体、车辆识别代号、测试时间、测试路段、测试项目及测试须知等信息。如有搭载人员或货物，应当注明测试乘车人姓名及身份证号或货物基本情况。其中，测试时间原则上不超过18个月。

无人驾驶汽车测试通知书应同时向测试主体出具电子版本和纸质版本。

如需变更测试通知书基本信息的，由测试主体提交变更说明及相应证明材料，省、市级政府相关主管部门审核通过后出具变更后的测试通知书。

第十一条　测试主体凭测试通知书及《无人驾驶汽车登记规定》所要求的证明、凭证，向测试通知书载明的公安机关交通管理部门申领试验用无人驾驶汽车的临时行驶车号牌。

第十二条　临时行驶车号牌规定的行驶区域应当根据测试通知书载明的测试路段合理限定，临时行驶车号牌有效期不应当超过测试通知书载明的测试时间。

因为无人驾驶汽车道路测试未必有乘车人，相关主管机关在无人驾驶汽车的管理环节中，除了纸质文件，应尽量配备电子化文件，推动行政效率。

四、测试管理

第十三条　测试车辆应当遵守我国道路交通安全法律法规及临时行驶车号牌管理相关规定。未取得临时行驶车号牌，不得上路行驶。

第十四条　测试车辆应携带测试通知书、测试方案备查。

第十五条　测试主体应遵守我国道路交通安全法律法规，严格依据测试通知书载明的测试时间、测试路段、测试项目和测试须知开展测试工作。

测试乘车人应始终处于测试车辆的座位上，遵守无人驾驶汽车道路测试规范。

测试车辆车身应以醒目的颜色标示“无人驾驶测试”字样，提醒周边车辆注意。

第十六条　测试道路、区域应以交通标识标示“无人驾驶汽车测试路段”及“无人驾驶汽车测试区域”，测试过程中，测试车辆不得搭载与测试无关的人员或货物。

第十七条　开展无人驾驶汽车道路测试不得干扰周边正常道路交通活动，不得从事道路运输经营活动，不得搭载危险货物。

第十八条　测试主体应每6个月向出具测试通知书的省、市级政府相关主管部门提交阶段性测试报告，并在测试结束后1个月内提交测试总结报告。

省、市级政府相关主管部门于每年6月、12月向工业和信息化部、公安部和交通运输部报告辖区内无人驾驶汽车道路测试情况。

第十九条　测试车辆在测试期间发生下列情形之一的，省、市级政府相关主管部门应当撤销测试通知书：（一）省、市级政府相关主管部门认为测试活动具有重大安全风险的；（二）测试车辆有违反交通信号灯通行、逆行或者依照道路交通安全法律法规可以处暂扣、收回临时行驶车号牌或一定期限内暂停行驶等的严重交通违法行为的；（三）发生交通事故造成人员重伤、死亡或车辆毁损等严重情形，测试车辆方负主要以上责任的。省、市级政府相关主管部门撤销测试通知书时应当一并收回临时行驶车号牌，并转交给临时行驶车号牌核发地公安交管部门；未收回的，书面告知核发地公安交管部门公告牌证作废。

第三节　民法的条文设计及理由

一、关于保险

无人驾驶汽车在道路行驶的过程中可能发生风险事故，风险事故的存在可能导致损害的发生，因此有损害的地方需要救济。保险作为一种救济制度，无人驾驶汽车投保人可以通过缴纳保费，规避未来风险，在发生损失时可以及时获得经济补偿。无人驾驶汽车在理论上虽然更安全可靠，但是也不能避免交通意外的发生，也须购买保险，以有效保障其他交通参与人的合法权益，且无人驾驶汽车作为新生事物，在车辆保险方面的要求应该更加严格管制。基于我国实行机动车强制保险制度，只有购买了车辆保险的机动车才能上路行驶，因而《无人驾驶汽车道路测试管理规范（试行)》规定，上路测试的无人驾驶汽车不仅要购买交通事故强制责任保险，还要购买不低于500万元的交通事故责任保险。参照此规定，2021年3月23日，《深圳经济特区无人驾驶汽车管理条例（征求意见稿)》鼓励开发覆盖设计、制造、使用、经营、算法服务以及其他无人驾驶汽车产品风险的全链条保险产品，并明确保险赔付机制，保护公众利益。同时，鉴于无人驾驶汽车从设计、制造、使用和经营等过程中涉及不同主体，即无人驾驶汽车的风险负担主体主要由人类驾驶员变成硬件所有权人、软件所有权人以及数据运营者。因而，无人驾驶汽车保险所涉及的利益主体相比于传统汽车保险责任主体更加广泛。为此，无人驾驶汽车保险应在传统汽车保险的基础上，开发关注新的责任保险制度，以实现有效分散风险的目的。笔者认为无人驾驶汽车保险的设计应秉承风险最小化、社会利益最大化的原则，采用“财产保险和责任保险并行，同时配套赔偿基金作为补充”。首先对于无人驾驶汽车硬件缺陷和程序故障等属于产品缺陷造成的损失可由承保财产保险的保险人进行赔偿。其次无人驾驶汽车侵权责任风险，可通过责任保险进行分散。同时，在责任保险无法全面救助受害人的情况下，可通过赔偿基金对受害人进行再次救济，比如创设公用和商用赔偿基金，实现风险分摊。最后对无人驾驶自主行为导致不可归责于任一单一主体的风险可借鉴船东互保协会模式，创设无人驾驶汽车“电子法人”保险和赔偿基金来转移。具言之，立法应当有如下规定。第二，适用强制保险机制。无人驾驶汽车上路行驶须要购买交通事故责任强制保险和保险金额不少于500万元的机动车第三者责任保险，具有载人功能的无人驾驶汽车还应投保机动车车上人员责任保险，由无人驾驶汽车电子法人负责购买，以便对无人驾驶汽车造成的损害进行责任分配。第二，明确保险赔付机制，优先保护公众权益。第三，鼓励开发面向无人驾驶汽车的其他责任保险，例如商用赔偿基金，让运营商、生产者、消费者等多方主体参与这一机制，从而形成赔偿基金。

二、关于运输、运营

根据现行交通运输法律法规规定，从事客运和货运服务都要求有满足条件的驾驶人并获得客货运营许可，而无人驾驶的无人驾驶汽车显然不符合要求，无法开展道路运输经营活动。同时，基于无人驾驶汽车对智能系统的高度依赖，形成了乘客可以无须取得无人驾驶汽车完整的所有权，通过与运营商购买其出行服务，达成电子协议，即可享受出行服务的特性，与区块链技术具有天然的互动优势。具体而言，在交易模式上，无人驾驶汽车可以利用数字货币的底层技术——区块链技术，在区块链平台部署智能合约，搭建“人机互动”平台，实现电子化运营，进而让公众享受多样化出行服务。也就是说，与传统汽车运营模式相比（如公共交通、共享出行），无人驾驶汽车最典型的属性就是自主性。而电子化运营中的核心技术——区块链技术，既能通过其庞大的用户社群，为用户提供安全、便利的磋商环境，也可以利用智能合约程序，事先创设条件，一经条件触发，系统自动划拨等值的数字货币，实现了无人驾驶汽车从启动到交易结束全面的自主运行，凸显了人工智能的自主性。机遇与挑战并存，虽然无人驾驶汽车的电子化运营更加契合无人驾驶汽车的自主化运行理念，但考虑无人驾驶汽车的致害行为具有“先天性”，关涉多方主体，不是任何一个主体可以单独承担的。因而，为确保公平公正，笔者认为应由运营商、数据运营者、智能系统研发者共同出资成为电子法人的股东，将该多方利益主体的意志糅杂在一起，与乘客签订智能合约，由其共享收益、共担风险，既能实现责任有限、权责相称并按比例分摊，也能从根本上解决责任主体认定难题。[1] 同时，鉴于运营商对无人驾驶汽车的投资和管理最多，是与其自主行为联系最为密切的一方，故由使用者担任法定代表人比较合适。为此，在立法建议上，建议商用场景优先考量电子化运营，以智能合约这一合同形式，搭建权利义务关系，确保无人驾驶汽车可以“读取”合约内容，自主学习，自动履行，实现高效运营。

三、民事侵权

（1）关于个人信息、隐私。随着无人驾驶汽车技术的不断发展，引发了一系列对于隐私权和个人信息保护的担忧，个人隐私与自由在强大的算法掌控下甚至无处遁形。无人驾驶汽车作为移动计算设备，在运行阶段，需要不断通过采集道路环境信息以及乘客、行人等交通参与人的个人信息、位置信息、路上行为等大量数据，进行分析学习，才能得出正确算法结果，自主运行。因而，不可避免地，一旦无人驾驶汽车系统障碍或数据控制人不合理利用采集的数据信息，导致信息泄露、丢失，用户将面临个人信息、隐私侵权的危险。这也是为什么发达国家均高度重视人工智能环境下的网络安全和数据保护的原因。美国在2020年发布的《自动驾驶4.0》中确立了确保隐私和数据安全的技术原则，保护驾驶员和乘客的数据以及被动第三方的数据（如行人数据）免受未授权访问、收集、使用或共享等行为导致的隐私风险。欧盟也于同年发布了《在联网车辆和出行相关应用环境下处理个人数据的指南》中，针对无人驾驶汽车中的个人数据保护提出了具体要求，强调对个人数据的保护与谨慎处理。我国同样也非常重视个人信息的保护。自2017年7月8日，国务院在印发的《新一代人

[1] 张志坚．论人工智能的电子法人地位［J］．现代法学，2019（5）：75－88．

工智能发展规划》中强调，自动（智能）驾驶汽车不仅是智能运载工具和智能交通系统中的核心，而且对于发展新兴产业和推进社会治理具有重要意义。[1] 同时，基于个人信息、隐私在现代社会中的重要性，以及因缺乏行之有效的约束机制和制度导致不法分子利用非法获取的个人信息、隐私实施诈骗、盗窃等不法行为，破坏社会治安。无人驾驶汽车要投入运营，必须加强用户个人信息和隐私保护。为此，笔者基于填补被侵权人损害的目的，根据国家《网络安全法》、参照国家《个人信息保护法》、《数据安全法》等相关规定，借鉴发达国家在车联网环境下网络安全和数据保护的经验，遵循公平原则，对无人驾驶汽车用户的个人信息和隐私保护采集、利用作出立法规制。①无人驾驶汽车电子法人应当依法建立信息安全评估及管理机制，防止个人信息及隐私泄露和被窃取、篡改，维护个人信息、隐私的安全性、保密性和可用性。②电子法人应当依照国家相关规定，采取措施防止用户个人信息、隐私的泄露、丢失，并制定个人信息安全及隐私保护方案。③禁止非法收集、处理、利用个人信息、隐私。④关于个人信息、隐私侵权赔偿标准的确定，按照个人因此受到的损失或者无人驾驶汽车电子法人因此获得的利益确定；获得利益难以确定的，根据实际情况确定赔偿数额。

（2）关于交通事故。现行道路交通安全法律法规对车辆发生交通事故及违章的处理规则，是按照车辆有驾驶人的传统思维设计的，但无人驾驶汽车突破传统汽车的运行模式，实现了无人驾驶，自主运行，如果仍然依据现行道路交通安全法律法规，显然不合时宜。因而，如果无人驾驶汽车发生致害行为如何处理，成为当前无人驾驶汽车投入运行的首要难题。对此，理论界众说纷纭。有学者在确定无人驾驶汽车交通侵权主体时，以“人为因素干预”作为交通事故责任主体的认定依据。[2] 也就是说，如果发生事故，以谁是导致损害结果产生的主体为责任人，如果是乘客，毫无疑问是由乘客承担，但如果是基于无人驾驶汽车系统本身的问题，应由哪一

---

[1] 《新一代人工智能发展规划》（国发〔2017〕35 号）。

[2] 杨梦露. 无人驾驶汽车交通事故侵权责任认定之法律困境及立法建议［J］. 人民论坛·学术前沿，2020（4）：124－127.

个主体承担？似乎该学者提供的认定依据并没有提供具有指向性的衡量标准。也有学者主张人工智能产品责任适用无过错责任，由汽车的设计者（研发者）或生产者承担责任。[1] 但如果无人驾驶汽车发生事故、造成损害，而事故本身又难以解释或者不能合理追溯到设计缺陷或制造缺陷，或者损害是由设计者难以预测到的系统特殊经历（经由“训练”后算法）造成的，这时候仍由设计者承担责任将招致不公。[2] 回归问题本身，无人驾驶汽车由传统汽车发展演变而来，它们在运行原理、物理呈现形式、能量驱动等方面可谓一脉相承。[3] 因而，无人驾驶汽车交通事故侵权与现有的传统机动车交通事故侵权在表现形式上具有高度的相似性，甚至可以说是一致的，当然属于交通事故侵权的范畴。但相比于传统汽车，无人驾驶汽车最大的不同在于无人驾驶汽车搭载智能系统，由智能系统代替人类驾驶员在汽车运行过程中的作用，即由智能系统作为无人驾驶汽车的核心或者说控制源，因而可从简化交易和权责分摊等现实需要角度出发，将人工智能拟制为电子法人，[4] 对外承担责任，对内各自分摊。具言之，机动车交通事故责任的基础在于将驾驶人（使用人）视为机动车运行危险的制造者：驾驶人是启动机动车并运行机动车之人，其对机动车的运行享有最高程度的控制力，亦最有能力及条件防控机动车交通事故的发生，[5] 但是在无人驾驶汽车道路交通安全事故中，很难说谁是真正的危险制造者，若采风险开启理论，虽然依旧可以将购买机动车的使用人解释为对危险负责的人，但是不容否认的客观事实是，此时机动车使用人的身份已从“驾驶员”转换为“乘坐者”，其对无人驾驶汽车的运行无法起任何干涉或控制作用。即在无人驾驶汽车的运行过程中，机动车使用人仅仅是乘坐者，而非控制人，仅享有运行利益，而不具有运行支配力，出现运行利益与运行

---

[1] 杨立新．人工类人格：智能机器人的民法地位——论智能机器人致人损害的民事责任［J］．求是学刊，2018（4）：84－96.

[2] 司晓，曹建峰．论人工智能的民事责任：以自动驾驶汽车和智能机器人为切入点［J］．法律科学（西北政法大学学报），2017（5）：166－173.

[3] 崔理博，赵明非．无人驾驶汽车侵权的责任分析与法律规制［J］．齐齐哈尔大学学报（哲学社会科学版），2019（5）：82－84.

[4] 张志坚．论人工智能的电子法人地位［J］．现代法学，2019（5）：75－88.

[5] 蒋云蔚，王康．交通事故责任法原理［M］．上海：上海人民出版社，2010：213.

支配的分离。因而，无人驾驶汽车在运用自动驾驶系统持续执行全部动态驾驶任务和动态驾驶任务接管过程中发生的交通违法行为及事故，由无人驾驶汽车电子法人承担相应的法律责任。也就是说，对于因车辆管理、使用、维护不当引发的交通违法行为及事故，笔者仍偏向于先由电子法人对外承担法律责任，对内进行责任分担分摊。确立这样的处理规则，主要基于以下考量：一是无人驾驶汽车的“运行利益”归于车辆控制人、所有人，按照“谁受益、谁担责”的原则，让车辆控制人、所有人担责比较合理；二是无人驾驶汽车的支配使用权是掌控在车辆控制人、所有人手里的，让其承担责任，能够督促其谨慎使用和定期维护车辆；三是交警及交通监控设备一般无法在事故及违章现场对无人驾驶汽车的技术问题作出判定，这样设定，便于交警部门及时处理交通事故及违章，也能避免因长时间的技术鉴定而使受害人的合法权益长期得不到救济。

笔者对无人驾驶汽车民法条文设计如下：

第一章　总　则

第一条　【宗旨】为了规范无人驾驶汽车电子法人的组织和行为，保护电子法人、股东和债权人的合法权益，维护社会和经济秩序，适应中国特色社会主义发展要求，促进社会主义市场经济的发展，制定本法。

第二条　【适用范围】本法所称无人驾驶汽车电子法人是指依照本法在中国境内成立的电子法人。

第三条　【电子法人定义】无人驾驶汽车电子法人是具有民事权利能力和民事行为能力，依法独立享有民事权利和承担民事义务的组织。

第四条　【成立条件】无人驾驶汽车电子法人应当依法成立。

无人驾驶汽车电子法人应当有自己的名称、组织机构、财产或经费。

无人驾驶汽车电子法人成立的具体条件和程序，参照适用《民法典》等法律、行政法规的有关规定。

第五条　【权利能力和行为能力】无人驾驶汽车电子法人的民事权利能力和民事行为能力，从电子法人成立时产生，到电子法人终止时消灭。电子法人终止，须依照法律、行政法规的规定完成清算、注销登记。具体程序，参照适用《民法典》《公司法》等法律的有关规定。

第六条 【民事责任】无人驾驶汽车电子法人以其全部财产独立承担民事责任。

无人驾驶汽车电子法人股东以其认缴的出资额为限对电子法人承担责任。

无人驾驶汽车电子法人股东依法享有资产收益、参与重大决策和选择管理者等权利。具体权利、义务，参照适用《公司法》等法律的有关规定。

第七条 【法定代表人】依照法律或电子法人章程的规定，代表电子法人从事民商事活动的负责人，为电子法人的法定代表人。

无人驾驶汽车电子法人的法定代表人以电子法人名义从事的民商事活动，其法律后果由电子法人承受。

无人驾驶汽车电子法人法定代表人的职权范围，参照适用《民法典》《公司法》等法律的有关规定。

第八条 【基本原则】无人驾驶汽车电子法人从事民商事活动，不得违反法律，不得违背公序良俗。

处理民商事纠纷，应当依照法律、行政法规的有关规定；法律、行政法规没有规定的，可以适用习惯，但是不得违背公序良俗。

第二章　保险与赔偿基金

第九条 【保险】无人驾驶汽车电子法人须依照《道路交通安全法》的有关规定购买交通事故责任强制保险和保险金额不少于五百万元的机动车第三者责任保险，鼓励开发覆盖设计、制造、使用、经营、算法服务以及其他无人驾驶汽车产品风险的全链条保险产品。

第十条 【互保协会】无人驾驶汽车电子法人遵循自愿原则可以成立互保协会。

互保协会须由无人驾驶汽车运营商、数据运营平台、智能系统开发者等多位主体投资组建。

互保协会的基金性质为交通事故赔偿基金，用于承担赔偿责任。

第十一条 【保险赔付】无人驾驶汽车在自动驾驶状态下发生交通事故，无人驾驶汽车电子法人一方负有责任的，由保险公司在机动车强制保险责任限额范围内予以赔付。不足部分，有互保协会的，由互保协会的赔偿基金承担赔偿责任；没有成立互保协会的，由电子法人承担赔偿责任。

第三章　运输与运营

第十二条　【运营资质】无人驾驶汽车电子法人从事商业运营活动，应当具备相应的民事权利能力和民事行为能力，进行工商登记，取得道路运输经营许可证。

第十三条　【运营合同】无人驾驶汽车电子法人订立合同应当采用智能合约形式。

第十四条　【合同内容】智能合约订立应当遵循自愿、平等原则。

合约内容由当事人约定，一般包括以下条款：

（一）当事人名称或者姓名或者住所；

（二）标的；

（三）出行指令；

（四）费用；

（五）违约责任；

（六）解决争议的方法。

智能合约一经部署上链立即生效。

第十五条　【商业运营收费】无人驾驶汽车电子法人从事商业运营活动可以收取相关费用。具体收费标准遵循市场交易标准，由智能合约自动执行程序自动划拨。划拨的数字货币应与人民币换算数值等价。

第十六条　【运营范围】鼓励无人驾驶汽车电子法人提供定制出行、社区出行、夜间出行、应急保障等多样化服务。

第四章　民事侵权

（一）个人信息侵权

第十七条　【获取个人信息的权利】无人驾驶汽车电子法人申请并经公安机关交通管理部门同意，可以获取与其无人驾驶汽车产品相关的道路违法、交通事故等脱敏数据信息。

第十八条　【个人信息使用原则】无人驾驶汽车电子法人使用用户个

人信息，应遵循合理使用原则。

用户个人信息的使用规则由双方当事人约定；没有约定或约定不明的，参照《个人信息保护法》的相关规定，原则上不得侵害用户个人信息权益。

第十九条 【个人信息安全管理义务】无人驾驶汽车电子法人应当按照市互联网信息部门的要求取得信息安全检测认证，依法建立信息安全评估及管理机制，防止用户个人信息泄露和被窃取、篡改，维护用户个人信息的安全性和保密性。

第二十条 【侵权责任】无人驾驶汽车电子法人为用户提供智能服务，存在故意泄露、非法买卖等不合理使用用户个人信息行为，侵害他人民事权益的，应当承担损害赔偿等侵权责任。法律另有规定的；依照其规定。

前款规定的损害赔偿责任按照个人因此受到的损失或者无人驾驶汽车电子法人因此获得的利益确定；个人因此受到的损失和无人驾驶汽车电子法人因此获得的利益难以确定的，根据实际情况确定赔偿数额。

（二）隐私侵权

第二十一条 【隐私保护】无人驾驶汽车电子法人应当依照国家相关规定，采取措施防止用户个人隐私的泄露、丢失、损毁，并制定数据安全及隐私保护方案。

在发生或者可能发生用户个人隐私泄露、损毁、丢失的情况时，无人驾驶汽车电子法人应当立即采取删除、屏蔽、断开链接等补救措施，按照规定及时告知用户并向市互联网信息部门报告。

第二十二条 【禁止侵害用户个人隐私】无人驾驶汽车电子法人在运营过程中，禁止利用智能服务非法收集、处理、利用用户个人隐私谋取利益。

第二十三条 【侵权责任】无人驾驶汽车电子法人非法采集、处理、利用个人隐私，侵害他人民事权益的，应当承担损害赔偿等侵权责任。

前款规定的损害赔偿责任范围包括个人因此受到的实际损失及精神损害赔偿。实际损失以无人驾驶汽车电子法人因此获得的利益确定；个人因此受到的损失和无人驾驶汽车电子法人因此获得的利益难以确定的，根据实际情况确定赔偿数额。精神损害赔偿由当事人自行协商，协商不成由人民法院判决。

（三）交通事故侵权

第二十四条　【机动车交通事故责任的原则规定】无人驾驶汽车发生交通事故造成损害的，依照法律、行政法规的相关规定承担赔偿责任。

第二十五条　【定责依据】无人驾驶汽车车载设备、路侧设备、监管平台等记录的车辆运行状态及周边环境的客观信息可以作为认定无人驾驶汽车电子法人交通事故责任的重要依据。

第二十六条　【赔付方式】无人驾驶汽车发生交通事故，无人驾驶汽车电子法人一方负有责任的，由保险公司在保险责任限额范围内予以赔偿；不足部分，由无人驾驶汽车互保协会支付赔偿；无人驾驶汽车互保协会未支付赔偿的，由无人驾驶汽车国家救助赔偿基金垫付救助、赔偿费用，无人驾驶汽车国家救助赔偿基金管理机构有权向无人驾驶汽车电子法人追偿。

本章小结

2020年2月24日，国家发展改革委、工业和信息化部等11个部委联合发布的《智能汽车创新发展战略》提出“到2025年，中国标准智能汽车的技术创新、产业生态、基础设施、法规标准、产品监管和网络安全体系基本形成……”2021年，《深圳经济特区智能网联汽车管理条例（征求意见稿)》发布，预示着无人驾驶汽车时代的到来。但与此同时，无人驾驶汽车对现有法律的冲击，不仅源自人工智能技术对公共交通秩序的重置，也来自在未来投入商用面临的责任认定困境。因而，考虑无人驾驶技术的发展进程，在刑法条文设计上，面对“算法黑箱”问题，可以将推定的因果关系与共同过失犯罪的共同犯罪理论作为一种解决方法，同时增设“从业禁止”的资格刑。在分则中，则可在危害公共安全罪中增设破坏交通信息网络罪与过失破坏交通信息网络罪以保护无人驾驶汽车时代会出现的新型复合性法益。在行政法条文设计上，则对无人驾驶汽车的车辆和乘车人、道路通行条件、准入和登记、算法规制及数据监管、交通事故处理以及法律责任等方面进行了系统设计。在参考同类条文设计的基础上，考虑无人驾驶汽车特性设计了一套涉及多个方面的行政法条文，在无人驾驶汽车的准入和登记上提出进行公私合作经营，并为无人驾驶汽车可能涉及的违章处理、行政处罚以及交通事故责任认定上融入无人驾驶汽车的特性。在民法条文设计上，基于无人驾驶汽车在保险、运营、个人信息安全以及交通事故等领域与现行法律体系难以自洽，应预先赋予无人驾驶汽车“电子法人”地位，借鉴和吸收国外规制措施的优秀成果，并结合我国当前无人驾驶技术的发展需要以及国际无人驾驶技术的发展态势，制定符合社会发展要求的法律制度，以规范无人驾驶汽车的运行行为，推动交通运输领域的健康发展。

结　论

行文至此，对于无人驾驶汽车落地将带来的法律挑战，似可从以下方面进行回应。

首先，从本源性角度，借助第一性原理分析方法，对无人驾驶汽车自身进行剖析可知，无人驾驶汽车与传统汽车显著不同。

其一，汽车的驾驶操作不再需要人类的实时接管，智能系统或者说软件在“司机”这个角色上已经实现了对人的完全替代，这得益于软件可自主生成算法，进而可自主行为，这一点与动物类似。所以，应该对无人驾驶汽车的软件给予高度重视，有了这种可自主生成算法的软件发挥相当于人的大脑作用后，确不应该仍将无人驾驶汽车视为一种产品，而应视其为一种类似于动物的可自主为一定行为的财产，才更合乎事实。

其二，传统汽车主要是由发动机和车载设备等硬件组成，然后由人类进行驾驶操作即可完成运输任务。然而，无人驾驶汽车并没有人类驾驶员，所以除了上述硬件，可自主生成算法的软件必不可少。此外，与传统汽车不同的是，无人驾驶汽车的正常运行有赖于数据的实时、精准传输。否则，软件自主生成算法将无从谈起。也就是说，无人驾驶汽车与传统汽车存在质的区别，传统汽车有硬件就够了，而无人驾驶汽车应由硬件、软件和数据组成，三者缺一不可。

其三，在对无人驾驶汽车自身构成要件进行解剖的基础上，找到其具有初级人工智能之自主性、交互性和唯一性的特征，由此推出其法律属性是一种具有自主性的财产，其本质是一种独立的、近人的客观存在。

其次，从总体规制角度，可从无人驾驶汽车的法律地位、保险与赔偿基金以及运营模式等方面进行重构。

在法律地位方面，学界提出的“电子人”、“特殊物”以及“机器人

—代理人”等观点均难以切实回应无人驾驶汽车之近人的根本特性，将其拟制为被称为“电子法人”的特别法人可能是最优方案。既符合其兼具自然人和法人双重属性的特质，又能实现简化交易和权责分摊双重功能，而且这种拟制在理论上完全可以证立，在实践中也确有现实必要，还不会对当前的民事主体理论造成冲击，将其按法人模式处理权责等现实难题，充分考虑其特殊之处而将其纳入特别法人制度，是对其本质为财产，可赋予其财产性人格的切实回应。

在保险与赔偿基金方面，可对无人驾驶汽车的三大要件分别建构硬件、软件和数据财产险。对于责任险，可通过扩大交强险投保主体、提高交强险赔偿限额以及拓宽交强险承保范围等方面对交强险进行重构；可从投保方式、种类和保费等方面重塑第三者责任险；通过采用差异化方案，创新保险理赔方式实现保险定价既合理又精准。对于赔偿基金，可在传统公益性赔偿基金之外，新设一种商用赔偿基金，以因应无人驾驶汽车作为一种高度危险来源而在大规模商用后可能要面临的大规模侵权损害救济问题。然后，在区分公用、商用和自用场景的基础上，借鉴船东互保协会模式，将无人驾驶汽车拟制为电子法人，由该电子法人作为主体有差别地承担购买保险以及向有关赔偿基金注入资金的义务。

在运营模式方面，无人驾驶汽车需多个主体共同配合才能实现自主运行。在运营模式的选择上应充分考虑其技术原理，借助区块链技术存储数据信息，优化算法决策，保证交易安全；同时在合同模式上考量无人驾驶汽车的“自主性”，引入智能合约，搭建“人机互动”平台，实现电子化运营。智能合约具有传统合同不可比拟的优势，其自动执行程序，既能理顺运营商、数据运营平台、智能系统研发者等主体之间的法律关系，又能降低交易风险，保障消费者的合法权益，对无人驾驶汽车未来投入商用具有积极意义。然而，机遇与挑战并存，由于技术上的去中心化，无人驾驶汽车电子化运营导致以人为中心的既有侵权规范体系难以自洽，滋生了诸如不同层级主体之间权责难以厘定、自动履行机制的违约风险等新问题。为此，可通过设立三级安全监管体系，明确违约救济方式以及赋予无人驾驶汽车电子法人地位来实现运营规制，以优化无人驾驶汽车的运营环境，满足人们多样化出行需求。

再次，从民法规制角度，无人驾驶汽车可能引发的法律挑战主要体现在交通事故侵权和网络信息侵权方面。

对于交通事故侵权，基于无人驾驶汽车之“无人”特性，出现运行利益与运行支配的分离，传统交通事故责任规则难以直接有效化解纠纷，尤其是难以合理确定责任主体，从而对既有侵权责任体系带来冲击和挑战。传统的机动车交通事故责任、产品责任及其他诸如雇主责任、饲养动物责任、电梯侵权责任等模式均难以切实有效地适用于无人驾驶汽车交通事故侵权。核事故责任中无过错责任原则、疫苗事故无过错补偿计划，形成以国家直接救济模式为主，相关责任人的赔偿责任为辅的损害救济理念值得借鉴。随着无人驾驶技术的精进，其硬件、软件以及数据三者间的有效配合对无人驾驶汽车的正常运行缺一不可，由无人驾驶汽车硬件所有权人、软件所有权人、数据所有权人三者共同出资成立电子法人，由该电子法人对外独立担责，是解决无人驾驶汽车交通事故责任难题的最佳方案。同时，考虑无人驾驶技术应用场景之不同，有必要区分公用、商用及自用场景，通过严格责任、合同责任和公平责任予以应对，将其纳入既有侵权规范体系内，类型化解决责任认定问题。如此，既可合理平衡各方利益，又可实现科技发展创新和法律的平稳运行。

对于网络信息侵权，可将无人驾驶汽车中易被侵权的信息类型化为位置信息、乘车人 ID 信息、时间信息和语义影像信息，并按数据收集、存储、利用以及销毁四个环节，找出各环节中大数据技术应用的差异及其可能出现的具体侵权类型。基于无人驾驶汽车网络信息侵权中呈现出侵权主体多重性、侵权手段隐蔽性以及侵权方式高度动态性等特性，导致网络信息权利受侵害后的责任主体难以认定，缺乏有效的司法救济手段，而无人驾驶汽车的自主性又使信息收集的范围难以明确。所以，用现行侵权责任体系来解决无人驾驶汽车网络信息侵权问题的效果甚微，可通过适当转介、修改相关法律，完善个人信息和数据的权利配置、进行数据权属分类，引入惩罚性赔偿制度，拟制无人驾驶汽车为电子法人主体、明确其自主决策的边界以及通过立法增设更多场景保护的法律措施加以应对，以切实保护个人和企业在无人驾驶汽车被广泛应用后的网络信息权益。

复次，从行政法规制角度，现有的行政法体制在应对无人驾驶汽车的准入标准、道路通行权、交通责任认定及行政处罚对象方面，因囿于传统汽车的视野，并没有给无人驾驶汽车太多空间。

道路通行权掣肘无人驾驶汽车上路、交通行政规制手段单一、对算法的规制不足、市场准入与准出机制缺位等问题，从根源上看属于现有法律体制内在性的不足和缺位，是一种实质上的“法律失效”。若继续以现有法律体系作为行政法规制的执法规范，而无人驾驶汽车的入市、通行权等合法性问题以及无人驾驶产业激励和安全可控之间的矛盾没有解决，非但不能破局，还可能使已经存在的问题持续发酵并变得更为严峻。基于无人驾驶汽车与传统汽车的差异性，无人驾驶汽车将给现有的交通安全秩序带来挑战及潜在危险。

针对这些挑战和未知危险，现有行政规制制度和手段存在严重不足，有必要在遵循无人驾驶产业激励与安全可控并行不悖的原则下革新规制体系。即侧重从产业激励和安全可控并存的视角，以域外立法经验为给养，以适配我国当前法律体系与行政系统为本质要求，对无人驾驶汽车的规制体系进行创新。在参酌、对比、横向比较域外各国立法例及配套政策措施的基础上，提出合作型治理与央地一体立法、治理源头处罚、重构数据治理谱系以及分层次规制等新的行政规制理念；通过革新监管理念、软法硬法相结合、建立国家级数据中心、创设补足规制原则、采用弹性监管标准以及构建多主体互动的治理模式，可建立起适合于安全可控与风险预防规制兼具的无人驾驶汽车行政规制制度及配套措施。

再复次，从刑法规制角度，无人驾驶汽车可能引发的法律挑战主要体现在数据类犯罪和交通肇事类犯罪两个方面。

对于数据类犯罪，无人驾驶汽车中的数据应该以作用大小及存储位置为标准具体分为四种类型：一是驾驶行为数据；二是交通场景数据；三是非驾驶系统的辅助驾驶数据；四是用户数据。四种数据在无人驾驶汽车中均起不同的作用，且该四类数据已经能涵盖目前所能认知的在无人驾驶汽车中的所有数据信息。各数据类型引发的犯罪各有不同，驾驶行为数据最为重要，因此引发的犯罪数量最多，具体有破坏交通工具罪、劫持汽车罪、故意杀人罪或故意伤害罪、妨害安全驾驶罪、交通肇事罪；而起较大作用的交通场景数据主要引发的犯罪包括以危险方法危害公共安全罪和故意毁坏财物罪；起着辅助作用的非驾驶系统的辅助驾驶数据主要引发的犯罪包括破坏交通设施罪和破坏公用电信设施罪；对汽车行驶几乎不起作用的用户数据引发的犯罪主要是非法获取计算机信息系统数据罪和侵犯公民个人信息罪。上述大部分罪名在无人驾驶汽车领域都表现出了新的特点，例如交通肇事罪表现出新形式，妨害安全驾驶罪表现出新特点等，通过分类梳理，可以清楚地看到无人驾驶汽车的数据犯罪脉络，厘清罪与罪之间的关系。所以，对无人驾驶汽车中的数据犯罪进行系统性分析，不仅能更好地探究数据犯罪在无人驾驶汽车中的具体表现，更有助于对即将出现的无人驾驶可能衍生出的大量数据犯罪进行预先防控，既方便立法，也方便司法。

对于交通肇事类犯罪，从人类出行和汽车发展的角度而言，无人驾驶技术逐步发展并走入人们的日常生活这一趋势不可阻挡且近在眼前，如何化解其大规模应用对交通肇事罪所带来的新状况、新问题、新矛盾，是无人驾驶汽车正式上路通行前亟待解决的问题。面对无人驾驶汽车交通肇事犯罪的责任主体认定复杂、主观方面难以认定以及因果关系证明存疑等难题，通过对无人驾驶汽车构成交通肇事罪的现有刑法规制思路与可否将无人驾驶汽车作为交通肇事罪的犯罪主体的争议加以分析，将与无人驾驶汽车相关的主体可否作为刑法上的责任主体及其原因进行类型化归类梳理。可知，将无人驾驶汽车拟制为电子法人是处理其交通肇事类犯罪的最佳方案。通过摒弃对无人驾驶汽车施以生命刑或自由刑，转而采用因责任主体的不同而施以不同的处罚方式，从而实现对无人驾驶汽车构成交通肇事罪的刑罚适用类别的创新。根据无人驾驶汽车发展的实际情况，对于其可能造成的交通肇事犯罪以刑法规范加以积极应对，提前对其广泛应用可能导致的社会现实问题做好准备，构设无人驾驶汽车在交通肇事罪中的具体归责路径，增加电子法人为刑罚适用的对象，并对刑罚的适用进行差异化处理，从而为交通肇事类犯罪构建新的刑罚体系。

最后，从立法角度，可从行政、民事、刑事三个方向考察域外有关无人驾驶汽车的立法规制，涉及的国家有美国、日本、德国、英国等发达国家，以及欧盟、联合国等国际组织。

在行政方面，国外在无人驾驶汽车领域着手的方向主要为行政监管、道路测试标准、数据保护条例以及行政罚款。在民事方面，主要涉及民事侵权和救济，如英国的保险共担风险、美国的保证金与保险保障、日本的保险公司赔付制以及联合国的责任分担模式等。在刑事方面，由于无人驾驶汽车发展并未成熟，又蕴含巨大的经济效益，因此域外在进行立法规制时，着重考虑监管安全、事故赔偿机制，而关于刑事所涉及的人身自由与权益保护，仍然较为保守。而且，域外大多是对无人驾驶汽车、人工智能进行统一的单行立法，尚未进行行政、民事和刑事的严格区分。

然而，考虑到我国国情、《民法典》业已出台以及《刑法》条文一般只能通过司法解释方式来回应新出现的情况等现实，对于我国无人驾驶汽车的法律规制，应在区分行政、民事、刑事的基础上提出立法建议。在行政方面，建立无人驾驶汽车国家级信息数据库，对汽车产生的数据信息进行分类保护、使用；设立统一监管机构，明确无人驾驶汽车的专门监管主体与详细的职业分工，提供统一立法标准与原则，协调各地方政府制定有关自主驾驶汽车交通法规的差异，地方交通管理局可根据国家无人驾驶汽车专门监管机构设立其分属监管主体，以实现当地自主驾驶技术的普及，为自主驾驶汽车的发展保驾护航；明确市场准入标准，对道路安全测试进行资格审核，针对发生重大交通事故、风险系数大的无人驾驶汽车，可借鉴美国做法进行必要强制销毁或研发者、生产销售方及时召回处理。对于未落实数据安全保护责任或非法处理数据，致使国家重大利益受损的，人民检察院或有关行业组织可以提起公益诉讼。在民事方面，由无人驾驶汽车的研发者、管理者、数据运营者作为电子法人的法定股东，通过电子法人缴纳保险等为无人驾驶汽车事故分担风险。将无人驾驶汽车看作类似于自然人主体中的未成年人，由电子法人对无人驾驶汽车自主行为导致的事故承担责任，同时设立无人驾驶汽车赔偿基金与互保协会作为补充赔偿制度。在刑事方面，通过探讨无人驾驶汽车在交通事故、网络安全中的法律问题，若是犯罪人利用该项技术进行故意犯罪，虽在犯罪空间、手段等方面明显区别于传统犯罪，但责任承担却是一致的。若是无人驾驶汽车自主行为导致事故伤亡，可将无人驾驶汽车拟制为一种较为特殊的电子法人型的单位犯罪，惩罚方式主要为对单位及主要责任人员判处罚金，并辅以系统删除、程序修改、永久销毁等非刑罚处罚措施。

随着无人驾驶技术的不断发展应用，法律有必要设计一套系统的条文对其进行规制。在刑法条文设计上，应尽量通过解释论将无人驾驶汽车犯罪纳入现行刑法框架体系之中，在无法容纳的情况下再另行立法。面对“算法黑箱”问题，可以将推定的因果关系与共同过失犯罪的共同犯罪理论作为一种解决方法，同时增设“从业禁止”的资格刑。在刑法分则中，针对具体罪名提出相应解释的同时，建议在危害公共安全罪中增设破坏交通信息网络罪与过失破坏交通信息网络罪以保护无人驾驶汽车时代会出现的新型复合性法益。在行政法条文设计上，应对无人驾驶汽车的车辆和乘车人、道路通行条件、准入和登记、算法规制及数据监管、交通事故处理以及法律责任等方面进行系统全面的具体条文设计。在参考同类条文设计的基础上，考虑无人驾驶汽车特性设计出一套涉及多个方面的行政法条文，在无人驾驶汽车的准入和登记上提出可以参考“PPP”模式进行公私合作经营，并为无人驾驶汽车可能涉及的违章处理、行政处罚以及交通事故责任认定在现行行政法规定之上体现出无人驾驶汽车的特性。在民法条文设计上，应对无人驾驶汽车的法律属性、法律地位、构成要件和本质等通过条文形式反映出来。同时，根据无人驾驶汽车在保险和赔偿基金、运输与运营、网络信息侵权和交通事故侵权方面的特殊之处，其与现行法律体系难以自洽，有必要通过国家立法的方式，预先赋予无人驾驶汽车“电子法人”地位，借鉴和吸收国外规制措施的成功经验，并结合我国当前无人驾驶技术的发展需要以及国际无人驾驶技术的发展态势，制定符合自身实际的法律条文来约束和规范无人驾驶汽车即将广泛应用而产生的民事法律问题。

参考文献

一、中文著作

[1] 陈慧岩，熊光明，龚建伟，等．无人驾驶汽车概论［M］．北京：北京理工大学出版社，2014.

[2] 陈兴良．刑法哲学（上）［M］．北京：中国政法大学出版社，2009.

[3] 陈甦．民法总则评注（上册）［M］．北京：法律出版社，2017.

[4] 杜明芳．无人驾驶汽车技术［M］．北京：人民交通出版社，2019.

[5] 冯象．我是阿尔法：论法和人工智能［M］．北京：中国政法大学出版社，2018.

[6] 何怀宏．契约伦理与社会正义［M］．北京：中国人民大学出版社，1993.

[7] 黄志坚．智能交通与无人驾驶［M］．北京：化学工业出版社，2018.

[8] 江平．法人制度论［M］．北京：中国政法大学出版社，1994.

[9] 蒋云蔚，王康．交通事故责任法原理［M］．上海：上海人民出版社，2010.

[10] 李海东．刑法原理入门（犯罪论基础）［M］．北京：法律出版社，1998.

[11] 梁慧星．民法总论［M］．北京：法律出版社，2017.

[12] 马克昌．比较刑法原理：外国刑法学总论［M］．武汉：武汉大学出版社，2002.

[13] 王建．自动驾驶技术概论［M］．北京：清华大学出版社，2019.

[14] 王泽鉴．人格权法［M］．北京：北京大学出版社，2013.

[15] 杨延超．机器人法：构建人类未来新秩序［M］．北京：法律出版社，2018.

[16] 雍琦．法律逻辑学［M］．北京：法律出版社，2004.

[17] 于志刚．传统犯罪的网络异化研究［M］．北京：中国检察出版社，2010.

[18] 袁宗蔚．保险学［M］．北京：首都经贸大学出版社，2000.

[19] 曾世雄．损害赔偿法原理［M］．北京：中国政法大学出版社，2001.

二、中文期刊

[1] 安柯颖，陆红．人工智能时代网络安全的刑法保护——基于网络犯罪 AI 化为视角

[J]．云南民族大学学报（哲学社会科学版），2018（6）．
[2] 白云武．无人驾驶汽车交通事故的法律责任分析［J］．交通运输部管理干部学院学报，2016（2）．
[3] 本刊综合．车联网前程远大——2019 年车联网产业发展报告［J］．中国公路，2019（5）．
[4] 蔡大顺．论大数据时代保险法上信息义务履行方式的改进——由标准化转向个性化［J］．湖北社会科学，2019（6）．
[5] 蔡一博．智能合约与私法体系契合问题研究［J］．东方法学，2019（2）．
[6] 曹建峰，祝林华．多国出台政策法规：为自动驾驶创新发展保驾护航［J］．机器人产业，2018（2）．
[7] 柴振国．区块链下智能合约的合同法思考［J］．广东社会科学，2019（4）．
[8] 陈超，吕植勇，付姗姗，等．国内外车路协同系统发展现状综述［J］．交通信息与安全，2011（1）．
[9] 陈虹，郭露露，边宁．对汽车智能化进程及其关键技术的思考［J］．科技导报，2017（11）．
[10] 陈吉栋．论机器人的法律人格——基于法释义学的讨论［J］．上海大学学报（社会科学版），2018，35（3）．
[11] 陈结淼，王康辉．论无人驾驶汽车交通肇事的刑法规制［J］．安徽大学学报（哲学社会科学版），2019（3）．
[12] 陈景辉．人工智能的法律挑战：应该从哪里开始［J］．比较法研究，2018（5）．
[13] 陈景辉．自动驾驶与乘客优先［J］．华东政法大学学报，2020（6）．
[14] 陈庆安．单位适用从业禁止问题研究［J］．法学，2017（4）．
[15] 陈仕伟，黄欣荣．大数据时代隐私保护的伦理治理［J］．学术界，2016（1）．
[16] 陈思语．区块链应用于证券交易的法律风险及防范［J］．法律适用，2019（23）．
[17] 陈晓军．论互益性法人［J］．比较法研究，2008（3）．
[18] 陈晓林．无人驾驶汽车致人损害的对策研究［J］．重庆大学学报（社会科学版），2017（4）．
[19] 陈兴良．《刑法修正案（九）》的解读与评论［J］．贵州民族大学学报（哲学社会科学版），2016（1）．
[20] 陈叙言．人工智能刑事责任主体问题之初探［J］．社会科学，2019（3）．
[21] 陈燕申，陈思凯．美国国会《自动驾驶法案》探讨与启示［J］．交通与运输（学术版），2017（2）．

[22] 陈跃辉，陈德日．重嚼“鸡肋”条款——破坏交通工具罪传统阐释的质疑［J］．广西政法管理干部学院学报，2001（1）．
[23] 陈阵香，陈乃新．PPP 特许经营协议的法律性质［J］．法学，2015（11）．
[24] 成素梅，高诗宇．智能机器人应有法律主体资格吗？［J］．西安交通大学学报（社会科学版），2020（1）．
[25] 程承坪．人工智能的自主性？劳动能力与经济发展［J］．人文杂志，2021（6）．
[26] 初北平，史强．海洋重大风险应对中的保赔保险立法审视：国际统一与本土差异［J］．山东大学学报（哲学社会科学版），2021（3）．
[27] 储陈新．人工智能时代刑法归责的走向——以过失的归责间隙为中心的讨论［J］．东方法学，2018（3）．
[28] 崔聪聪，许智鑫．机器学习算法的法律规制［J］．上海交通大学学报（哲学社会科学版），2020（2）．
[29] 崔俊杰．论自动驾驶事故责任救济中的政府机制［J］．江苏大学学报（社会科学版），2020，（5）．
[30] 崔理博，赵明非．无人驾驶汽车侵权的责任分析与法律规制［J］．齐齐哈尔大学学报（哲学社会科学版），2019（5）．
[31] 邓辉．论我国智能驾驶汽车中的个人信息保护［J］．电子科技大学学报（社科版），2020（1）．
[32] 狄行思．论智能合约的风险负担及责任分担［J］．科技与法律，2020（6）．
[33] 丁晓东．论个人信息法律保护的思想渊源与基本原理—基于“公平信息实践”的分析［J］．现代法学，2019（3）．
[34] 丁晓东．论算法的法律规制［J］．中国社会科学，2020（12）．
[35] 杜严勇．论机器人的权利［J］．哲学动态，2015（8）．
[36] 范倩倩．我国无人驾驶汽车侵权责任主体及赔偿问题——基于比较法视野下的思考［J］．武汉冶金管理干部学院学报，2021（1）．
[37] 方芳．自动驾驶汽车法律地位分析［J］．智能城市，2018（17）．
[38] 方跃平，汪全胜．无人驾驶时代交通肇事罪的立法完善［J］．齐鲁学刊，2018（6）．
[39] 封帅，周亦奇．人工智能时代国家战略行为的模式变迁——走向数据与算法的竞争［J］．国际展望，2018（4）．
[40] 冯洁．人工智能体法律主体地位的法理反思［J］．东方法学，2019（4）．
[41] 冯洁语．人工智能技术与责任法的变迁——以自动驾驶技术为考察［J］．比较法研究，2018（2）．

［42］冯珏．民事责任体系与无过错补偿计划的互动——以我国疫苗接种损害救济体系建设为中心［J］．中外法学，2016，28（6）．
［43］冯珏．自动驾驶汽车致损的民事侵权责任［J］．中国法学，2018（6）．
［44］傅蔚冈．合规行为的效力——一个超越实证法的分析［J］．浙江学刊，2010（4）．
［45］甘绍平．以人为本的生命价值理念［J］．中国人民大学学报，2005（3）．
［46］高振海，于桐，孙天骏，等．面向无人驾驶的数据采集与分析系统研究综述［J］．汽车技术，2021（6）．
［47］龚向和．人的“数字属性”及其法律保障［J］．华东政法大学学报，2021，24（3）．
［48］顾险峰．人工智能中的联结主义和符号主义［J］．科技导报，2016，34（7）．
［49］郭林生．论算法伦理［J］．华中科技大学学报（社会科学版），2018，32（2）．
［50］郭如愿．论个人信息的智能合约保护——立基于智能合约的民事合同属性［J］．西北民族大学学报（哲学社会科学版），2020（5）．
［51］郭上铜，王瑞锦，张凤荔．区块链技术原理与应用综述［J］．计算机科学，2021，48（2）．
［52］郭少飞．“电子人”法律主体论［J］．东方法学，2018（3）．
［53］郭少飞．区块链智能合约的合同法分析［J］．东方法学，2019（3）．
［54］郭泽强．人工智能时代权利与责任归属的域外经验与启示［J］．国外社会科学，2020（5）．
［55］何鑫．妨害安全驾驶行为的罪名适用——兼论妨害安全驾驶罪的条文增设［J］．上海公安学院学报，2019（4）．
［56］何渊．智能社会的治理与风险行政法的建构与证成［J］．东方法学，2019（1）．
［57］贺海武，延安，陈泽华．基于区块链的智能合约技术与应用综述［J］．计算机研究与发展，2018（11）．
［58］洪丹娜．算法歧视的宪法价值调适：基于人的尊严［J］．政治与法律，2020（8）．
［59］胡玉鸿．法律主体概念及其特征［J］．法学研究，2008（5）．
［60］胡元聪．人工智能产品发展风险抗辩后的损害救济分摊机制研究［J］．政法论丛，2020（3）．
［61］黄波．自动驾驶汽车交通肇事的刑法应对［J］．天府新论，2018（4）．
［62］季一木，陈治宇，田鹏浩．无人驾驶中3D目标检测方法研究综述［J］．南京邮电大学学报（自然科学版），2019（4）．
［63］贾焰，方滨兴，李爱平，顾钊铨．基于人工智能的网络空间安全防御战略研究［J］．中国工程科学，2021，23（3）．

[64] 贾章范，张建文. 智能医疗机器人侵权的归责进路与制度构建 [J]. 长春理工大学学报，2018 (4).
[65] 江必新. 论行政规制基本理论问题 [J]. 法学，2012 (12).
[66] 姜涛，柏雪淳. 谁之责任与何种责任：人工智能的责任模式配置慎思 [J]. 河南社会科学，2019 (4).
[67] 姜涛. 新罪之保护法益的证成规则——以侵犯公民个人信息罪的保护法益论证为例 [J]. 中国刑事法杂志，2021 (3).
[68] 姜涛刁，永超. 自动驾驶汽车涉罪的归责难题及其解决方案 [J]. 学术界，2021 (5).
[69] 蒋巍. 恶意数据爬取行为的刑法规制研究 [J]. 学术论坛，2020 (3).
[70] 金奚慧，干宏程，关金平，等. 无人驾驶汽车购买意愿研究 [J]. 科技管理研究，2021，41 (8).
[71] 金自宁. 风险规制与行政法治 [J]. 法制与社会发展，2012 (4).
[72] 孔祥稳. 面向人工智能风险的行政规制革新 [J]. 行政法学研究，2020 (4).
[73] 劳东燕. 风险分配与刑法归责：因果关系理论的反思 [J]. 政法论坛，2010 (6).
[74] 劳东燕. 过失犯中预见可能性理论的反思与重构 [J]. 中外法学，2018，30 (2).
[75] 雷洪钧. 节能与新能源汽车技术路线图 [J]. 时代汽车，2017 (1).
[76] 黎宏. 完善我国单位犯罪处罚制度的思考 [J]. 法商研究，2011，28 (1).
[77] 李爱君. 人工智能法律行为论 [J]. 政法论坛，2019，37 (3).
[78] 李博方. 全球财险业将面临颠覆性革命 [J]. 中国保险，2018 (3).
[79] 李成. 人工智能歧视的法律治理 [J]. 中国法学，2021 (2).
[80] 李晟. 略论人工智能语境下的法律转型 [J]. 法学评论，2018 (1).
[81] 李丛笑. 国有资本收益分配体制改革——在公平与发展之间权衡 [J]. 北京行政学院学报，2010 (1).
[82] 李飞. 无人驾驶碰撞算法的伦理立场与法律治理 [J]. 法制与社会发展，2019，25 (5).
[83] 李慧敏，孙佳亮. 论爬虫抓取数据行为的法律边界 [J]. 电子知识产权，2018 (12).
[84] 李俊丰，姚志伟. 论人工智能的法律人格：一种法哲学思考 [J]. 华侨大学学报 (哲学社会科学版)，2018 (6).
[85] 李俊峰，姚志伟. 论人工智能的法律人格：一种法哲学思考 [J]. 华侨大学学报，2018 (6).
[86] 李克强，戴一凡，李升波，等. 智能网联汽车 (ICV) 技术的发展现状及趋势

[J]．汽车安全与节能学报，2017（1）．
[87] 李萌，裴攀，孙恩昌，等．人工智能与区块链赋能物联网：发展与展望 [J]．北京工业大学学报，2021，47（5）．
[88] 李树．分配正义的双重路径及其法律调整 [J]．西南政法大学学报，2012（5）．
[89] 李伟民．《民法典》视域中区块链的法律性质与规制 [J]．上海师范大学学报（哲学社会科学版），2020（5）．
[90] 李文静，栾群．人工智能时代算法的法律规制：现实？理论与进路 [J]．福建师范大学学报（哲学社会科学版），2020（4）．
[91] 李旭东，马淞元．《民法典》合同编视域下的区块链智能合约研究 [J]．上海师范大学学报（哲学社会科学版），2020（5）．
[92] 李延舜．大数据时代个人隐私信息保护策略之反思 [J]．上海政法学院学报，2016（5）．
[93] 李欲晓．物联网安全相关法律问题研究 [J]．法学论坛，2014（6）．
[94] 梁慧星．从近代民法到现代民法 [J]．中外法学，1997（2）．
[95] 廖兴存．无人驾驶汽车交通肇事过失刑事责任论纲 [J]．湖南社会科学，2021（3）．
[96] 林少伟．人工智能对公司法的影响：挑战与应对 [J]．华东政法大学学报，2018（3）．
[97] 刘洪华．人工智能法律主体资格的否定及其法律规则构想 [J]．北方法学，2019（4）．
[98] 刘洪华．我国疫苗伤害救济的路径选择和制度构想 [J]．法学评论，2015，33（1）．
[99] 刘丽．人工智能是否应具有法律主体地位 [J]．人民论坛，2020（Z2）．
[100] 刘生．智能网联汽车驾驶场景数据采集的研究及应用 [J]．汽车纵横，2018（8）．
[101] 刘士国．中国胚胎诉讼第一案评析及立法建议 [J]．当代法学，2016（2）．
[102] 刘宪权，胡荷佳．论人工智能时代智能机器人的刑事责任能力 [J]．法学，2018（1）．
[103] 刘宪权．人工智能时代的“内忧”“外患”与刑事责任 [J]．东方法学，2018（1）．
[104] 刘宪权．人工智能时代我国刑罚体系重构的法理基础 [J]．法律科学（西北政法大学学报），2018（4）．
[105] 刘小璇，张虎．论人工智能的侵权责任 [J]．南京社会科学，2018（9）．
[106] 刘艳红．实质刑法的理论与实践：基于三部曲的整体思维 [J]．东南学术，2021（2）．
[107] 刘云江，李保元．论无人驾驶汽车强制责任险 [J]．财会月刊，2020（24）．
[108] 龙敏．自动驾驶交通肇事刑事责任的认定与分配 [J]．华东政法大学学报，2018（6）．

[109] 龙卫球. 再论企业数据保护的财产权化路径 [J]. 东方法学，2018 (3).
[110] 陆诗忠. 论“以危险方法危害公共安全罪”中的“危险方法” [J]. 法律科学，2017 (5).
[111] 罗豪才，宋功德. 认真对待软法—公域软法的一般理论及其中国实践 [J]. 中国法学，2006 (2).
[112] 罗亚丹. 从交通基础设施到绿色基础设施——无人驾驶城市中的柔性未来道路 [J]. 景观设计学，2019，7 (2).
[113] 马晓臣. 自动驾驶汽车交通事故侵权责任分配的困境及其缓和——以三层保险结构的架构为例 [J]. 交通节能与环保，2019，15 (6).
[114] 梅夏英. 民事主体的抽象度问题及其对私法体系的影响 [J]. 经贸法律评论，2019 (1).
[115] 孟露，张超. 无人驾驶汽车交通事故侵权责任主体和归责原则 [J]. 北京化工大学学报（社会科学版），2019 (3).
[116] 孟勤国，齐爱民. 信息技术与合同形式 [J]. 法学，2002 (2).
[117] 孟伟，杨之林. 人工智能技术的伦理问题——一种基于现象学伦理学视角的审视 [J]. 大连理工大学学报（社会科学版），2018 (5).
[118] 倪蕴帷. 区块链技术下智能合约的民法分析、应用与启示 [J]. 重庆大学学报（社会科学版），2019 (3).
[119] 欧阳日辉，李林珂. 区块链的风险与防范 [J]. 陕西师范大学学报（哲学社会科学版），2021，50 (6).
[120] 彭诚信，陈吉栋. 论人工智能体法律人格的考量要素 [J]. 当代法学，2019，33 (2).
[121] 彭宏勤，张国伍. 未来城市交通及其对未来城市发展影响——“交通 7 + 1 论坛”第五十六次会议 [J]. 交通运输系统工程与信息，2020，20 (1).
[122] 彭文华. 哈利维的人工智能犯罪观及其启示 [J]，上海政法学院学报（法治论丛），2019 (4).
[123] 彭文华. 人工智能的刑法规制 [J]. 现代法学，2019 (5).
[124] 皮勇. 人工智能刑事法治的基本问题 [J]. 比较法研究，2018 (5).
[125] 屈学武. 劫持车船罪释析 [J]. 人民检察，1997 (6).
[126] 饶中享. 建立船舶主体法律制度研究 [J]. 中国海商法年刊（第 5 卷），1994.
[127] 任条娟，郑佳莹，陈友荣，等. 基于区块链的车联网节点数据安全通信模型研究 [J]. 汽车技术，2021 (5).

[128] 邵雅靖. 自动驾驶的交通肇事责任规制初探——以“人机交互”模式为视角[J]. 江西警察学院学报，2019 (1).
[129] 申杨柳，朱一方. 国外自动驾驶汽车准入管理探索与实践 [J]. 汽车与配件，2021 (7).
[130] 沈岿. 论行政法上的效能原则 [J] 清华法学，2019 (4).
[131] 沈岿. 数据治理与软法 [J]. 财经法学，2020 (1).
[132] 沈雨岑，郑仁荣. AI时代下无人驾驶汽车交强险制度设计——兼评无人驾驶事故侵权责任归属 [J]. 广西警察学院学报，2021，34 (3).
[133] 石冠彬. 论智能机器人创作物的著作权保护——以智能机器人的主体资格为视角 [J]. 东方法学，2018 (3).
[134] 司马航. 用户数据的知识产权属性之辩 [J]. 科技与法律，2019 (6).
[135] 司晓，曹建峰. 论人工智能的民事责任：以自动驾驶汽车和智能机器人为切入点 [J]. 法律科学（西北政法大学学报），2017 (5).
[136] 宋华琳. 论行政规则对司法的规范效应——以技术标准为中心的初步观察 [J]. 中国法学，2006 (6).
[137] 宋华琳. 论政府规制中的合作治理 [J]. 政治与法律，2016 (8).
[138] 苏珂. 论妨害安全驾驶犯罪的刑法治理效度——以公交车司乘冲突型以危险方法危害公共安全罪为引例 [J]. 人民论坛·学术前沿，2020 (7).
[139] 孙国梓，李芝，肖荣宇，等. 区块链交易安全问题研究 [J]. 南京邮电大学学报（自然科学版），2021 (2).
[140] 孙建丽. 算法自动化决策风险的法律规制研究 [J]. 法治研究，2019 (4).
[141] 孙亦军. 以要素价值为基础的价值体系重构研究 [J]. 中央财经大学学报，2008 (12).
[142] 孙占利. 智能机器人法律人格问题论析 [J]. 东方法学，2018 (3).
[143] 谭必勇，陈艳. 加拿大联邦政府数据治理框架分析及其对我国的启示 [J]. 电子政务，2019 (1).
[144] 谭佐财. 智能合约的法律属性与民事法律关系论 [J]. 科技与法律，2020 (6).
[145] 唐亚南. 如何从刑法的维度对人工智能进行规制 [J]. 法律适用，2021 (4).
[146] 田野，胡笛. 自动驾驶汽车致损的规范进路：守成与创新 [J]. 中国应用法学，2019 (4)
[147] 汪全胜，宋琳璘. 无人驾驶汽车与我国道路交通安全法律制度的完善 [J]. 中国人民公安大学学报（社会科学版），2020，36 (3).

[148] 汪艺．汽车关键零部件制造需要具有核心技术的智能装备支撑——2012 汽车变速器先进制造技术及装备国际研讨会纪实［J］．制造技术与机床，2012（8）．
[149] 王春梅．《格里申法案》机器人二元定性的启示与反思［J］．江汉论坛，2020，(9)．
[150] 王芳，陈超，黄见曦．无人驾驶汽车研究综述［J］．中国水运，2016（12）．
[151] 王雷．我国民法典编纂中的团体法思维［J］．当代法学，2015（4）．
[152] 王利明．人工智能时代对民法学的新挑战［J］．东方法学，2018（3）．
[153] 王麟．论国家赔偿经费的设立、管理与支付［J］．法律科学（西北政法学院学报），2006（5）．
[154] 王倩云．工智能背景下数据安全犯罪的刑法规制思路［J］．法学论坛，2019（2）．
[155] 王强．饲养动物归责体系在侵权责任法中的全息式探究——解析二元的立体层级化担责模式［J］．山东社会科学，2020（8）．
[156] 王延川．智能合约的构造与风险防治［J］．法学杂志，2019（2）．
[157] 韦恺人，史舒元．《道路交通安全法》及其实施条例存在问题与修改完善的对策［J］．上海公安高等专科学校学报，2014（1）．
[158] 吴汉东．人工智能时代的制度安排与法律规制［J］．法律科学，2017（5）．
[159] 吴建清，宋修广．智慧公路关键技术发展综述［J］．山东大学学报（工学版），2020（4）．
[160] 夏利民，王运鹏．论网约车的侵权责任［J］．河南财经政法大学学报，2017（6）．
[161] 夏庆锋．区块链智能合同的适用主张［J］．东方法学，2019（3）．
[162] 徐芳，梁金林．B2C 跨境电商消费者纠纷解决机制创新探讨［J］．商业经济研究，2018（21）．
[163] 徐祥运，赵燕楠．无人驾驶汽车技术的社会影响及其应对策略［J］．学术交流，2021（3）．
[164] 许中缘．论智能机器人的工具性人格［J］．法学评论，2018（5）．
[165] 杨春福．社会风险的法理解读［J］．法制与社会发展，2011（6）．
[166] 杨殿阁．智能汽车需要突破的诸多方向［J］．中国工业和信息化，2018（6）．
[167] 杨杰，张玲．无人驾驶汽车的法律障碍和立法思考［J］．电子政务，2018（8）．
[168] 杨立新，朱呈义．动物法律人格之否定——兼论动物之法律“物格”［J］．法学研究，2004（5）．
[169] 杨立新．民事责任在人工智能发展风险管控中的作用［J］．法学杂志，2019（2）．
[170] 杨立新．人工类人格：智能机器人的民法定位——兼论智能机器人致人损害的

民事责任［J］. 求是学刊，2018（4）.
［171］杨梦露. 无人驾驶汽车交通事故侵权责任认定之法律困境及立法建议［J］. 人民论坛·学术前沿，2020（4）.
［172］杨清望，张磊. 论人工智能的拟制法律人格［J］. 湖南科技大学学报（社会科学版），2018，21（6）.
［173］杨志琼. 我国数据犯罪的司法困境与出路：以数据安全法益为中心［J］. 环球法律评论，2019（6）.
［174］姚梅. 区块链与法律之互生关系探析［J］. 人民论坛·学术前沿，2020（1）.
［175］叶巍，朱晓军. 破坏公用电信设施罪和盗窃罪竞合关系的判断［J］. 人民司法：案例，2017（14）.
［176］殷秋实. 智能汽车侵权法问题与应对［J］. 法律科学（西北政法大学学报），2018（5）.
［177］尤婷，刘健. 自动驾驶汽车的交通事故侵权责任研究［J］. 湘潭大学学报（哲学社会科学版），2021，45（2）.
［178］余凌云. 论道路交通安全法上的地方事权［J］. 行政法学研究，2019（2）.
［179］袁曾. 基于功能性视角的人工智能法律人格再审视［J］. 上海大学学报（社会科学版），2020（1）.
［180］袁曾. 人工智能有限法律人格审视［J］. 东方法学，2017（5）.
［181］袁曾. 无人驾驶汽车侵权责任的链式分配机制——以算法应用为切入点［J］. 东方法学，2019（5）.
［182］袁洋. 人工智能的民事法律主体及民事责任问题研究［J］. 中州学刊，2019（8）.
［183］张建，张哲. 个人信息保护法域外效力研究——以欧盟《一般数据保护条例》为视角［J］. 重庆邮电大学学报（社会科学版），2017（2）.
［184］张建文，贾章范. 无人驾驶汽车致人损害的责任分析与规则应对［J］. 重庆邮电大学学报（社会科学版），2018（4）.
［185］张建文，时诚. 个人信息的新型侵权形态及其救济［J］. 法学杂志，2021（4）.
［186］张建文. 格里申法案的贡献与局限——俄罗斯首部机器人法草案述评［J］. 华东政法大学学报，2018，21（2）.
［187］张凌寒. 风险防范下算法的监管路径研究［J］. 交大法学，2018（4）.
［188］张凌寒. 数据生产论下的平台数据安全保障义务［J］. 法学论坛，2021（2）.
［189］张明楷. 共同过失与共同犯罪［J］. 吉林大学社会科学学报，2003（2）.

[190] 张荣．区块链金融结构分析与前景展望［J］．南方金融，2017（2）．
[191] 张守文．人工智能产业发展的经济法规制［J］．政治与法律，2019（1）．
[192] 张韬略，蒋瑶瑶．德国智能汽车立法及《道路交通法》修订之评介［J］．德国研究，2017（3）．
[193] 张新宝，任鸿雁．我国产品责任制度：守成与创新［J］．北方法学，2012（3）．
[194] 张玉洁．论无人驾驶汽车的行政法规制［J］．行政法学研究，2018（1）．
[195] 张志坚．论人工智能的电子法人地位［J］．现代法学，2019（5）．
[196] 张梓弦．论故意毁坏财物罪中的“毁坏”——“有形的影响说”之提倡［J］．法学，2018（7）．
[197] 赵大伟，杜谦．人工智能背景下的保险行业研究［J］．金融理论与实践，2020（12）．
[198] 赵万一．机器人的法律主体地位辨析——兼谈对机器人进行法律规制的基本要求［J］．贵州民族大学学报，2018（3）．
[199] 赵威．核损害民事责任制度研究［J］．法学杂志，2017，38（11）．
[200] 赵学刚，魏郎．基于原始信息采集的交通事故原因分类法研究［J］．太原理工大学学报，2008（S1）．
[201] 郑观，范克韬．区块链时代的信任结构及其法律规制［J］．浙江学刊，2019（5）．
[202] 郑志峰．自动驾驶汽车的交通事故侵权责任［J］．法学，2018（4）．
[203] 郑志峰．自动驾驶汽车交通事故责任的立法论与解释论——以民法典相关内容为视角［J］．东方法学，2021（3）．
[204] 周黎安．中国地方官员的晋升锦标赛研究［J］．经济研究，2007（7）．
[205] 周丽．监管阻碍创新——美国交通部自动驾驶政策3.0解读［J］．智能网联汽车，2018（1）．
[206] 周铭川．论自动驾驶汽车交通肇事的刑事责任［J］．上海交通大学学报（哲学社会科学版），2019（1）．
[207] 周文康，胡金文，张丹．自动驾驶汽车侵权责任的主体识别及担责形式［J］．经济问题，2021（2）．
[208] 朱艺浩．人工智能法律人格论批判及理性应对［J］．法学杂志，2020（3）．

三、外文译著

[1] 彼德罗·彭梵得．罗马法教科书［M］．黄风，译．北京：中国政法大学出版社，1992．
[2] 胡迪·利普森，梅尔芭·库曼．无人驾驶［M］．林露茵，金阳，译．上海：文汇

版社，2017.
［3］康德．实用人类学［M］．邓晓芒，译．重庆：重庆出版社，1987.
［4］洛克．人类理解论（上册）［M］．关文印，译．北京：商务印书馆，2009.
［5］斯图尔特·罗素．人工智能：一种现代方法［M］．殷建平，祝恩，刘越，等译．北京：清华大学出版社，2013.
［6］乌尔里希·贝克，约翰内斯·威尔姆斯．自由与资本主义［M］．路国林，译．杭州：浙江人民出版社，2001.
［7］乌尔里希·贝克．风险社会［M］．何博文，译．南京：译林出版社，2004.
［8］乌戈·帕加罗．谁为机器人的行为负责？［M］．张卉林，王黎黎，译．上海：上海人民出版社，2018.
［9］尤瓦尔·赫拉利．未来简史［M］．林俊宏，译．北京：中信出版集团，2017.

四、外文文献

［1］Bryan A. Garner（Editor in chief）. Black's law Dictionary Seventh Edition［M］. West Group，1999：1152.
［2］B. Goertzel，Pei Wang. Advanced in Artificial General Intelligence：Concepts，Architectures and Algorithms［M］. IOS Press，2007：161.
［3］Charles Darwin. On the Origin of Species by Means of Natural Selection or the Preservation Of Favored Races in the Struggle for Life［M］. John Murray，1859：50.
［4］Elvia Arcelia Quintana Adriano. Natural Persons，Juridical Persons and Legal Personhood［J］. Mexican Law Review，2015（8）：101－118.
［5］F. S. Grodzinsky，K. W. Miller & M. J. Wolf. Developing artificial agents worthy of trust：Would you buy a used car from this artificial agent?［J］. Ethics and Information Technology，2011，13（1）：17－27.
［6］Hilary Putnam. Robots：Machines or Artificial Created Life?［J］. Philosophical Papers，1975（2）：386－407.
［7］Hutchinson，Eugene E. Keeping Your Personal Information Personal：Trouble for the Modern Consumer［J］. Hofstra Law Review，2015，43（4）：1151－1188.
［8］Immanuel Kant. Grounding for the Metaphysics of Morals［M］. Hackett Publishing Company，1981：3.
［9］Jack Balkin. The Path of Robotics Law［J］. California Law Review，2015（6）：45－60.
［10］Jeremy Bentham. An Introduction to the Principles of Morals and Legislation［M］. The

Athlone Press, 1970: 282 - 283.

[11] John Lightbourne. Algorithms & Fiduciaries: Existing and Proposed Regulatory Approaches to Artificially Intelligent Financial Planners [J]. Duke Law Journal. 2017 (67): 674.

[12] Kyle Field. Google Self - Driving Cars Now Considered Drivers by NHTSA [EB/OL]. [2016 - 02 - 16]. https://cleantechnica.com/2016/02/16/google - self - driving - cars - now - considered - drivers - nhtsa/.

[13] Luciano Floridi, J. W. Sanders. On the Morality of Artificial Agents [J]. Minds&Machines, 2004 (3): 349 - 379.

[14] Lawrence Lessig. The Law of the Horse: What Cyberlaw Might Teach [J]. Harvard Law Review, 1999, 113 (2): 507 - 508.

[15] Marc Amstutz. Date neigentum, Funktion and Form [J]. Archiv Fuer Die Civilistische Praxis, 2018 (2): 543 - 544.

[16] Matthew P. Harrington. Rethinking in Rem: The Supreme Courts new (and misguided) Approach to Civil Forfeiture [J]. Yale Law & Policy Review, 1994, 12 (2): 281 - 354.

[17] Michael Nunez. Robots in Europe Could Become Electronic Persons [EB/OL]. [2016 - 06 - 22]. https://www.gizmodo.com.au/2016/06/robots - in - europe - could - become - electronic - persons/.

[18] Miller, K. W. Moral Responsibility for Computing Artifacts: The Rules [J]. IT PROFESSIONAL, 2011, 13 (3): 57 - 59.

[19] Ronald Dworkin. Unenumerated Rights: Whether and How Roe Should be Overruled [J]. The University of Chicago Law Review, 1992, 59 (1): 381.

[20] Sabine Gless, Emily Silverman, Thomas Weigend. If Robots Cause Harm, Who Is to Blame? Self - Driving Cars and Criminal Liability [J]. SSRN Electronic Journal, 2016, 19 (3): 412.

[21] Sheryl Hamilton. Impersonations: Troubling the Person in Law and Culture [M]. University of Toronto Press, 2000: 16.

[22] Susanne Beck. The problem of ascribing legal responsibility in the case of robotics [J]. AI&Society, 2016 (31): 473 - 481.

[23] Sven A, Beiker. Legal Aspects of Autonomous Driving [J]. SSRN Electronic Journal, 2010, 52 (4): 1149.

[24] Visa Kurki. Animals, Slaves, and Corporations: Analyzing Legal Thinghood [J]. German Law Journal, 2017 (5): 1069 - 1088.

五、网络文献

[1] 无人驾驶汽车也可以买保险了[EB/OL]. [2021 - 07 - 21]. https://www.sohu.com/a/456056429_376050.

[2] 蔡敏婕. 广州的特殊抗疫力量: 无人驾驶车队为封控区运送物资 [EB/OL]. [2021 - 07 - 20]. https://baijiahao.baidu.com.

[3] 曹建峰. 十项建议解读欧盟人工智能立法新趋势 [J/OL]. [2020 - 03 - 10]. https://www.tisi.org/4811.

[4] 丁恒, 胡运思. 简评德国《道路交通法 - 强制保险法》修订案——《自动驾驶法》[J/OL]. [2021 - 06 - 08]. http://www.zhonglun.com/.

[5] 高博. 我国首个全域自动驾驶可载人测试路在河北开放. [EB/OL]. [2021 - 06 - 07]. http://www.xinhuanet.com.

[6] 国家统计局. 交通事故年度数据 [EB/OL]. [2021 - 06 - 31]. https://data.stats.gov.cn/easyquery.htm? cn = C01&zb = A0S0D01&sj = 2019.

[7] 吕娜. 全球数治丨欧盟《人工智能法》的意义与缺陷 [J/OL]. [2021 - 06 - 15]. htpps://m.thepaler.cn/.

[8] 日本将首次实现无人汽车公路测试公布相关标准 [EB/OL]. [2021 - 06 - 01]. http://www.chinanews.com/.

[9] 深圳经济特区数据条例 [DB/OL]. [2021 - 06 - 24]. https://bAIke.bAIdu.com/.

[10] 通用数据保护条例 [EB/OL]. [2021 - 06 - 12]. https://] bAIke.bAIdu.com/.

[11] 王鲁佳. 面向智慧物流的低速无人驾驶系统研发与产业化. [EB/OL]. [2021 - 06 - 30]. https://www.sohu.com/a/414640666_455835.

[12] 王瑞芳. 北京人工智能产业领跑全国 [EB/OL]. [2021 - 06 - 07]. http://www.china.com.cn.

[13] 王政. 无人驾驶汽车路测新规发布 [J/OL]. [2018 - 04 - 13]. http://www.people.com.cn/.

[14] 吴沈括, 胡然. 域外法治丨欧盟委员会 2021 年《人工智能法》提案研究 [J/OL]. [2021 - 06 - 15]. htpps://m.thepaler.cn/.

[15] 肖马克, 赵新华. 无人驾驶汽车: 谁来承担责任? [J/OL]. [2017 - 08 - 29].

https：//www. kwm. com/zh/knowledge/insights/self - driving - cars - who - will - be - liable - 20170829.
[16] 新华社客户端．战“疫”需求急呼无人驾驶车冲上前线［EB/OL］．［2021 - 06 - 30］．https：//baijiahao. baidu. com/s？id = 165847298088577281&wfr = spider&for = pc.
[17] 姚前．算法经济与算法监管［EB/OL］．［2021 - 06 - 24］．https：//blog. csdn. net/wowotuo/article/details/112732165.
[18] 英特尔物联网．大数据与无人驾驶之间的关系和联系［EB/OL］．［2021 - 06 - 24］．http：//www. elecfans. com/d/1032153. html.
[19] 张毅．《放心泊———中国第一份面向消费者的自动驾驶保险诞生》［EB/OL］．［2021 - 06 - 21］．https：//ishare. ifeng. com/c/s/7nZbrdBfwjd.
[20] 中华人民共和国公安部．2021 年一季度新注册登记机动车 966 万辆创同期历史新高［EB/OL］．［2021 - 06 - 24］．https：//www. mps. gov. cn/n2254314/n6409334/c7829324/content. html.

六、报刊文章

[1] 陈辉．基于金融科技构建车险人伤管理平台［N］．中国保险报，2019 - 10 - 8（6）..
[2] 郭金龙，朱晶晶．“相互保”缘何迅速走红？［N］．中国经营报，2018 - 11 - 5（3）.
[3] 郝铁川．不可幻想和高估人工智能对法治的影响［N］．法治日报思想部落，2018 - 1 - 3.
[4] 颜玉松．停车缴费公众号成“查岗利器”［N］．现代快报，2019 - 11 - 03（A3）.
[5] 袁一雪．智能汽车：隐私与安全如何取舍［N］．中国科学报，2021 - 04 - 01（4）.
[6] 张平．大数据改变了人类的商业逻辑［N］．新华日报，2015 - 10 - 9（6）.

七、学位论文

[1] 黄雯．无人驾驶汽车的交强险制度研究［D］．重庆：西南政法大学，2019.
[2] 刘翩．无人驾驶汽车侵权责任研究［D］．济南：山东大学，2020.
[3] 梁野．面向行车记录仪突发事件监测的图像处理与识别［D］．哈尔滨：哈尔滨工业大学，2019.
[4] 马莉．人工智能体的法律主体资格研究——以无人驾驶汽车为例［D］．广州：华

南理工大学，2020.
[5] 史雨菲. 智能机器人侵权责任研究 [D]. 太原：山西大学，2020.
[6] 尹德贵. 风险分配的法理论纲 [D]. 苏州：苏州大学，2016.
[7] 张栋华. 无人驾驶汽车法律监管制度研究 [D]. 南宁：广西大学，2019.

后 记

本书完稿之际，我看到《法学论坛》关于“农村集体经济组织法律问题”专题的组稿，学者王洪平提出“农民集体与集体经济组织的法律地位及二者的主体性关系，其中是未来‘农村集体经济组织法’立法应先予厘清的基础性问题”。集体具有“拟制法人”的独立民事主体地位，其性质为“中间团体”，具有法人性与拟制性、公法性与私法性、社团性与财团性、公有性与私人性等多重中间性法律人格。集体经济组织不具有破产能力，这是其作为特别法人的“法定特别性”之一。集体经济组织依其性质不能设立成员大会或者成员代表大会，亦无必要单设监事会，其监督职能应“外挂”于村民委员会，学者管洪彦提出“特别法人类型的创设以及农村集体经济组织特别法人地位的确立，是采纳兼容模式的典型例证”，以及学者房绍坤、张泽嵩提出的“农村集体经济组织决议在决议主体、决议事项、决议程序上具有特别性”观点，让我感触颇深。

中间、法定、兼容以及特别这四个关键词，在我提出的人工智能可以依财产性人格进路将其拟制为“电子法人”观点处似乎也可以找到些许身影。无人驾驶汽车作为一种初级人工智能，将其拟制为电子法人，可能是解决其因可自主行为而带来法律挑战的最优解。按照构想，未来立法可将电子法人纳入特别法人体系，而不必通过新设“电子人”等立法模式，以防对原有民法体系造成巨大冲击。电子法人在成员法定、兼具公益与私益性、社团与财团性等方面与农村集体经济组织颇为类似，此外，它还有一个更大的特别之处就在于二元性，既有自然人主体的一面，又有法人的一面，但为安全计，我们要让它自始至终都是为人类服务的工具，所以最终的落脚点是要让它更多的为工具性之法人型主体，而不能反过来，让它更多的往价值性之自然人主体方向走，否则，我们自身危矣！人工智能真要是跨过“奇点”，人类将万劫不复。

通过对民事主体理论的考察，让人工智能成为一种兼具自然人和法人属性的主体，实现在自然人方面类比未成年人监护制度和在法人方面类比农村集体经济组织的兼容，在自然人与法人之间选择往法人方向靠，但需重新建构的一种特别法人型主体，在理论上似乎并不存在多大障碍，立法上也有俄罗斯《格里申法案》对人工智能“机器人—代理人”之二元定性的例证，现实上也存在简化交易和权责分摊的需要。所以，即便现行《民法典》将民事主体框定为自然人、法人和非法人组织三种类型，但似乎并不排斥新设一种具有二元性，按其主要是法人运作模式等特质和服务人类宗旨而落脚到像农村集体经济组织一样成为一种具有兼容性的特别法人。按此构想，可着手相关立法，以因应无人驾驶汽车未来广泛应用可能带来的法律挑战。法律虽具有滞后性，但并不意味着法律的制定都一定要等到现实中出现了这方面的案例才提上议程。如果不对无人驾驶汽车的相关事宜事先作出法律规定，那无人驾驶汽车要正式上路都成问题，这也是《深圳经济特区智能网联汽车管理条例（征求意见稿）》已有无人驾驶汽车相关规定的原因所在。

所以，本书从无人驾驶汽车构成要件等本源性问题入手，以电子法人和所有权分属等理论的建构以及立法方案、理由和具体条文设计的出炉为依归，但愿对相关机构、部门和人员能有所参考。这本书的前言和结论，第一、第二、第四、第七、第九章主要由我完成，第三、第五章主要由项波完成，第六章主要由张奇完成，第八章主要由宗雪萍完成。另，江西理工大学法学院的曾晓梅、江传辉、刘心怡、汤懿、刘洪威、况馨艳、吴述发、邓莉、钟梅茹、程嘉浩、戴丽斯、邹慧敏和刘璐等同学协助完成了本书部分章节的撰写工作，在此予以特别感谢！同时，还要感谢江西理工大学法学院的领导和同事对我们完成本书写作所给予的大力支持和热情帮助，让我们得以在一种优良的环境和氛围中完成写作。此外，特别要感谢知识产权出版社的邓莹老师，感谢她对本书面世的大力支持与深切鼓励！

无人驾驶汽车的法律规制是一个广而深的前沿问题，本书所做的只是一种初步探索，难免存在疏漏和错误之处，敬请各位同人批评指正！谢谢！

张志坚

2021 年 8 月